KB234680

세계의 신적 본질

세계의 신적 본질

세계의 신적 본질

세계의 창조, 통합, 바탕, 선재, 섭리, 신적 본질에 대하여

염기식 지음

신은 무엇인가?
인간은 신을 알 수 있는가?
새로운 신관이 필요한 이유?

기독교는 창조 이래 인류 구원을 위해 주재한 하나님의 산 역사를 간직하였고, 서양의 지성들은 이 세계에서 살아 있고 역사하고 임재한 하나님을 증거하기 위해 숱한 신학적 논의를 펼쳤지만 실패했기 때문에 무신론이 득세하고 말았다. 이에 이 연구가 세계에 가로놓인 신적 본질을 증거하는 것은 그것이 곧 진리의 본체자로서 강림한 보혜사가 천지 만물을 창조하고, 인류 역사를 주관하며, 만 영혼을 구원할 하나님인 것을 증거하는 절대 근거이고 방법이 되리라.

✞ 머리말

신적 본질의 증거 일환

    과학 문명이 인간의 생활 영역을 지배하는 오늘날의 첨단 산업사회에서는 神에 대한 관념 자체가 무력해 보이기까지 하는 상황에 이르렀다.[1] 과학의 영역 안에서 하나님이라는 조물주의 역할은 배제되기 시작했고 이를 '하나님의 가설'이라는 표현으로 과학 영역 안에서 부적절한 근거로 사용하였다.[2] 하지만 "神은 죽었다고 선언했던 니체는 죽었지만, 神은 여전히 인류 문명에 가장 큰 영향력을 행사하며 살아 있다."[3] 神에 대한 물음은 세계 안에서 역사적 존재로 삶을 영위해온 인간이 시대적 상황에 따라 양식은 다르지만 줄기차게 제기해온 원초적인 물음이다.[4] 물론 세계로부터 神의 역할이 배제되고 사망

---

1) 「한스 큉의 신관 연구」, 조군호 저, 수원가톨릭대학교 대학원 신학과 조직신학전공, 박사학위논문, 2006, p.6.
2) '하나님이라는 가설'의 표현을 실제로 처음 사용한 인물은 천문학자 라플라스(Pierre Simon Laplace, 1749~1827)임 – 위의 논문, p.53.
3) 『한국교직원신문』, 2012.7.16, 종교의 탄생과 철학의 시작.

선고까지 받은 데는 이유가 있지만, 제일 큰 이유는 지성들 중 누구도 神의 초월성과 세계 내적 존재 사실을 진리로서 근거 짓지 못한 데 있다. 神을 증거하는 방법에 문제가 있다는 것을 지적하거니와, 이런 문제를 해결함으로써 가능한 접근 루트를 제시하리라.

흔히 신앙인은 하나님을 증거하는 근거로 성경을 내세웠다. 성경에서는 삼위일체인 하나님, 임재하고 초월한 하나님, 창조주인 하나님, 인격적으로 섭리하는 전능한 하나님을 내세웠다. 성경은 세계와 하나님의 필연적인 관계성을 밝힌 것이 아니라 피조물과 연속 관계에 있지 아니한 초월된 창조자로서 하나님을 강조하였고, 이런 하나님은 오직 특별 계시에 의해서만 알 수 있다고 했다.[5] 인간적인 측면에서의 몰이해도 있지만, 이런 방법으로 하나님에게 접근할 수 있는 가능성은 세상 어디에도 없다. 하나님은 일방적으로 선포하고 인간은 그것을 무조건 따라야 한다는 선언 형식이다. 하나님이 절대적인 초월주요, 전능한 창조주라면 일체 사실을 각론으로 구체화시켜야 하는데, 진리적 증언은 어디에도 없다. "오직 여호와 외에 다른 神의 존재를 인정하지 않고 유일신 하나님만 믿는 삼위일체론적 유일신론이 유일하다."[6] 그런데 유일신이라고 하면서 3位로 나눈 神을 신앙하라는 것은 심대한 모순이다. 아무리 유일성을 강조해도 하나님 단독으로서는 어찌할 수 없다. 하나님 없는 세계가 없다면 세계 없는 하나님도 없다. 세계를 통하지 않는 접근은 선천 역사가 부딪힌 한계처럼 불가능하다. 하나님은 범신성이 아니라 세계가 지닌 神적 본질을 통

---

4) 위의 논문, p.6.

5) 「범신론적 신관에 대한 성경적 비판」, 신춘기 저, 웨스트민스트신학대학원대학교 신학과 조직신학전공, 석사학위논문, 2004, p.V.

6) 위의 논문, p.V.

하여 증거되어야 한다. '神의 본질은 사랑, 영, 창조자, 전지, 전능, 전재, 영원, 불변하다'고 하지만,[7] 그 실재성은 세상 가운데서 종잡을 수 없다. 본질적인 속성이기 때문에 모든 것이 반영된 세계를 통해 특성을 추출할 수 있다. 하나님이 세계에 임재함도, 초월함도 그것은 결국 세계적인 본질로서 뒷받침되어야 한다. 하나님이 천지를 창조하고 문명 역사를 주관하며 타락한 인류를 심판, 구원하리라는 것, 이것을 밝혀야 하나님이 유일신인 것이 입증된다. 세계의 섭리 역사를 꿰뚫고 문명 역사의 본말을 밝혔다면 그것은 하나님이 창조주로서 역사했기 때문이다.

성경 인용과 선언 형식을 배제하고 세계를 통해 직접 증거하고자 함에 이 연구가 시종일관 가닥 잡은 주제가 곧 세계의 神적 본질을 증거하고자 한 논거이다.[8] 하나님을 긍정하고 전제하면 모든 문제가 풀리고 부정하면 모든 문제가 막히는데 거부해 문제를 어렵게 만든 것은 선천 섭리가 완수되지 못한 데 이유가 있다. 하지만 오늘날은 하나님이 강림한 역사적인 전환기를 맞이하여 존재 속성도 세계의 神적 본질을 통해 밝힐 수 있게 되었다. 즉, 하나님이 세계 안에서 살아 있다는 것을 증거하고, 그 근거로서 세계의 창조, 통합, 바탕, 선재, 섭리, 神적 본질을 추출하고자 한다. 하나님은 창조주로서 세계의 바탕체로 있고 세계를 모두 품었다는 것은 말만의 주장이 아니다. 실질적으로 세계는 神적 본질 자체이다. "하나님은 만물 안에서 현존한다. 하나님은 내 안에 거하면서 끊임없이 내 존재를 창조하고 있다."[9] 하

---

7) 『신론』, 이종성 저, 대한기독교출판사, 1992, p.149.
8) 세계의 神적 본질은 증거될 수 있는가? 있다면 어떤 방법으로? 무엇을 근거로 증거할 수 있는가?
9) 『놀라우신 하나님』, G. W. 휴즈 저, 성찬성 역, 바오로딸, 2003, p.82.

지만 그런 상태를 알 수 있는 방법은? 어떤 방식으로? 강림 이전에는 믿음으로 채웠지만 지금은 증거할 수 있다. 하나님의 현존 상황을 진리로서 증거하는 것, 이것이 하나님의 지상 강림 현실이다. 만상과 진리와 道 가운데서 역사된 뜻을 발견하는 것은 그대로 하나님의 뜻을 깨닫는 것이다. 神적 본질을 증거하는 일환이다. "세계는 神의 창조에 의해 생겼고 섭리에 의해 보존, 유지되었으며, 장차 완성되리라. 세계는 神의 의지에 따라 지배되고 있는 존재 내 본질이다. 神적 본질 안에서 창조 → 주관 → 종말 → 심판 → 구원 → 완성(지상천국)이란 섭리 루트를 거친다.[10]

이를 위해 이 연구는 神과 세계와의 관계, 차이, 합일 문제를 다루고 세계가 그대로 하나님이라는 사실을 증거하리라. 표현을 달리한 신판 범신론이 아니다. 정말 천지 세상은 神적 본질 자체이다. 창조도 섭리도 간접적이지만 바탕이 된 본체를 증거하는 것은 직접적이다. 토마스 아퀴나스는 '어떤 존재가 있다면 그것을 존재하게 하는 그 무엇이 있다'고 하였듯,[11] 그렇게 연관된 것이 하나님이다. 창조 이상으로 세계를 뒷받침한 것이 본체인데도 보지 못한 것은 창조 섭리가 완수되지 못해서이다. 하지만 오늘날은 바야흐로 본체자로 드러난 만큼, 세계의 神적 본질을 밝히는 것은 가일층 하나님의 창조 목적을 완수하는 성업이 되리라. 하나님이 천지를 창조하였다면 그 증거는 세상 어디서도 확인할 수 있으며, 하나님이 인류 역사를 주관하였다면 그 뜻은 세상 어디에도 편만되어 있다. 무엇을 통해서도 주관된 섭리

---

10) 창조, 통합, 바탕, 주관, 종말, 심판, 구원, 지상천국 건설은 하나님이 하나님일 수 있는 절대 권능이고 능사임.

11) 「유신론 변증의 바른 이해를 위한 개혁주의의 전제적 변론의 신앙관」, 이규동 저, 대신대학교 신학대학원 신학과 조직신학전공, 석사학위논문, 2006, p.32.

를 엿볼 수 있어야 함에, 이것을 선각들의 통찰을 통해 살피는 것은
분파된 문명 역사를 일관시키는 길이다. 神적 본질이 세계의 이면에
서 제 현상 작용을 뒷받침한 만큼, 안목만 틔운다면 정말 神적 본질을
통해 하나님을 뵈올 수 있다. 다각도에 걸친 본질 상황을 직시해서
하나님이 강림한 사실을 증거하는 것이 이 연구의 저술 목적이다. 역
사적인 시대를 맞이하여 온 인류가 새로운 질서의 도래, 진리의 하늘,
神의 모습을 바라보리라.

경남 진주에서

염기식

contents

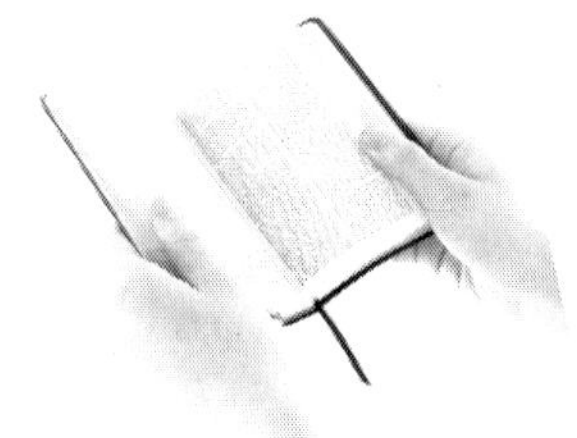

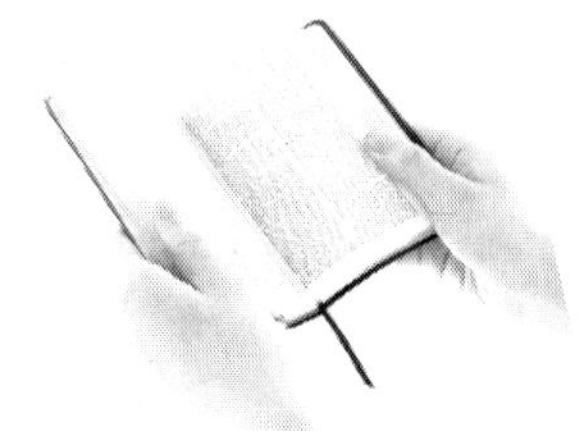

제1편 신적 본질 개관

세계가 신적 본질을 가졌다는 것은 선천 섭리가 완수됨에 따른 결과론적 통찰이다. 인간이 하나님의 형상대로 창조되었다고 한 기독교와, 중생은 모두 성불할 수 있다고 한 불교와, 사람은 누구나 다 성인이 될 수 있다고 한 유교의 사상보다 더 희망적인 메시지다. 가치, 원리, 역사, 진리, 문화, 제도 등등 제반 영역에 걸쳐 이 땅이 천국화될 수 있는 세계 바탕적인 근거이다.

1. 성령으로서 강림한 하나님의 본체 모습

깊은 잠에 빠져 있는 자를 깨우면 누가 자신을 깨웠는지 잠시 어리둥절하듯 이 연구가 세계에 대해서, 先天 문명에 대해서, 진리에 대해서 神적 본질을 말하고자 하므로 누구라도 의아하게 생각하리라. 그러나 정색하고 보면 제반 판단이 뚜렷해진다. 지난날에는 매사가 어렴풋했지만 선천 문명의 본말을 밝힌 지금은 그야말로 정신 차려 하나님이 창조주로서 계시한 성업 메시지에 귀를 기울여야 한다. 하나님이 세계의 神적 본질을 규정하는 것은 특정 부분을 들추어낸 것이 아니다. 先天의 하늘 아래서 역사된 제 현상과 진리와 본질적 상황을 다 포함했다. 앞으로도 이 연구는 많은 메시지를 천명할 것인데, 운명의 화살을 피할 대상이 세상 어디에도 없다. 밝혀서 역사를 종결지을 것이며, 그리해야 인류가 새로운 시대를 맞이할 수 있다. 새로운 진리와 메시지로 先天 질서를 결말지을 심판대를 구축하리라. 모세가 大命을 받들어 하나님의 백성, 곧 이스라엘 자손을 애굽에서 인도하기 위해 '바로' 앞에 섰던 것처럼,[1] 오늘날 이 연구가 사명을 받들어 폭로

---

1) 출애굽기, 3장 9절~11절.

해야 할 '바로'는 세상 끝을 모르고 있는 자들이다. 하나님이 선언한 神적 본질 규정 메시지는 先天의 대립에 찬 분열 역사를 종결짓는 것이다. 그런데도 인류가 고뇌한 진리적 화두를 하나도 덜어내지 못하고 또다시 이해할 수 없는 화두를 보탠 문제를 가져온다면 그것은 잘못이다. 반드시 인류가 안고 있는 화두를 풀어야 한다.

선천에서는 覺者가 道는 말했지만 그 근거를, 성경은 하나님의 창조 역사를 기록했지만 구체적인 과정을 제시하지 못했다. 기다리고 기다렸는데 지상 교회는 창조 섭리를 완수하였는가? 못했다면 언제 할 것인가? 진화론은 만물의 알파를 규명하였는가? 천체 물리학은 우주의 생성 본질을 밝혔는가? 초점 잡아야 할 진리의 본질 기준은? 神은 살아 역사한 존재인가? 인간이 죽으면 가야 할 곳은? 제반 의문에 대해 학문, 종교, 사상이 고뇌를 덜어보려고 하지 않은 것은 아니지만, 그 해결의 때는? 못하므로 세상이 마지막 때를 맞이하였다. 아무리 기다려도, 영원히 기다려도, 문제를 해결할 자가 없다. 부득불 종말을 선언한 분은? 천지 역사를 주재한 하나님이다. 세상 역사를 마무리 짓고 결실 지을 가닥을 움켜쥐었다. 그래서 하나님의 지상 강림 역사는 꼬였던 문제를 한꺼번에 푸는 세계의 神적 본질 규정에 대해 차원적인 통찰 관점을 제공한다. 오직 하나님만 창조 섭리를 규정하고 결실을 거둘 권한을 행사할 수 있나니, 그렇게 한 실황을 진리로서 증거하리라. 제 방면에서 추진된 역사를 매듭지어 버릴 것을 버리고 남길 것을 남기리라. 문명의 결실 역사는 先天 질서에 대한 마무리 역사로서 지금은 종말과 심판과 구원 역사가 삼박자로 동시에 작동되는 때이다. 밑도 끝도 없이 분열한 세계가 생성 주기를 완료함으로써 불가피하게 된 결과이다. 진리의 성령이 세상과 함께한 것은 창조로부터지만, 하나님이 완전한 모습을 드러내지 못한 것은 진리로서 전모를 완성하지 못해서다. 그러나 이제는 본체자로 강림하게 되었으므로, 그 구체적인 실황을 증거하고자 한다. 하나님은 세계의 神적 본질을 규정하고 본체를 규합한 성업을 바탕으로 강림하였다. 차원적인 본질의 규정 역정이 강림된 모습을 그대로 그려내었다. 누가 가로놓인 세계의 창조, 통합, 바탕, 선재, 섭리, 神적 실체를 규정할 수 있는가? 진리로서 神의 모습이 완성된 것은 "하나님이 세상에 임한 실존적 형태이다."[2] 그 권능과 지혜가 이 땅에 강림된 완전한 모습이다. 산적된 문제와 고뇌를 해결한 것은 하나님이 강림하기 위해서 반드시 선취해야 한 과제이다.[3] 진리 세계를 통합하고 본체를 완성시킨 성령으로 강림한 것은 최선을 다한 강림 방안이다. 그 권능에 찬 강림 실체를 만인이 체감하리니, 누구도 다시는 하나님이 어디에 존재하느냐고 묻지 않으리라. 하나님은 처음부터 진리 세계를 완성한 분으로 존재하였고, 만사를 주재한 성령으로서 살아 있다. 이 연구는 하나님이 역사한 통찰 관점이고 강림한 실질적 모습이다. 세계의 神적 본질이 규정된 저변에는 선천 섭리를 완수한 대 성업 역사가 깔려 있다.

2. 신과 세계와의 차이

神과 세계의 관계를 말하라고 한다면 양자가 대등한 존재적 위치에 서 있어야 한다. 하지만 문제는 神에게 있다. 세계는 오감을 통해 확인할 수 있기 때문에 재삼 거론할 필요가 없지만 神은 그렇지 못하

---

2) 『세계통합론』, 졸저, 다짐, 1995, p.560.
3) 위의 책, p.396.

므로, 불리한 것은 아무래도 神이다. 神을 볼 수 없는 존재계를 대표한 대명사라고 할 때, 지성사는 어쩌면 오감으로 확인할 수 있는 실체계를 존재로서 인정하려는 쪽과 볼 수 없는 것도 애써 포함시키려한 쪽과 투쟁한 역사였다고 할 수 있다. 유물론 대 관념론(유심론), 유신론 대 무신론의 대립, 중세 기간 동안에 펼쳐진 보편 논쟁 등이 그러하다.[4] 상식에 입각한다면 神과 세계는 관계를 살필 것도 없이 차이가 분명하다. 이런 사실을 진리라고 여긴 자들은 끝까지 神과 세계를 이격시키고 초월적인 절대자로 격리해버렸다. 神이 세계를 창조했다면 神은 정말 세계와 같을 수 없다. "神의 지성은 사물의 유일한 원인, 사물의 본질 및 존재의 원인이므로 자체는 본질에 관해서도 사물과 필연적으로 다르지 않으면 안 된다(스피노자)."[5] 플라톤도 현상계는 이데아를 지향하여 변화하지만 결코 그의 목적에 완전하게 도달할 수는 없다. 현상계는 부단하게 생성과 소멸을 되풀이하지만 이데아계와는 철저하게 단절되어 있다. 오히려 이데아·형상이라는 것은 세계(질료)와 관계없이 실재하는 것으로(實在論者, Realists) 초월시켜버렸다.[6]

이런 극단적인 견해에 대해 이 연구는 세계의 神적 본질과 현상계와 대비된 차이를 극복하고 神적 본질을 정확하게 판단하리라. 현상의 이면에 있는 神적 본질을 추적해서 세계에 대한 이질성과 동질성을 함께 볼 수 있다면 선현들이 주장한 불이론(不二論, advaita)적 통찰

---

4) "개개의 인간은 존재한다. 그러나 보편적인 인간은 존재하지 않는다. 이데아·형상, 이른바 보편은 단순한 명칭에 불과하고 하등 실재하는 것이 아니다(唯名論者, Nominalists)." – 『위대한 철학자들의 10가지 질문』, S. E. 프로스트 저, 노윤성 역, 한마음사, 1999, p.43.

5) 『에티카』, 스피노자 저, 차근호 역, 혜원출판사, 1999, p.36.

6) 「후기 하이데거에서 신의 문제」, 안유미 저, 울산대학교 대학원 철학전공, 석사학위논문, 2005, p.8.

에 가일층 접근된다. 불이론은 우주의 현상이 둘이 아니고 하나임을
가르치는 이론으로서, 둘이 아닌 것은 현상과 절대의 불이성, 혹은 모
든 상대성을 초월한 것을 의미한다.7) 神과 세계는 양쪽이 지닌 큰 차
이에도 불구하고 결국 둘이 아니다. 세계가 바로 神적 본질을 지녔다
는 뜻이다. 이런 사실을 확인하기 위해 선천의 지성들이 끈질기게 파
고들었다. 그중 현상계의 저편에 있는 무한한 본체계를 탐구한 것이
불교이다. 현상계와 차이가 큰 神을 존재적·인격적·의지적으로 탐
구한 것이 기독교라면 불교는 지혜적인 혜안으로 접근했다. 그중에서
도 천태학의 삼재(三宰=속제, 진제, 중도) 원융설(圓融說)은 본체와 현
상을 분리시킨 모든 논의에 반대하고, 본체와 현상의 통일에서 세계
의 진면목을 찾고자 하였다. 화엄의 삼관(三觀) 또한 본체와 현상의
통일에 관한 것이다.8) 그러나 본체(神)와 현상(세계)이 다르지 않다고
해도 본체가 드러나지 못한 상황에서 서양 신학이 神을 증명하지 못
한 것과 不二에 대한 근거를 내세우지 못한 것은 모두 선천 진리가 지
닌 한계이다. 다르지 않다고 했지만 어떻게 같은 것인지는 설명하지
못했다.

　알다시피 용수는『中論』을 통하여 세계를 뛰어넘는 저편의 본체 문
제에 대해 空이란 개념으로 세계를 총체적으로 설명하려고 하였다.
부파 불교의 중심 개념인 法(존재)에 대하여 실체성을 허물고 존재와

---

7) "힌두 철학의 개척자라고 할 수 있는 상카라(700~750)는 우파니샤드와 브라만 경전을 깊게 주석하면서
　不二의 학설을 제창하였고, 더 나아가 힌두교의 일원론을 확립하였다." -「범신론적 신관에 대한 성경적 비
　판」, 신춘기 저, 웨스트민스트신학대학대학원대학교 신학과 조직신학전공, 박사학위논문, 2004, p.31.

8) 三觀: 有와 空의 두 가지 집착을 떠나 모든 현상적 존재가 참다움이 없이 眞空임을 아는 眞空觀, 차별 있
　는 현상, 즉 事와 평등한 본체, 즉 理가 분명하게 존재하면서도 서로 융통되는 것임을 아는 理事無碍觀, 우
　주 간의 온갖 존재들이 서로서로 일체를 포용하고 포섭하는 것임을 아는 事事無碍觀 -『강좌한국철학』, 한
　국철학사상연구회 저, 예문서원, 1997, p.325.

인식을 통일하려고 하였는데, 그렇게 하기 위해서는 개념 파괴적이고 논리 파괴적인 방법을 취하지 않을 수 없었다.[9] 긍정적으로 보면 볼 수 없는 본체계를 이해하기 위한 방법이고 섭리적으로 보면 세계의 神적 본질을 드러내기 위한 일환이다. 현상계의 결정성·존재성·인과성·질서성을 허물어뜨리지 못하면 본체계가 지닌 실상을 표현할 수 없다. 그런데도 세인들이 끝내 이해하지 못한 것은 선천 섭리가 완수되지 못한 것이 주된 이유이다. 플라톤은 이데아(神)는 질료(세계)와 결합하느냐 아니냐에 관계없이, 질료가 없더라도 존재한다고 했으며,[10] 이것을 세상이 이해하지 못한 것은 세계가 지닌 神과의 차이를 극복하지 못한 것이다. 이것은 선천에서 진리가 지닌 어쩔 수 없는 여건이지만, 진상은 그렇지 않다는 것이 불이론이 내세운 변증법으로 즉각 반증된다.

즉, 누구라도 '초중(初重)에서 진리를 논함에 있어서는 제각각 有를 설하고(속제) 無를 설한다(진제). 그리고 제이 양중(兩重) 단계에서는 有와 無가 둘이 아님을 설하고(有無二－속제), 有도 아니고 無도 아니라 하여 有無가 둘이 아님을 설한다(非有非無不二－진제). 그리고 제삼중(三重) 차원에 이르면 有와 無가 둘이 아니고, 非有와 非無가 둘이 아님을 설하며(속제), 마지막으로는 둘도 아니요, 둘이 아닌 것도 아님을 설함(非二非不二)'으로써[11] 더 이상 반증할 근거를 없게 했다. 세계는 차원적인 층차를 지니고 있어 처한 관점에 따라 다르게 보이므로, 이것이 진리관에 있어 변증을 낳고 반증을 거듭한 불이를 낳았다.

---

9) 위의 책, p.80.
10) 『위대한 철학자들의 10가지 질문』, 앞의 책, p.43.
11) 『강좌한국철학』, 앞의 책, p.122.

본체계가 드러나지 못한 상황에서는 누구라도 현상계를 중심에 둔 진리 체제를 이룰 것이 당연하다. 본체 논리는 진리인데도 보편적인 인준을 받지 못하고 변방을 맴돌았다. 과학문명의 득세로 동양의 본체론이 진리계에서 유야무야된 것이 그 예이다. 하지만 이런 모습은 진실과 다른 것이며, 인류 역사는 섭리를 완수해가는 과정이기 때문에 언제든지 때가 되면 상황이 역전된다. 神과 세계와의 관계를 밝힌 수많은 논거에도 불구하고 神과 세계가 지닌 질적 차이를 불식시킨 논거 또한 상존하거니와, 주장에 부족함은 보이지만 그것은 세계가 처한 한계성 때문이고 본의에 근거할진대, 진리에 대한 위대한 신념과 통찰력을 엿볼 수 있다.

『金剛三昧經』에서는 '教를 빌려서 종지를 깨달으면 일체 중생과 우주 만유가 바로 동일한 佛性임을 통찰한다(理入)'고 했다.[12] 여기서 일체 중생과 우주 만유란 세계이고, 佛性은 神적 본질(神性)과 같다. 깨달아야 하나란 사실을 알 수 있지만, 정말 알고 있는 세계가 사실과 다른 것이라면 어떤 노력을 쏟아서라도 진상을 보아야 한다. 크세노파네스도 우주 만물은 神이고, 神은 우주의 모든 것이란 생각을 품었다. 단 하나의 神만 있고, 그 神은 우주이다. 우주와 마찬가지로 神은 통일체, 단일체, 하나이다.[13] 이런 사상 부류를 일컬어 철학에서는 범신론이라고 하거니와,[14] 범신적인 사상을 정확하게 논거한 사람은 스피노자이다. '神卽自然'은 대표적인 명제인데, 이 말은 神과 자연을 상호

---

12) 위의 책, p.322.

13) 『위대한 철학자들의 10가지 질문』, 앞의 책, p.150.

14) "범신론이란 말을 처음 사용한 사람은 영국의 자유사상가 토란드(John Toland, 1670~1722)로, 전체에서 모든 부분이 나오고 부분에서 전체가 나왔다는 것을 범신론이라고 한다." - 「범신론적 신관에 대한 성경적 비판」, 앞의 논문, p.7.

교환이 가능한 등가성으로 본 것이다. 神은 보이지 않는 자연이고 자연은 보이는 神이라고 본 것이 그가 지닌 관점이었다. 자연은 神이 창조한 피조물이라고 본 전통 신학에 대해 비판과 부정이 함축되어 있기 때문에 무신론자, 범신론자로 몰려 기성교회로부터 파문을 당했다.[15) 하지만 자연은 神이 창조한 피조물이기 때문에 등가성을 부인한 것은(전통 신학) 선천에서의 극단적인 선택 방식이다. 차이성을 알고 동질성을 안다면, 神과 자연의 질적 차이를 인정하지 않은 범신론의 절대적 일원론이[16) 세계의 바탕 본체자로 강림한 보혜사를 하나님으로 맞이하기 위한 혁신적 신관이었다는 사실을 알리라. 창조되었기 때문에 자연과 세계는 神과의 동질성을 찾아 나섰고, 하나님은 자연 세계를 포괄해야 하는 것이 창조주로서 인정받고 존재자로서 완성되는 길이다. 이것이 지성들이 추구했던 참된 신관 정립 방향이다. 피조물이기 때문에 격리되어야 하는 것이 아니라 "세계는 神의 의도를 표현한 것으로, 神을 떠나서 존재할 수 없다. 우주 만물이 神이므로 神의 통일로 돌아가야 한다."[17)

"이는 하나님이 만유의 主로서 만유 안에 계시려 하심이다."[18)

세계가 神적 본질을 지녔다는 것은 세계와 神이 둘이 아니란 뜻이다. 그렇다면 세계가 창조되기 이전에는? 자연, 즉 세계가 존재의 전

---

15) 「스피노자의 에티카에 나타난 신에 대한 고찰」, 공혜준 저, 동국대학교 교육대학원 철학교육학과, 석사학위논문, 1997, p.12.

16) "자연과 神은 하나요, 동일한 것이다." - 「범신론적 신관에 대한 성경적 비판」, 앞의 논문, p.7.

17) 『위대한 철학자들의 10가지 질문』, 앞의 책, p.42.

18) 고린도 전서, 15장 28절.

부, 전체이며, 존재 내인 神적 본질인가? 이런 의문을 풀기 위해서는 다시 통상적인 범신론을 극복해야 하는 과제가 있다. 성경에서는 "믿음으로 모든 세계가 하나님의 말씀으로 지어진 줄을 우리가 아나니 보이는 것은 나타난 것으로 말미암아 된 것이 아니니라"고 하였다.[19] 세계는 현재 드러나 있는 것만이 전부가 아니란 사실을 분명하게 지적하였다. 하나님이 창조한 세계는 보이고 나타난 것만이 진상이 아니라고 선을 그었다. 神적 본질은 존재하는 것만으로 판단할 수 없다. 그 이상의 것을 보아야 하는데, 이것은 천도교에서 "상제가 곧 내 마음이고 천지가 내 마음이다. 삼라만상이 모두 내 마음의 一物이다. 내 마음을 내가 모신다(『무체법경해의』)"고 한 것과 같다.[20] 깨닫고 보면 눈에 보이는 것이 진상과 다르며, 상제와 천지와 마음이 일물이다. 神적 본질을 지녔기 때문에 내가 내 마음을 모신 것이 상제를 모신 격이다. 깨달으면 세계가 神적 본질로 되어 있다는 것을 알 수 있는데, 세계는 어찌하여 神 자체인 듯하면서(범신론) 神 자체가 아닌가? 세인은 다르게 보았지만 覺者는 그렇지 않다고 하였는가? 그 이유를 선천에서는 밝히지 못했다. 진상은 같지만 다르게 볼 수밖에 없었던 이유? 보이는 것이 나타난 것으로 말미암아 된 것이 아닌 근거? 아무리 세상만사를 살펴도 설명하지 못한 문제, 이것을 하나님이 강림하여 해결하였다.

지금도 神과 세계(자연)가 지닌 차원적인 격차는 설명할 수 없고, 동질인 본질성을 연결시킬 매개체를 찾을 수 없다. 이것은 매듭을 지은 자만이 매듭을 풀 수 있는 권능에 속한 문제이기 때문에 하나님이

---

19) 히브리서, 11장 3절.
20) 「동학과 과정철학의 신관 비교」, 김상일 저, p.39.

직접 강림하여야 했다. 본의를 밝혀야 하는데, 그 핵심 된 과정을 이 연구가 4장에서 서술하였다. 神과 세계는 같은데 왜 다르게 보았는가? 그 이유는 오직 한 가지, 가장 상식적인데도 해결하지 못해 때를 기다려야 한 천상의 비밀 보따리? 그것은 다름 아닌 천지 만상이 창조된 때문이다. 神이 아니라 창조가 神과 세계 사이에서 창구 역할을 해야 했는데, 세계관적 안목을 확보하지 못하므로 다르게 보았다. 神과 세계 사이에는 창조란 역사적인 작용이 있었다. 그냥 만물화, 세계화되지 않았다. 그렇다면? 化되었다. 化는 차원적이기 때문에 만물과 神을 이격시킨 근거가 되고, 그러면서도 하나인 본체 근원으로부터 말미암아 언젠가는 동질성을 회복할 수 있다. 창조된 본질이 化란 사실은 하나님이 선천 섭리를 완수했기 때문에 밝힐 수 있게 된 지혜이다.

중국의 철학자인 왕필은 無를 만물의 근본으로 보았으며, 이것은 탁월한 창조론적 인식이다. 無와 有는 차원을 달리하는데, 창조가 그러하다. 化는 진실로 만상을 창조한 세계관적 근거로서 선현들이 바라본 우주론을 두루 꿰뚫는다. 플라톤은 '우리가 보거나 만지거나 그 밖에 감각을 통하여 알 수 있는 세계는 진짜가 아니고 카피된 세계'라고 했다.[21] 카피된 세계는 化된 피조물과 같은 개념이고 원본인 이데아는 창조를 있게 한 본질과 같다. 化되었기 때문에 카피된 것이며, 카피되었으므로 원천적인 본질 상태를 벗어나지 못한다. 같은 이유로 본체와 현상, 神과 세계는 化로 인해 차이가 생겼지만 化되었기 때문에 결국은 같다. 차별상에도 불구하고 원융하며, 삼라만상이 不二이다.

無極而太極이다(주렴계). 無極이 太極인 한 太極은 그대로 無極이다.

---

21) 『위대한 철학자들의 10가지 질문』, 앞의 책, p.28.

無極이 太極化된 것은 창조로 인한 神적 본질의 변화이고, 太極이 만물화된 것은 神적 본질이 존재화된 상태이다. 그러나 극을 달리한(無極→太極→만물) 변화에도 불구하고 神적 본질이 달라진 것은 없다. 일체는 본질 안에서의 변화이다. 化로써 모습을 달리한 것이다. 이런 특성 때문에 천도교에서는 '피조물과 조물주가 둘이 아니라는 사실을 논거하기 위해 사람의 몸속에는 한울님인 지기(至氣)가 내재되어 있고, 사람은 지기가 분화되어 나온 것이기 때문에 사람과 조물주인 지기는 별개가 아니다'고 보았다.[22] 나의 마음이 곧 너의 마음(吾心卽汝心)이요, 천심은 곧 인심(天心卽人心)이란 등식을 세웠다. 사람이 곧 하늘(人乃天)이란 사상은[23] 人과 天이 다르지 않다는 것이며, 人이 곧 天인 것은 天속에 포함된 人이 온통 神적 본질로 휩싸인 상황이다. 化됨에 대해 천도교는 사람, 즉 세계이고 지기가 분화된 것이라 한 것이다.

스피노자도 세계(자연)의 근거를 神에게 두었다. "세계의 속성은 神의 본질을 구성하였고, 神의 능력을 표현하고 있으며, 자연 속에 있어서 일체의 사물은 神 또는 속성의 변상(變狀), 혹은 양상으로서 이것을 일컬어 개체라 했다. 神 없이는 아무것도 존재할 수 없고 생각할 수 없다. 神은 만물의 내재적 원인이다."[24] 神이 세계의 근거란 사실은 무엇과 통하더라도 피할 수 없다. 그런데도 세계(자연)가 神과 다른데 대해 자연은 神적 속성의 변상이란 말을 썼다. 하지만 神이 세계의 내재적 원인이라고 말한 부분은 化된 본질과 조금 어긋났다. 神적인 본질 상황은 엿보았지만 정확한 논거는 아니다. 化로 인해 神이 만물

---

22) 『강좌한국철학』, 앞의 책, p.247.

23) 위의 책, p.247.

24) 『에티카』, 앞의 책, p.328.

의 내재적 원인이 된 것은 기본이며, 化되기 이전을 기준으로 하면 神
의 존재성은 초월적으로 설정된다. '자기 원인 속에 있는 것은 神이
고, 다른 원인 속에 있는 것은 양태임에, 양태는 실체의 변형으로서
눈으로 볼 수 있는 우주 속에 있는 모든 현상'[25]이라고 한 것은, 化된
세계로서 神적 본질성에 접근할 수 있는 큰 디딤돌이다. 만물은 神의
변용(affection)이라고 하여 그 변용에 化된 창조 메커니즘을 적용시킨
것은 만상을 근거 짓고 神적 본질을 정확하게 논거한 형태이다. 化됨
으로써 우리는 세상 위에서 변용된 어떤 양태를 통해서도 神적 본질
상황을 추출할 수 있다.

　"주희는 太極을 理로 규정하고 理를 인간과 자연의 보편적 근거로
삼았다. 성즉리(性卽理)가 그것이다."[26] 太極을 천지 만물을 낳은 바탕
체로 보고 理로 규정한 것은 궁극적인 실체를 존재가 아닌 본질로 보
아서다. 理는 바로 진리화된 神적 본질이다. 그래서 性은 인간 또는 사
물 안에 내재된 理라고 했다. 理가 인간이란 존재 안에서 化되었다. 神
적 본질이 세계화된 보편적 근거가 理이다. 천부의 性은 인간을 인간
답게 한 理이다. 性은 하나님의 神적 본질을 변용시킨 理이다. 『중용』
의 저자가 하늘이 命한 것을 性이라고 한 것은(天命之謂性) 인간 본성
의 근원을 정확하게 추적했다. 창조와 化됨으로써 세계가 임시적으로
모습을 달리했던 것일 뿐, 神과 세계는 다르지 않다. 세계는 神적 본
질을 가졌다. 핏줄을 잇지 않았다면 부자(父子)가 될 수 없는 것처럼,
세계가 神적 본질을 가지지 않았는데 神의 피조물일 수는 없다. 神과
세계가 달라서는 神이 이 땅에 강림할 수도 거할 수도 함께할 수도

---

25) 「스피노자의 범신론에 대한 고찰」, 추충남 저, 동아대학교 대학원, 석사학위논문, 1978, p.17.
26) 『강좌한국철학』, 앞의 책, p.34.

없고, 인류를 멸망으로부터 구원하기 위해 역사할 수도 없다. 홀로, 초월, 절대적으로 고고한 神은 너와 내가 고뇌하며 살아가는 삶의 고달픈 애환과 아무런 상관이 없다. 사랑과 뜻과 의지가 충만하기 때문에 우리는 이 땅에서 신성한 삶의 목적과 가치를 가지고 천국을 건설할 수 있다는 희망을 가질 수 있다. 세계가 神적 본질이기 때문에 우리가 천국을 건설하면 천상도 그대로 천국화된다. 이 땅은 神과 인간의 의지가 맞닿아 있기 때문에 충분히 가능하다. 세계의 神적 본질화 관점은 온 세상을 천국화할 수 있는 제일의 세계관적 근거이다. 천상의 천국 건설 역사와 지상의 천국 건설 역사는 결코 다르지 않다. 지상을 천국화하기 위해 천상의 천국화가 진행되었다고 해도 과언이 아니다. 神적 본질의 세계화 과정이 이 땅을 천국화하는 실질적인 천국 건설 작업이다.

3. 신과 세계와의 합일

"니케아 공의회에서 제기된 신학적 쟁점은 그리스도가 성부와 어떤 관계가 있는가에 대한 문제였다. 이는 그리스도론에 대한 것으로, 그리스도가 성자(제2위격)로서 지닌 神性과 人性의 관계에 대한 상이한 이해에서 발생하였다. 어떻게 하나의 위격이 두 본성을 지닐 수 있는가?"[27] 신념상의 문제이므로 객관적인 근거는 찾기 어렵다. 논쟁이 끊이지 않았다. 이런 과정을 거쳐 삼위일체 교리가 세워져 기독교의 정체성이 확립되었거니와, 당시로서는 각종 도전으로부터 그리스

---

27) 『세계교회사(Ⅰ)』, 김성태 저, 성바오로출판사, 1990, p.262.

도의 神性을 확정 짓는 것이 신학상 급선무였다. 하지만 그에 못지않게 해결되어야 한 과제 하나는 神과 세계가 어떤 관계에 있는가 하는 문제이다. 이 역시 분분한 논쟁거리이고 견해에 따라서는 기독교 전체를 뒤흔들 수 있는 이슈인데도 기독교 자체에서는 별다른 문제성을 제기하지 않았다. 근대에 이르러 기독교 밖 철학계에서 심심찮게 반론을 제기하였지만 이단으로 취급당해 신관으로서는 주류를 형성하지 못했다. 神과 세계와의 관계는 그만한 여건이 성숙되어야 하므로 시기상조적인 문제가 있었다. 테르툴리아누스(Tertullianus, 155~230)는 "예루살렘이 아테네와 무슨 관계가 있느냐?"는 물음으로 기독교와 철학의 근본적인 이질성을 강조했지만,[28] 神과 세계 역시 무슨 상관이 있는가라고 반문할 수 있다. 이에 대해 고전적 유신론은, "神은 시간을 통하여 변화를 경험하지 않고, 피조물과의 관계에 영향을 받지 않는 초월적이고 영원하고 자기 충족적이기 때문에 神을 창조 세계와 피조물로부터 전격 구분한 경향이었다."[29] "성경에서는 하나님의 초월성과 임재성을 동시에 인정하되 피조물과 창조신의 관계를 엄격히 구분하여, 피조물과 神은 서로 다른 것으로서 피조물에 대해 창조신을 절대적인 초월자로서 보았다."[30] '세계는 하나님 안에 있지만 하나님은 세계 안에 포함되지 않는다고 봄으로써 하나님과 세계와의 구분이 불분명하였고, 범신론화된 만유내재신론',[31] 세계를 神으로부터 분리된 일종의 기계장치로 파악한 이신론(deism) 등등 다양한 신관

---

28) 「유신론 변증의 바른 이해를 위한 개혁주의의 전제적 변론의 신앙관」, 이규동 저, 대신대학교 신학대학원 신학과 조직신학전공, 석사학위논문, 2006, p.15.

29) 「틸리히의 실존론적 만유재신론에 관한 연구」, 유승현 저, 장로회신학대학교 대학원 신학과 조직신학전공, 석사학위논문, 2009, p.9.

30) 「범신론적 신관에 대한 성경적 비판」, 앞의 논문, p.169.

31) 위의 논문, p.88.

이 세계와의 관계를 통해 주장되었다.

　인류 역사의 시초이고 전부라고 해도 과언이 아닌 6천 년 성경의 기록은 하나님과 인류와의 관계성을 설정한 역사인 동시에 세계와 교감한 역사이다. 성경에서는 '사람은 하나님의 형상 안에서 창조되었다'[32]는 사실을 기록하였다. 神의 형상이 아담의 타락에 의해 완전히 파괴되고 말아[33] 잠정적으로 神적 본질 범위를 이탈해 있는 상태일 뿐, 본래는 하나이다. 밀접한 관계를 밝힌 것인데도 신학이 동일성을 거부한 것은 아이러니이다. 문제는 창조에 있으며, 선천 섭리가 완수되지 못한 상태에서는 세계를 판단하는 데 불미가 있을 수 있다. 神으로부터 세계를 이격시킨 것은 神의 절대성을 확보하고자 한 충정 분위기가 원인일 수도 있다. 하지만 과업을 완수하고 나면 끈을 놓아야 한다. 지금은 세계와 밀접한 관계를 밝히는 것이 신학상 대세이다. 神과 세계는 어떻게 아무 상관이 없는가? 천지 만물은 태초의 천지창조를 경험한 역사를 공유하였고, 공통된 본질을 본유하였다. 세계는 처음부터 神적 본질을 가졌고 본래부터 神과 다르지 않기 때문에 하나님은 창조 이전의 절대 초월성으로부터 창조를 통해 내재화되었고, 주관 역사를 통해 합일하고자 했으며, 세계와 하나 된 지상천국 건설을 목적으로 삼았다. 본래 하나인 세계가 창조로 인해 이격됨으로써(?) 神은 선천 세월을 다해 세계를 향해 가까이 다가서기 위해 노력하였고, 인류는 神과 합일을 목적으로 진리 탐구란 과제를 완수하고자 했다. 세계는 神적 본질이며 神과 세계가 다르지 않으므로 인류 역사도 시종일관 天・地・人 합일을 모색했다.[34] 그래서 이 연구도 神적

---

32) 창세기, 1장 27절.
33) 『신론』, 이종성 저, 대한기독교출판사, 1992, p.102.

본질을 밝히기 위해서 제 방면에서 합일성을 지향한 지성들의 노력을 추적하게 되었다. "성경 속의 하나님은 우주를 초월하기도 하지만 한편으로는 우주에 편재하고 무소부재하다."[35] "우주를 주관하고 인간과 언제든지 관계를 가지는 神이다."[36] 편재되어 역사하고 관계를 가지는 하나님은 세계 전체를 본질로 한다. 존재 내에서의 본질이기 때문에 세계가 일사불란한 유기체적 메커니즘을 구축하였고, 佛陀가 깨달은 연기적 세계관을 펼칠 수 있었다. 神과 세계는 상호 보완적이고 상호 의존적인 관계를 넘어 하나 되고 일체됨을 지향했다. 神과 세계가 하나 되기 위해 세계의 神적 본질화가 진행되었으며, 이를 통해 神적 본질이 확인된다.

하나인 본질이 창조로 인해 만개되다 보니 세계가 삼라만상으로 펼쳐졌지만, 현상계가 아무리 무궁하게 생성하더라도 결국은 근본으로 돌아간다. 太極은 理氣로 나뉘었지만 생성을 다하면 근원적인 氣(一元之氣)로 통섭된다. 변화는 대립된 두 가지 작용에 의하여 이루어지지만 결국은 다시 근원적 氣로 일원화된다.[37] 동양의 유기체적 세계관은 한마디로 만물일체적이라 "太極도 만물일체적인 존재 원리로서 작용되었다(주자)."[38] 본질적인 바탕이 마련되어 있기 때문에 가능한 일이다. 그래서 개개의 영혼이 神과 합일하는 것은 모든 신비주의의

---

34) 세계와 神은 본래 하나였기 때문에 인류는 神과 세계가 하나 된 일치 상황(지상천국)을 이상적인 역사의 도달 목표로 삼았다.

35) 위의 논문, p.86.

36) 『신론』, 앞의 책, p.71.

37) 「역전의 신개념에 대한 해석 연구」, 심의용 저, 숭실대학교 대학원 철학과 동양철학전공, 석사학위논문, 1994, p.27.

38) 「주자의 본체관에 대한 연구」, 박종하 저, 성균관대학교 유학대학원 동아시아사상·문화학과, 석사학위논문, 2009, p.Ⅲ.

궁극적인 목적[39]이기 이전에 인류 역사가 지향한 섭리의 완수 목적이었다.

힌두교의 신관은 범신(梵神)인데, 일체가 神이라고 본 것은 세계의 神적 본질에 대한 또 다른 표현이다. 이것이 범아일여(梵我一如) 사상을 거쳐 有無를 통일한 일원론으로 발전했다.[40] 梵과 我와의 차이성을 극복하지 못하고 선언만 한 것은 세계적 본질이 뒷받침되지 못해서이지만, 神적 본질과 합일되기 위해 추진된 섭리 방향인 것은 분명하다. 이에 각 문명권이 神적 본질의 동질성을 일찌감치 천명하였다. 힌두교에서는 "각 개인의 본질, 영혼은(Atman) 전 우주의 본질, 영혼(Brahman)이다",[41] 천도교에서는 사람이 곧 하늘(人乃天)이다, 육상산은 '우주와 내 마음이 하나'라고 한 만물일체설을 내세웠다.[42] 아트만이 브라만이고 사람이 하늘이기 위해서는 세계가 神적 본질이지 않고서는 성립될 수 없다.[43] 우주와 내 마음이 하나이듯 세계와 神은 하나이다. 언제든지 상즉상입(相卽相入)할 수 있는 일즉일체(一卽一切)이고 일체즉일(一切卽一)이다(화엄철학).[44] 모든 중생은 佛性을 가지며 마음이 곧 부처라고 한 것은 세계가 神적 본질을 가졌다는 말이다. 예수 그리스도가 가라사대 "나와 아버지는 하나이니라."[45] 하나, 일체이기 때문에 神과 세계가 합일, 교감할 수 있다. 주자는 '인간과 하늘은 같은 구조를 가지고 있어(같은 神적 본질) 서로 감응하여 하늘의 뜻이 인간에

---

39) 『신론』, 앞의 책, p.82.

40) 「범신론적 신관에 대한 성경적 비판」, 앞의 논문, p.1.

41) 『기독교 세계관과 현대사상』, 제임스 사이어 저, 김헌수 역, 한국기독교학생회출판부, 1996, p.177.

42) 「주자의 본체관에 대한 연구」, 앞의 논문, p.87.

43) 세계가 神적 본질로 되어 있다는 것은 세계가 神으로부터 창조되었다는 말과 같음.

44) 『강좌한국철학』, 앞의 책, 144.

45) 『신론』, 앞의 책, p.13.

게 전해지고 인간의 일이 직접 하늘에 전해진다'고 하였다.[46] 선천 하늘에서는 기독교 문명권에서만 하나님을 모신 것이 아니다. 유학은 天道를 밝혀 그에 상응한 人道를 나타내어 天道와 人道의 합일을 모색한 종교이다.[47] 天道는 神의 본질을 유교식으로 표현하고 접근한 것으로, 人道를 天道의 일부로 보고 끊임없이 天=하나님=神적 본질화시키기 위해 노력했다. 물론 神과 세계가 다르지 않고 세계가 神적 본질을 지녔는데도 깨닫지 못한 것은 하나님의 창조 본체가 드러나지 못하고, 하나님이 강림하지 못하며, 너와 내가 깨닫지 못해서이다. 그런데도 일부 선각들은 상황을 직시하므로 굳센 믿음을 견지했던 것이니 그런 일치, 합일, 깨달음이 있었기 때문에 섭리가 완수된 지금은 인류의 이상을 꽃피울 창조 문명시대를 맞이하게 되었다.

일찍이 정주학파(程朱學派)는 '우주의 본체인 천리와 인간의 본성이 일치한다는 것을 강조하면서, 天理와 人欲의 대립적 현상을 배제함으로써 천인합일적인 경지에 도달할 수 있다'고 했다.[48] 天理와 본성이 일치되는 데 걸림돌이 된 인욕만 제거하면 인간은 언제든지 天과 합일할 수 있다. 神적 본질화를 달성하고 하나님과 하나 될 수 있는 가능성과 희망의 메시지를 전달하였다. 이것은 이 땅을 천국화하고 뭇 영혼을 이상화할 수 있다는 말과 무엇이 다른가? 내재적 신비주의는 '지구 상의 존재와 神性을 동일시하고 神과 피조물 사이에는 본질적 차이가 없다고 보고, 우리의 영혼은 영적 생활에 있어서 세례만 받으면 스스로 변화를 받게 되어 결국 그 영혼 안에 내재하는 神과 동일

---

46) 「동양종교와 기독교 하나신관에 대한 목회신학적 연구」, 조춘호 저, 삼육대학교 신학전문대학원 목회신학 전공, 박사학위논문, 2012, p.18.

47) 「주자의 본체관에 대한 연구」, 앞의 논문, p.81.

48) 위의 논문, p.14.

한 것이 된다'고 믿었다.[49] 세례란 형식적인 절차인데, 세례로서 神과 일체될 수 있는 것이라면 그것은 본래 영혼과 神이 동일 본질이었다는 뜻이다. 막혀 있는 神과 인간 사이의 물꼬만 터주면 통하게 되어 합일 지경에 이른다. 세례는 현상적인 작용력이 아니다. 영혼이 하나님에게로 나아갈 수 있게 한 형식적 절차이다. 선현들이 추구한바 聖人之學은 어느 모로 보나 하나님의 존재를 의식하면서 사는 삶이었고 하나님과 하나 되고자 한 합일적 지향 자세이다. 神적 본질로서 뒷받침된 신인합일 노력은 온 인류가 하나님과 함께한 성령의 시대를 맞이할 수 있도록 한 본성적 행위이다. 神적 본질을 근거 짓는 작업은 인류가 지난날 추구한 종교 신앙의 경건함과 신인합일적 노력을 결실 짓는 대 세계관 구축 작업이다. 이 땅이 하나님의 은혜로 충만하고 신성한 성령으로 임할 수 있는 근거이다. 세계가 온전히 神적 본질로 충만하고 제 가치가 부활하는 것은 그것이 바로 하나님이 이 땅에서 몸 된 본체자로 강림된 증거이다. 세계가 하나님으로부터 창조되었고 천지만물이 神적 본질에 근거했기 때문에 인류가 쉬지 않고 진리적 이상을 추구하고, 天·地·人이 합일된 이상 천국 건설을 꿈꿀 수 있다.

---

49) 『신론』, 앞의 책, p.88.

1. 신관의 변화 역사

　　모세가 하나님으로부터 십계명을 받들었던 당시에 "너는 나 외에는 다른 神들을 네게 있게 말지니라"[50]라고 경계시킨 사실로 당시에는 하나님 외에도 다른 神들이 숭배되었다는 것을 알 수 있다. 그래서 다신관을 일소하고 유일신관을 고수한 것이 기독교이지만, 신관이 다양한 것은 역사적으로 피할 수 없다. 의인적 자연신, 동양의 종교에서 나타난 범신적 신관, 서양의 철학적 신관, 기독교의 유신론(Theism) 등등,[51] 神이 다양했던 것은 神을 어떻게 보고 생각했는가 한 차이이고 무엇을 神이라고 보았는가 한 관점의 문제이다. 종교가 많은 만큼 신관도 다양하여 '무신론, 유신론, 범신론, 다신론, 유일신론, 교체신론, 단일신론, 만유재신론, 다령신론, 자연숭배 등 많은 용어와 개념들이 나타났다.[52] 기독교 신학은 시종일관 유일성을 강조했지만 예나 지금이나 다신 상황은 엄존하고, 이런 현상을 설명할 수 있는 뚜렷한 판단 기준도 없다. 신관이 남발된 이유? 그것은 神 자체가 본체를 드

---

50) 창세기, 20장 2절.

51) 「범신론적 신관에 대한 성경적 비판」, 신춘기 저, 웨스트민스트신학대학대학원대학교 신학과 조직신학전공. 박사학위논문. 2004. p.63.

52) 「불교의 신관에 관한 그리스도교적인 해석의 시도」, 박태범 저, p.321.

러내지 못한 데도 이유가 있다. 그러니까 아무리 노력해도 다신 상황을 피할 수 없고 초점을 잡지 못했다. 각인이 바라본 각자의 주장만 있었다.

이런 관점을 분류해서 정리한 학자도 나타났는데, 화이트헤드는 '인류 역사에서 나타난 神이라는 개념 중에는 동아시아 문명의 비인격적인 질서 개념, 셈족의 한정적인 구체적·인격적 개체의 개념, 셈족의 변형태로서의 범신론적 개념'이 대표된다고 했다.[53] 그가 분류한 神에 대한 기준은 성경에서처럼 인격을 가졌는가 하는 여부이다. 하지만 이것만으로서는 세계적인 조건이 미비하기 때문에 그는 "생성되어 가는 존재로서의 神을 새롭게 도입하였다."[54] 인간이 세운 기준이기 때문에 안목이 다르면 신관도 달라진다. 헤겔은 '제의의 중국 종교, 환상의 인도종교, 자기 내적 존재의 종교인 불교를 자연 종교로 보고, 神들은 아직 자유가 없는, 아직까지도 힘으로 이해되는 공허한 것으로서 자기 내적 의식의 소원에서 나타나는 추상적인 범신으로 규정했다. 자유의 종교로 가는 과정으로 보면, 자연종교 다음으로 정신적 개성 종교인 유태교, 희랍의 예술종교, 로마의 합목적적 종교에서 神을 이성적인 것, 곧 정신의 자유성을 가진 절대적인 필연성으로 설명했다. 그리고 제삼의 단계인 절대 종교, 계시 종교로서 기독교에서의 神을 절대정신'이라고 했다.[55]

알고 보면 헤겔의 신관도 기독교가 세운 정통 신관과는 성격이 다른 것이 틀림없다. 선천에서의 신관은 한마디로 세계가 지닌 분열적

---

53) 『중용한글역주』, 김용옥 저, 통나무, 2011, p.75.
54) 「동학과 과정철학의 신관 비교」, 김상일 저, p.33.
55) 「헤겔의 신관에 대한 신학적 비평」, 박영지 저, 일립 강태국 박사 미수기념논문집, p.56.

인 특성을 표출시킨 것이다. 기독교 안에서는 예수의 위격 문제에 대해 지난한 논쟁을 치렀고(삼위일체설), 이후 성령의 발출 근원을 두고서도 분열되었으며,[56] 神이 지닌 속성 면에서는 헤겔처럼 인격성을 탈피하고 세계 의지를 포괄적으로 수용한 경우도 있다. 포이어바흐는 『기독교의 본질』에서, '神의 절대성이란 한갓 인간 정신의 투사물에 불과하며, 종교는 인간 심리의 조작에 지나지 않는다'고 비판했다.[57][58] 기독교의 절대 신관과 정면 대치될 정도로 심대한 불미가 있었다는 뜻이다.

神과 세계와의 관계 및 역할 측면에서 보더라도 다양한 신관을 엿볼 수 있다. 기독교가 고수한 유신론은 '神과 자연과의 관계를 질적으로 다른 것이라고 본 관점인데, 범신론은 자연의 모든 것이 神이라 하고 그 외의 대상은 인정하지 않았다. 즉, 神은 무엇이 되었든 간에 모든 것을 함축한 전체로서 모든 사물의 실체 또는 본질'로 여겼다.[59] 神과 세계를 막무가내 격리시킨 유신론과 이신론[60]보다는 神을 세계를 함축한 전체자로 보아야 하는 것은 언젠가는 정립해야 할 신관 추진 방향이다. 하나님의 본체를 완전히 보지 못한 것, 이것이 다신론(多神論, polytheism), 무신론(無神論, atheism), 범신론(汎神論, pantheism),

---

56) 동방정교회는 성령이 성부로부터만 발출된다고 하였고, 서방 가톨릭교회는 성령이 성부와 성자로부터 발출된다고 주장한 결과 1054년에 두 교회는 완전히 분열하고 말았다. ― 「동양종교와 기독교의 하나신관에 대한 목회신학적 연구」, 조춘호 저, 삼육대학교 신학전문대학원 목회신학전공, 박사학위논문, 2010, p.51.

57) 「동학과 과정철학의 신관 비교」, 앞의 논문, p.32.

58) "神은 인간 잠재성의 반영, 우리가 실현하지 못한 이상들의 표현이다." ― 『기독교 세계관과 현대사상』, 제임스 사이어 저, 김헌수 역, 한국기독교학생회출판부, 1996, p.97.

59) 「헤겔의 신관에 대한 신학적 비평」, 앞의 논문, p.68.

60) "제1원인인 초월적 하나님이 우주를 창조하였지만 스스로 운행하도록 버려두었다. 따라서 하나님은 내재하지도 않고 완전한 인격자도 아니며 인간사의 주관자도, 섭리자도 아니다." ― 『기독교 세계관과 현대사상』, 앞의 책, p.62.

이신론(理神論, deism), 만유내재신론(萬有內在神論, panentheism)과 같은 신관을 남발시킨 이유이다. 이들은 관점으로서 더욱 보완해 포괄해야지 어느 하나가 절대적으로 등극해야 할 신관이 아니다. 조화시켜야 하는데 문제는 하나로 꿰뚫을 수 있는 본체가 드러나지 못했다. 그래서 지난날 일군 신관 추구 역사는 오늘날 강림된 하나님을 보위하기 위한 섭리 역정이었다고 해도 과언이 아니다.

황필호 교수는 「한국 불교의 신관」이라는 주제 발표를 통하여, '절대신의 존재 가능성을 인격적 주체와 비인격성 두 가지'로 대별했다.[61] 그중 '절대신의 존재 가능성'을 개진시킨 것은 비인격적인 것 일체를 인격적 주체와 대등하게 놓았다는 점에서 획기적이다. 신학이 어떻게 정의하였든 神이 만유를 포괄한 존재인 한, 神은 인격성만으로는 세상과 역사 위에서 완전한 모습으로 임할 수 없다. 존재자로서도 모습을 갖추어야 하므로, 여기에 '비인격성'이 포함된다. 플라톤에 의하면, 현상계가 이데아계에서는 전혀 존재하지 않는 질료를 갖고 있고, 그것에 의해 제약된다. 따라서 본질적으로는 불완전한 상태이다. 이러한 질료에 형상을 더하여 현실적이고 감각적인 개물(個物)이 생겨난다. 이로써 질료와 형상을 결합할 창조주가 필요하므로, 이것을 플라톤은 神, 즉 데미우르고스라고 했다.[62] 오늘날 강림한 하나님도 마찬가지이다. 하나님은 세계 역사를 주관한 인격자로서도 모습을 갖추어야 하지만, 세계를 창조한 본체자답게 본질적인 모습도 함께 드러내어야 한다. 그래서 선천에서는 神의 존재 본질을 뒷받침하기 위한 形而上學적 추구 역사가 있었고, 한편으로는 신관에 있어 주류를

---

61) 「불교의 신관에 관한 그리스도교적인 해석의 시도」, 앞의 논문, p.318.
62) 「후기 하이데거에서 신의 문제」, 안유미 저, 울산대학교 대학원 철학전공, 석사학위논문, 2005, p.8.

이룬 인격적 추구 역사도 병행되었다. 다 필요한데 일방적으로 폄하, 몰이해, 매도한 역사가 있었다는 것은 인간이 저지른 어리석음이다. 하나님이 본체자로서 드러나기 위해 본질적인 神은 인격성을 필요로 했고 인격적인 神은 본질성을 필요로 했지만, 선천에서는 누구도 이 부족분을 채우지 못했다. '인격과 비인격은 초월과 내재, 인간과 자연에 대한 관계성 문제이기도 하므로, 양극 사이를 끊임없이 왕복했던 것이 인류의 문명사이고 의식의 발달사였다'고 해도 좋다.[63]

이전처럼 '기독교는 계시에 기초한 인격적이고 구체적인 신관을 증거하고 있기 때문에 고등한 종교이고, 동양 종교에서 말한 하늘(天) 개념은 인격적인 神에 대한 의미가 있는데도 기독교의 하나님처럼 인격적인 신성을 가지고 있지 않기 때문에 추상적일 수밖에 없다'고 폄하될 수 없다.[64] 그런데도 불교계에서는 '유신론적인 종교에서 말하는 초월적이고 절대적인 창조신이 불교에서는 결코 존재하지 않는다. 佛陀는 완성된 인간일 뿐이고, 천신들은 다소 특별한 중생이지 세상을 만드는 창조신이 아니다. 그래서 불교는 神이 없는 종교'라고 단정했다.[65] 동양의 주자가 '인격적 절대자로서보다는 形而上學적(본질적) 절대자로서 神을 강조(범재신론적)한 것은'[66] 그만한 이유가 있었다. 하나님의 본체를 완성하기 위해서 서양의 신관은 인격신을 주축으로 했지만 내심 인격신을 形而上學화(본질)시키기 위해 고심했던 것이고, 동양은 겉으로는 形而上學적인 神을 추구하였지만 사실은 섭리상 神

---

63) 「동학과 과정철학의 신관 비교」, 앞의 논문. p.72.

64) 「동양종교와 기독교의 하나신관에 대한 목회신학적 연구」, 앞의 논문. p.135.

65) 『불교와 인간』, 교양교재편찬위원회 편, 동국대학교 출판부, 1998, p.15.

66) 「동학과 과정철학의 신관 비교」, 앞의 논문. p.72.

을 본체화·존재화·인격화시키기 위해 노력했다. 그렇게 된 이유는
분명하다. 서양의 인격신관은 形而上學적인 면모를 보완해야 했고 동
양의 形而上學적 신관은 인격신을 지향해야 神이 존재자로서 완성될
수 있었다.

혹자는 '데카르트와 파스칼의 神 존재 이해의 사유 방식에서 이미
근대적 형태의 무신론으로 가는 궤도를 발견할 수 있다'고 했지만,[67]
그것은 도정이 아니고 하나님이 인격신으로서는 부족한 세계적 본질
을 보완하기 위해 神적 본질을 포괄한 작업이다. 세계적인 본질을 확
대시킴으로써 인격신이 지닌 한계성을 극복하고자 한 일환이다. '20
세기 철학은 플라톤의 이데아 같은 것을 폐기 처분하였지만 화이트
헤드는 플라톤을 따라서 가변적인 사실 세계가 안정과 규칙성을 갖
기 위해서는 불변한 대상, 즉 형상과 같은 것이 필요하다고 인정하였
다. 그는 20세기의 이단적 철학자가 아니다.[68] 세계가 그런 形而上學
적 본질 형상을 필요로 했다. '우주 만물의 밖에서 독존하여 우주 만
물을 자유자재로 창조하고 상벌을 능사로 하는 절대유일의 인격적인
神은'[69] 그처럼 존재할 수는 있어도 세계와 역사와 영혼이 원한 神은
아니다. 사실은 우주 만물에 내재, 작용, 총섭한 일체지신을 선호해
따로 추구하였다.[70] 이들이 추구한 신관이 극점에 도달해야 인격적
으로(기독교의 하나님, 이슬람의 알라, 유태교의 야훼, 아도나이 등),
혹은 비인격적(불교나 도교의 절대자, 無)으로 추구된 신관과 일치될

---

67) 「한스 퀑의 신관 연구」, 조군호 저, 수원가톨릭대학교 대학원 신학과 조직신학전공, 박사학위논문, 2006, p.29.
68) 「동학과 과정철학의 신관 비교」, 앞의 논문, p.67.
69) 위의 논문, p.46.
70) 위의 논문, p.46.

수 있다. 종교다원주의자의 변함없는 신관인 '神들의 이름은 神이 나타나는 방식에 따라 상이할 수는 있지만 모든 종교의 배후에 있는 神적 존재는 동일하며, 따라서 모든 종교는 원칙적으로 공통의 구원 공간을 점유하고 있다'고 한 신념을 충족시킨다.[71] 인격적인 神과 함께 비인격적으로 표현된 神도 하나님의 본체 강림 역사에 참여되었다고 할진대, 神 존재와 神 본질은 동일한 합일 지점을 향하여 추구되었다. 모든 존재(인격성) 종교는 본질 종교를 지향하였고, 모든 본질 종교는 (形而上學성) 존재 종교를 지향하였다. 서로를 수용해야 神의 모습을 완성하고 온 인류가 강림한 하나님을 영접한다. 그 연면한 변화, 추구, 완성 역사를 신관의 추구 발자취를 통해 확인할 수 있다.

2. 서양의 신관 추구 역사

하나님은 천지를 지은 창조주인데 예수는 하나님을 아버지라고 불렀을 정도로 인격신으로서의 개념을 짙게 했다. 구약의 하나님, 곧 야훼(여호와)는 사랑하고 질투하고 징벌하는 하나님인즉, 끊임없이 인간의 삶 속에 자신을 드러내는 살아 있는 힘이고 창조하는 의지이다.[72] 역사 속에서 드러난 특징 있는 존재 속성은 바로 인격성이다. 이런 성향 때문에 서양 문명은 神의 인격성을 잣대로 해 역사와 가치를 판단하고 인격성을 완성하기 위해 진리를 추구했다고도 볼 수 있다. 인격성을 대표 브랜드로 내세움으로써 인격신을 가지지 못한 동양의 종교를 범신으로 격하시켰고, 아예 종교로서 인정하지 않은 몰

---

71) 「기독교 신관」, 본질과 현상, 창간호, p.75.
72) 『기독교 성서의 이해』, 김용옥 저, 통나무, 2007, p.112.

지각성을 저질렀다. '유신론이 불교나 대부분의 동양 종교를 무신론으로 본 것은 동양 종교가 존재를 부인하고 존재 자체를 궁극적인 실재로 본' 때문이다.[73] 하지만 서양이 추구한 신관 역사를 살펴보면 神의 인격성을 절대 기준으로 내세웠지만 사실은 존재자로서 지닌 조건을 보완하기 위해 본질·形而上學적인 신관을 추구한 역설이 있다. 밝힌바 원칙적으로 본질 종교는 존재 종교를 지향하였고, 존재 종교는 본질 종교를 수용했다. 그리해야 神의 모습이 완성되어 난립된 신관으로부터 인류를 구원할 수 있다.

하나님은 역사 속에서 인간과의 관계를 통해 인격신으로서의 면모를 드러내기도 했지만, 한편으로는 창조주로서 우주 전체를 포괄하며 주재했다. 인간만 창조하고 상호 교감관계를 가진 것이 아니다. 우리는 하나님을 인격신으로서도 볼 수 있지만 인격성, 그것이 하나님을 대표한 모습은 아니다. 전체 우주를 포괄하고 있어 인격신이라고 하는 개념만으로서는 부족한 점이 많고, 그런 의미에서 인격적 기준은 하나님의 무한한 창조성을 제약한다.[74] 우주의 근원적인 실체를 탐구하기 위해서는 신·구약 성경만 참고할 수 없다.[75] 보완이 필요하다. 성경에서는 '말씀이 육신이 되었다'고 하였고,[76] 예수 그리스도가 성육신하였다고 하지만, 하나님은 인간적인 육체를 가지고 아들을 성육신시킨 것이 아니다. "성자의 존재 양식은 근본적으로 비물질적인 본체가 육체적인 존재 양식을 취한 형태이다."[77] 육체적으로 핏줄을

---

73) 「동학과 과정철학의 신관 비교」, 앞의 논문, p.53.
74) 『기독교 성서의 이해』, 앞의 책, p.110.
75) 위의 책, p112.
76) 요한복음, 1장 14절.
77) 「동양종교와 기독교의 하나신관에 대한 목회신학적 연구」, 앞의 논문, p.59.

이은 것이 아니고 전체 세계가 갖춘 神적 본질을 이었다. 성령 잉태설이 주류인데, 이런 교리를 원리적으로 뒷받침하는 것이 곧 세계의 神적 본질 관점이다. 그래서 서양 신학은 인격성 외 함재된 원인과 원리성을 수용한 形而上學적인 신관을 따로 추구하였다. 하지만 문제는 헬레니즘 문명과 접목된 관계로 근원적인 본체성을 제공받지 못해 관념화되어 버린 것은 안타까운 일이다.

존재적·인격적이었던 하나님이 희랍 철학을 만난 것은 참으로 운명적인데, 음영을 드리운 결과를 낳았다. "기독교의 출발은 물론 예수와 그의 제자들을 포함하여 팔레스타인의 유태인으로부터 시작된 것이지만, 예수의 사후 초대 교회는 헬라화된 유태인들이 대거 참여하여 주도권을 장악했으며, 이들은 기독교를 유태인이 아니라 헬레니즘 세계의 이방인들에게 펼치려고 했다. 대표적인 인물이 사도 바울이란 사상가이다."78) "히브리—이스라엘 종교의 핏줄기를 받아 자란 복음은 희랍 문명을 만나 더욱 양성되어 철학과의 상관관계로 발전하는 동안 부지불식간에 영향을 직접적으로나 간접적으로 받았다."79) 그래서 '세워진 神 개념은 기독교가 그리스화되는 과정에서 플라톤의 이데아 사상을 흡수해 정착된 것이며, 하나님과 선의 이데아를 동일한 것으로 보게 되면서부터 神을 모든 존재의 기반'으로 여겼다.80) 하나님이 천지를 창조하였다고 한 선언과 믿음만으로는 부족하기 때문에 기독교가 희랍 철학을 통해 이와 같은 문제를 해결하려 했다. 하나님을 모든 것을 초월한 形而上學적 실재로서 인식한 것은 고대 유

---

78) 『기독교 성서의 이해』, 앞의 책, p.42.
79) 『신론』, 이종성 저, 대한기독교출판사, 1992, p.143.
80) 「후기 하이데거에서 신의 문제」, 앞의 논문, p.9.

태인들이 가진 구약 성서의 하나님 사상과 차이가 크다. 그리스화된 하나님은 아브라함의 하나님처럼 인간에게 다가와서 대화한 인격적 하나님이 아니다. 그런데도 초대 기독교가 철학의 神을 종교의 神으로서 흡수한 것은 기독교의 하나님 개념을 새롭게 구축하여 철학적인 언어로 이해하고 해석하기 위해서이다.[81] 혹자는 '헬레니즘의 철학적 탐색의 연장태로서 발전한 로마 가톨릭의 이론 체계를 기독교로 이해할 수는 없으므로 성서 자체로 되돌아가야 한다'고 역설하였다.[82] 진의는 이해하지만 희랍화된 데는 그만한 이유가 있다. 하나님은 온갖 사물 세계를 창조한 궁극적 원인자인 동시에 바탕을 이룬 본체자이기도 하므로, 하나님의 속성을 形而上學적으로 정의하는 것도 필요하다. 창조된 세계가 끊임없이 변화되는 것이라면 그것을 초월한 비감각적 예지계인 불변한 존재도 밝혀야 한다. 모든 운동의 기저에 있으면서, 그런 운동을 가능하게 하는 부동의 궁극적 원인[83]이 꼭 인격적일 필요는 없다. 그래서 희랍 철학은 하나님의 존재 속성을 形而上學적인 관념성을 통해서 추구하였다. 하나님은 존재적인데 관념화시킨 것은 문제이지만, 어차피 하나님의 본체가 드러나지 못한 선천에서는 神에 대한 인식이 관념화될 수밖에 없었다.

희랍 철학은 성서에 나타난 인격신에 대해 形而上學적인 부족분을 보완하였지만, 무형의 하나님에 대한 본체성은 여전히 가닥 잡지 못해 인격신으로도 존재신으로도 본질신으로도 부각시키지 못하였다. 이런 문제 때문에 근대에 이르러서는 전통적인 기독교 신관을 탈피

---

81) 위의 논문, p.9.
82) 『기독교 성서의 이해』, 앞의 책, p.117.
83) 위의 책, p.115.

하고자 한 변화가 일어났다. 즉, '자연과학과 기술의 혁명으로 고대 우주론에 근거를 둔 신관의 토대가 흔들리게 되었다. 인간이 관찰하고 측정하고 헤아릴 수 있는 것과 수학을 빼고는 무엇이든 의심하는 합리적인 의식이 있게 됨으로써, 퀑이란 신학자는 神 존재 문제에 대한 물음이 새로운 국면에 접어들었다'고 선언했다.[84] 기존 신관이 창조주 하나님의 존재 속성을 다 표현하지 못하고, 만유를 포괄하지 못한 불미가 있은 데도 불구하고 새로운 신관 요구를 묵살시킨 것은 기독교 측이다. 기존 신관이 하나님의 존재 속성을 다 드러내지 못한 데 대해, 근대로부터 지성들이 정열을 바쳐 새로운 신관을 수립하고자 한 노력을 이해해야 한다.

중세 말기에는 범신론이 고개를 들었지만 화형이나 참수형을 당하는 등 심한 박해를 받았다. 어찌하여 네덜란드의 철학자인 스피노자(1631~1677)는 神卽自然이란 일원론을 내세워 일관성 있는 신관을 체계 지었는데도 그를 神에 취해버린 무신론자라고 혹평하였는가?[85] 그 경향은 결코 유물론적이지 않다. 새로운 신관 태동을 준비한 기초 다짐 역사이다. 창조신의 존재 속성을 세계화시키려 했던 선구자이다. 그가 선구자인 근거는 전근대적인 중세기의 추상적·초월적 神을 내재적·구체적 자연이라는 근대적 개념으로 표현해서 전환시켰다는 데 있다.[86] 인격신, 관념신 개념을 넘어 세계 본질화의 길을 열었다. F. 니체가 '神은 죽었다'고 했을 때, 그가 사망 선고한 神은 서양의 희랍 철학이 뒷받침한 초월적인 인격신관이다.[87] 기독교 측에서는

---

84) 「한스 퀑의 신관 연구」, 앞의 논문, p.8.

85) 『세계관의 역사』, 高田 구 저, 편집부, 1986, p.71.

86) 「스피노자의 에티카에 나타난 신에 대한 고찰」, 공혜준 저, 동국대학교 교육대학원 철학교육학과, 석사학위논문, 1997, p.39.

극구 부인하지만, 정말 니체의 神 사망 선고 이후 전통적인 초월신관은 숨을 쉴 수 없었다. "근대·현대의 많은 철학은 전통적인 기독교의 神 개념을 버리고, 神이 차지한 자리에 절대자라는 원리를 적용했다."[88] 그들은 "모든 形而上學적 관념론과 종교적 맹신을 타파하고 인간과 자연과 역사를 꿰뚫는 과학적 세계관을 탄생시켰다."[89] 알은 껍데기를 깨어야 새로운 세상을 볼 수 있다. 신관도 마찬가지이다. 기존 신관을 깨뜨려야 새로운 하나님을 볼 수 있다. 근대에 접어들어 전통 신관을 탈피한 일련의 노력은 神을 버리고 무신론으로 가고자 한 행보가 아니라, 보다 세계화된 신관을 갈구함에서 나타난 역설적 부정이다. 헤겔이 神을 절대 이념,[90] 혹은 정신으로 표현한 것은 전통 신관의 변형태가 아니고, 神의 창조적인 속성 폭을 넓히기 위해 추구했던 신관 역사의 대 분수령이다. 절대정신은 세계를 神적 본질화하기 위한 징검다리 역할이고, 하나님을 존재적인 본체자로 완성시키기 위한 과도기적 섭리 역정이다.

기독교 하나님은 여전히 인격신을 고수하고 있지만, 역부족이기 때문에 그리스철학을 받아들여 形而上學적으로 추구하였다. 그리고 근대에 이르러서는 이것을 부정하고 다시 참 실체성을 찾아 나선 것은 神적 본질을 세계화시키기 위한 섭리 일환이고 강력한 지적 요구이다. 이것이 하나님이 살아 있고 역사하는 존재자로서 내외간의 본체를 완성하고자 한 서양의 신관 추구 경향이다. 神 죽음의 신학자들

---

87) 「동학과 과정철학의 신관 비교」, 앞의 논문, p.31.
88) 『위대한 철학자들의 10가지 질문』, S. E. 프로스트 저, 노윤성 역, 1999, p.180.
89) 『세계관의 역사』, 앞의 책, 표지글.
90) 『헤겔의 신관에 관한 연구』, 박영지 저, 충남대학교 대학원 철학과 서양철학전공, 박사학위논문, 1992, p.59.

이 존재로서 God의 죽음을 선언하고, 불교의 無나 道 같은 개념을 찾게 된 이유도 여기에 있다. 어떤 경우에도 존재와 본질을 조화시키지 못한다면 인격성과 본질성을 추구하는 자들은 평행선을 달릴 수밖에 없다. 그래서 마련된 선천에서의 섭리 역사가 동양에서 추구한 신관 역사이다.

3. 동양의 신관 추구 역사

서양에서는 하나님의 창조, 존재, 이치적인 形而上學성을 관념을 통해 추구하였다면, 동양에서는 天이란 개념을 통해 하나님의 존재 의지와 본질성을 직관적으로 통찰하였다. 天이나 神이나 본체가 드러나지 못한 상황에서는 참된 속성을 드러낼 수 없다. 기독교도 성서를 통해 하나님을 완전히 드러내지 못함으로써 天과 대비해 어떤 우위성을 따질 수 없다. 동양의 天 신앙은 기독교의 하나님 신앙과 별개로 보지만 그것은 잘못된 판단이다. 나라는 존재는 육체와 마음을 함께 가진 것처럼, 동서양이 각자의 문화적 전통과 특성을 가지고 하나님의 존재 속성을 이해한 차이이다. 하나님은 존재자로서 의지적인 속성을 가짐과 동시에 세계를 바탕으로 한 본질적 요소도 갖춘 만큼, 동양의 천관 추구 역사도 당연히 이와 같은 특성을 지닌다. 하나님은 인격적인 주재자로서 의지성도 드러내지만 세계를 본질로 했기 때문에 객관적인 원리성도 가진다. 그래서 유학에서는 天의 뜻을 크게 두 가지로 나누었는데, 만유를 주재한 절대자로서의 天神 개념이 하나이고, 다른 하나는 우주 자연의 근본 원리인 天理 개념이다. 천신과 천리 개념은 별개로 볼 수 없다. 하나님은 어차피 형체가 없으며, 창조물인 피조체와는 존재된 차원이 다르다. 인격적인 개념에만 사로잡혀 있을 수 없다. 인간은 하나님을 모델로 하였기 때문에 신인동감, 신인동형적이기는 하나, 하나님이 인간과 동일한 실체적 모습으로 드러날 수는 없다.[91] 하나님은 무형의 形而上學적인 본질체로서 만사와 만물을 포괄한 근원자이다.

하나님은 인격적이라고 하지만 하나님이 직접 존재 속성을 밝히고 임재한 역사를 통해 실존성을 증거한 경우는 없다. 지성들이 탐구한 神적 본질 추적이 오히려 神의 현존성을 증거할 것임은 아이러니이다. 이런 섭리 목적을 달성하기 위해 동양의 선현들은 서양과 달리 주재적이지 않고 이치적·본질적으로 추구하였다. '동양의 신관들은 고대 희랍에서처럼 창조주적 인격신은 알지 못했으며, 세계적인 작용 현상에 대해 직관한 사색의 결과로서 궁극적인 근원을 太極, 道, 空, 一心, 一者로 지칭했다. 인격적인 神이 존재하지 않는 것을 지적해'[92] 서양의 지성들은 자기 우월적인 문화 관점을 가지고 하등 종교로 폄하하기도 했지만, 정말 인류 역사를 주재한 하나님의 섭리 뜻은 그렇지 않다. 神은 자체로서 증명될 수 없으며, 세계의 神적 특성을 일구어야 하기 때문에, 이 역할을 동양 종교가 담당했다. 인격성에 의한 주재 역사는 서양의 기독교가 주도한 관계로 동양에서는 미약할 수밖에 없지만, 神의 존재 속성을 뒷받침할 본질적인 측면에서는 충분하게 섭리 역할을 수행하였다. 숨은 의도가 있었기 때문에 동양에서는 비인격적인 신관을 추구하게 되었다.

중국의 하·은·주 고대에 형성되었던 인격적인 天 관념이 공자시

---

91) 하나님을 인격적인 존재자로서 바라볼 수는 있음.
92) 「범신론적 신관에 대한 성경적 비판」, 앞의 논문, p.58.

대에서는 퇴색해버렸고, 자연적인 질서 天으로 개념화되었다. 주재천인 천신의 뜻에서 천리의 개념으로 변천하였는데, 은대(殷代)의 天은 상제 관념이고 지고무상(至高無上)의 神으로 나타났으며, 길흉화복을 주재하는 인격적 존재로서의 권위를 지녔다. 주대(周代)의 天은 신앙적 대상인 천신 개념이면서 동시에 정치적 의미도 내포하는 天命 관념으로 나타났다. 천명사상은 정치적인 통치 이념으로도 확립되었고, 인간의 의지적 요소가 천명에 개입할 가능성을 열어 천명을 근거로 民이라는 사상도 낳았다.93) 이런 천관이 춘추시대에 이르러서는 종교적 인격천의 의미가 없어지고, 추상적인 도덕 법칙적 의미로 변화되었다. 이런 시대를 산 공자도 天에 대해서는 자신의 내재적 인격 세계를 나타낸 정도이고, 인간의 주체적인 도덕성의 근거를 강조하였다.94) 이런 전통은 유교 안에서 계속 이어져 주자가 주축이 된 신유학을 펼쳤을 때는 天의 인격적인 주재자 개념이 완전히 사라져버렸다. 성리학을 낳은 宋代의 천관은 理가 대표하게 되었다.95) 『주역』에서는 우주의 궁극적인 본체성을 일컬어 太極이라고 했다. 太極은 시대에 따라 변했는데, 주자는 太極을 理와 동일시했다.96) 太極은 본체적인데, 본체를 인식하기 위해서는 理化되지 않을 수 없다. 이에 주자는 상제나 天主 같은 인격적 개념을 빌리지 않고도 비인격적인 자연의 주재 질서를 작용으로 볼 수 있게 되었다. 太極을 주재하는 것이 理라고 보고 理가 절대적인 인격신을 대신하게 했다.97) 太極이 천지만물

---

93) 「주자의 본체관에 대한 연구」, 박종하 저, 성균관대학교 유학대학원 동아시아사상·문화학과, 석사학위논문, 2009, p.6.

94) 위의 논문, p.7.

95) 「명심보감의 천에 관한 신학적 이해」, 신흥식 저, 한신대학교 신학대학원 조직신학전공, 석사학위논문, p.40.

96) 「동학과 과정철학의 신관 비교」, 앞의 논문, p.70.

의 일체적 주재 원리인 한 본체적인 속성은 충분히 理적으로 표현할 수 있다. 이런 인식 성향은 하나님도 예외가 아니다. 하나님이 보혜사란 진리의 성령으로 강림한 것은, 본체로서의 하늘을 천지만물의 理인 太極으로 본 것과 오십보백보이다.[98] 존재 의지-太極-理-진리적인 본체란 과정을 거쳐 하나님이 존재자로서 모습을 갖추기 위한 이행 절차이다. 太極과 理를 神적 본질로 봄에 있어 개념이 궁극적인 실재성을 대표했다. 太極과 理를 神적 본질로서 인식하고 진리화시키고자 한 것이 유교가 걸은 천관 추구 역사이다.

유교가 동양의 천관 사상을 대표한 것이라면 불교도 색다른 특성으로 세계의 神적 본질을 직관적으로 표현하였다. 불교 역시 절대 인격신 개념은 없지만 우주의 근본을 파고든 진리 종교답게 자기 역할을 돈독히 하였다. 佛陀는 깨달은 覺者로서 열반 이후 출중한 인격성 때문에 불멸의 혼으로 신격화되었다. 法을 통해 形而上學적인 존재로 승화되었다. 부처 사상은 三身, 一心, 空 개념 등으로 발전했고,[99] 특히 대승불교에서 정착시킨 법신불 개념은 비형상적인 우주 만유의 이법, 그러니까 진리로서 부처가 지닌 本體身을 의미했다.[100] 부처의 몸이 法이라고 한 것은 세계의 神적 본질을 적나라하게 나타낸 것이다. 그런데도 일각에서는 불교가 인격신을 모시지 않고 불당의 부처님상에 절하는 우상숭배의 대명사라고 질타한 것은 몰지각한 무지의 소치이다. 창조화된 神적 본질은 불교가 추구한 法을 통하지 않고서는 존재

---

97) 위의 논문, p.71.
98) 「주자의 본체관에 대한 연구」, 앞의 논문, p.1.
99) 「범신론적 신관에 대한 성경적 비판」, 앞의 논문, p.2.
100) 「불교의 신관에 관한 그리스도교적인 해석의 시도」, 앞의 논문, p.333.

화될 길이 없다. 부처가 곧 法이라고 한 것은 하나님의 진리적 속성을 본체적으로 가닥 지은 대과이다. 空이란 무엇인가? 무형의 하나님에 대한 神적 본질 특성을 覺한 것이다. 실체와 自性이 없다고 한 것 이상이다. 창조주 하나님은 自性이 있을 수 없으며 실체자로서도 존재할 수 없다. 하나님의 순수한 본질 상태가 바로 空이다. 부처가 '시간과 공간을 초월한 무한하고 영원한 절대자로 신격화되고, 法을 통해 形而上學적 존재로 발전한 것은'[101] 그만큼 세계의 神적 본질화 과정을 가속화시킨 상황이다. 서양의 지성들(헤겔, 틸리히, 존 캅 등)이 밝힌 비인격적인 범신론 형태의 神 개념은 관념을 통해 비인격적인 우주의 본질을 인식한 것이지만,[102] 부처의 법신화 지향은 지극히 본체적이다. 그래서 서양의 인격신 추구는 끝내 본질성의 뒷받침을 받지 못해 관념화되어 버렸고, 동양은 본질을 존재자로서 완성시키지 못해 이법화되어 버렸다. 그래서 동양의 주자는 性卽理라 하여 天을 形而上學적인 理와 일치시키고 天을 입법적으로 인격화시킨 것이지만, 동학의 창시자인 수운 최제우가 天을 天主로 바꾼 것은 동양의 신관 추구 역사에 있어 획기적인 사건이다. 하·은·주 三代 이후 처음 있는 일이다.[103] 그런데도 천도교가 민족 종교 이상의 틀을 벗어나지 못한 것은 하나님이 존재자로서 완성될 시기 면에서 섭리가 미치지 못한 때문이다. 天은 天主(존재)를, 天主는 天(본질)을 필요로 했는데, 존재자적인 주관 의지와 본질적인 주재 작용을 일치시키지 못했다. 때의 도래를 알리고 길을 예비한 선지자적 역할로 만족해야 했으니, 이런 추구 역사

---

101) 「범신론적 신관에 대한 성경적 비판」, 앞의 논문, p.42.
102) 위의 논문, p.3.
103) 「동학과 과정철학의 신관 비교」, 앞의 논문, p.34.

가 있었기 때문에 하나님이 오늘날 선천의 신관 추구 역사를 마무리 짓고 만 역사를 주관한 창조주로서 강림할 수 있게 되었다.

4. 신의 존재 속성 규정 역사

하나님은 인간과 같은 감정과 마음을 가진 신인동감, 동형자로서 인간과의 격차란 없다고 보아도 좋다. 예수 그리스도가 성육신한 사건만 보더라도 하나님은 언제든지 인간화될 수 있다(神이 사람의 몸을 입으셨다). 하나님은 우리와 함께 있는 神이기 때문에 '임마누엘(마, 1: 23)'로 명명되었다.[104] 우리가 대화를 나누는 것처럼 하나님과 교감, 감응, 기도로 의사를 전달한다. 모든 가능성이 성육신화를 통해 예시되었다. "神은 아버지로서 아들인 예수와 동체인 동시에 아들을 통해서 자기의 뜻을 세상에 알려주고 또한 세상에 대해 여러 가지 역사를 하였다."[105] 아버지와 아들의 관계처럼 하나님의 더한 인격자적 표현은 없다. 그런데도 하나님이 육신의 아버지와 같은 존재자인가 하면 그런 것은 아니다. 그렇다면 하나님은 어떤 분인가?

기독교 신학이 성육신 사건을 두고 창조주 하나님을 아버지와 아들이란 직속 관계로 승화시킨 것 외 하나님이 감추고 있는 존재 속성과 관련하여 중요한 사실들을 외면했던 것은 하나님이 뜻한 데 대한 완벽한 계승 역사일 수 없다. 인간은 하나님을 本으로 하였지만, 하나님은 육신을 가진 존재자가 아니다. 하나님의 존재 속성을 정확히 파악해야 예수 그리스도의 성육신 사건도 재조명된다. 인격체적 계승

---

104) 『신론』, 앞의 책, p.38.
105) 위의 책, p.30.

외에 또 다른 섭리 의도가 함재되어 있다. 하나님은 존재자이지만 우리와 동일한 육신을 가지지 않았기 때문에 우리가 가진 뜻을 마음으로 표현하듯 하나님도 그러했다. 인간·인격체적인 뜻과 의지는 바로 마음으로 전달한 것이므로 그런 실체 작용을 정확하게 분간해야 한다. 이러한 존재 특성에 대해서는 성경도 요약해서 꿰뚫었다. "하나님은 영이시니",[106] 영이기 때문에 부여된 특성에 합당하게 예배하는 자가 신령(神靈)과 진정(眞正)으로 예배해야 한다고 했다. 하나님이 영이라면 '하나님은 본래부터 육체를 가진 물질적인 존재가 아닌 것'을 뜻한다.[107] 하나님은 우리와 똑같은 마음 작용과 감정을 가졌는데, 그 실질적인 본체는 어디에 있는가? 존재자로서 작용을 드러내었는데도 육신이 없기 때문에 하나님을 일컬어 '보이지 아니하시는 하나님(골, 1: 15)', '보이지 아니하는 자(딤전, 1: 17)', '아무 사람도 보지 못하였고 또 볼 수 없는 자(딤전, 6: 16)'라고 했다. 바울은 '창세로부터 그의 보이지 아니하는 것들, 곧 그의 영원하신 능력과 신성(롬, 1: 20)'을 하나님이라고 정의했던 것처럼, "비존재이나 존재이며, 비가시적 존재임과 동시에 가시적인 존재가 하나님인 것으로 묘사했다." [108] 하나님은 존재하는데 그 존재자를 볼 수 없다? 이와 같은 특성을 파악하기 위해서는 선천 섭리가 완수되어야 했지만, 그 전까지는 속성 규정이 다양한 형태로 표현되리라는 것을 충분히 예측할 수 있다.

불교에서는 궁극적인 실체를 일컬어 非有非無라고 했는데, 이것은 神이 바로 실체적이지 않고 무형상, 形而上學적인 것을 직시한 것이다.

---

106) 요한복음. 4장 24절.
107) 「동양종교와 기독교의 하나신관에 대한 목회신학적 연구」, 앞의 논문. p.77.
108) 위의 논문. p.77.

하나님이 세계 자체를 神적 본질로 한 실상을 엿본 것이다. 노자는 세상 만물의 근원으로서 道를 지목하고, 道의 신비스러운 속성을 일컬어 '현묘한 존재'로서 표현했다. 성경에서 '기묘자(사, 9: 6)'라고 한 것과 비슷하다.109) 神은 존재자로서 모습을 갖추었지만, 그 모습을 볼 수 없다 보니 무형의 의지적·본질적인 형상으로 표현되었다. 神은 엄연한 존재자이지만 실체를 볼 수 없으므로 그런 존재 상황을 세계 내 존재 형태인 神적 본질로서 파악하였다. 헤겔이 神을 절대정신으로 표현한 것은 하나님의 존재 상황을 의지적 작용체로 본 상태이다. 神적 본질은 천지 만물을 창조한 온갖 이치의 집합체이다. 지성들이 추구한 '신학과 철학의 주제도 다 같이 영원한 진리'였다.110) 현상계에서는 神적 본질이 진리를 통해 표면화되어 있어 진리, 즉 神이라고 보아도 좋다. 존재 안에 정신과 마음이 있는 것처럼, 객관적인 진리는 존재 안의 본질이고, 성령의 활동은 존재 안의 의지 작용이다. 주자학에서 성품이 곧 이치라고 한 것은 세계의 神적 본질을 인식한 주요 가닥이다. 그리고 주재성은 존재자로서 지닌 의지적 표현이다. 神적 본질은 진리적으로 객관화되었고, 존재 의지는 인류 역사를 이끈 주재력으로서 하나님의 존재 본체를 완성하는 방향으로 표출되었다. 어떻게 동서양은 역사된 신관 추구 성향이 판이한가? 그 이유는 내외간에 걸친 하나님의 창조적 본체성을 완성시키기 위해서이다. 하나님은 인격신이라고 하지만 그 속성은 의지적·영적으로 표현되었다. 존재 안의 영이기 때문에 볼 수 없는데도 불구하고 영적인 활동을 의지력을 통해 체감하면 하나님이 세계 위에서 살아 역사한 사실을 알 수

---

109) 위의 논문, p.1.
110) 『신론』, 앞의 책, p.233.

있다.[111] 헤겔은 '세계사는 절대정신의 자기실현 과정이고, 철학의 역사는 그 절대정신의 자기 인식 과정'이라고 했는데,[112] 神은 그와 같은 의지력을 통해 자기의 존재성을 표현하고 창조 목적을 완성하고자 했다.[113] 하나님은 존재자이기 때문에 객관적인 진리와 본질성만으로는 참된 모습을 표현할 수 없었다.

하나님은 본질을 가진 존재자로서 끊임없이 표현되었지만, 속성 규정 역사를 완수하지 못한 상태에서는 내외간에 걸쳐 모습을 제대로 갖출 수 없었다. 여기서 성육신 사건은 하나님이 존재자로서 드러나기 위해 세계를 神적 본질화한 역사이기도 하다. 하나님이 육신의 아들을 두셨다? 그 의미는 바로 무형인 하나님이 유형인 예수를 탄생시킨 것이다. 神의 인간화이기 이전에 존재화, 세계화한 성업이다. 전체 세계가 神적인 본질이 아니고서는 세계 안에서 독생자가 탄생될 수 없다.[114] 그런데도 신학은 예수의 위격을 세우는 데만 주력해 중대한 섭리 가닥을 놓쳐버렸다. 하나님의 존재 속성이 규정되면 성육신 사건도 신학상 의미가 달라지는 것이니, 神적 본질을 표면화시킨 성육신 사건은 정말 神의 존재화 과정이고 神적 본질의 세계화 과정이란 관점에서 재조명되어야 한다. 하나님은 적극적으로 세계 가운데서 神적 본질이 표명되길 원했으니, 그런 의미에서 "말씀이 육신이 되어 우리 가운데 거하시매"[115]라고 한 것은 하나님의 존재화, 세계

---

111) 「성령의 본체」, 김균진 저, p.243.

112) 『세계관의 역사』, 앞의 책, p.116.

113) '헤겔은 그의 전 철학사에서, 모든 인류 역사와 자연의 전체 진보 과정을 소위 이념 혹은 절대 이성, 또는 세계정신이라는 로고스(Logos)의 작용이 자기를 현시하면서 낮은 단계에서 높은 사상적인 단계로 올라가다가 진보 발전해가면서 완성되는 것'이라고 말했다. —『헤겔철학과 현대신학』, 김균진 저, 대한기독교출판사, 1980, p.72.

114) 세계가 모태이고 어머니의 자궁임.

화에 대한 인식적 거점이다. '환인(桓因)의 아들 환웅(桓雄)은 자주 세상에 뜻을 두어 인간 세상을 탐(貪)하였다'고 했는데,[116] 의도는 역시 예수처럼 神이 인간으로 태어나려 한 동기와 같고,[117] 세상 가운데서 존재자로 완성되기 위한 섭리이다. 불교에서는 '부처가 세계 안으로 들어와 세계 및 인간과 관계를 맺으려 했으며, 그와 같은 세계 내 부처를 화신(化身)'이라 했다.[118] 선천에서는 존재자로서의 완성 지향이 세계적인 여건상 격에 맞지 않아 신비주의로 취급되었지만, 다각도에 걸친 섭리 의도는 명백하다. '영원한 하나님이 함께한다는 생각은 할 수 있지만, 현실로서 나타나리라고는 믿지 못했다. 그런데 예수를 통해 실현'된 것처럼,[119] 오늘날 하나님이 강림한 것은 세계의 神적 본질 규명에 힘입은 바이다. 삼위일체 중 만유재신한 이것이 보혜사 성령이라는 것이 오늘날 밝혀진 비밀이다. 삼위일체 신관은 제삼위인 성령이 본체를 드러내어야 완성될 수 있는 것이니, 근대 신학자들이 전통적인 신관, 천관을 탈피하고자 한 것도 하나님을 세계를 몸으로 한 본체자로 맞이하기 위한 지적 개안 작업이다. 동서 간에 걸친 신관 추구 역사를 완수하고 드디어 진리의 완성 본체자로 강림하였다.

---

115) 요한복음, 1장 14절.
116) 『강좌한국철학』, 한국철학사상연구회 저, 예문서원, 1997, p.110.
117) 「동학과 과정철학의 신관 비교」, 앞의 논문, p.68.
118) 「불교의 신관에 관한 그리스도교적인 해석의 시도」, 앞의 논문, p.343.
119) 『신론』, 앞의 책, p.38.

1. 신의 존재 증명 방식

"인간은 하나님을 알 수 있는가? 알 수 있다면 어떻게 가능한가?"[120] 神이 존재하리라는 전제를 가지고 수많은 지성인이 해답을 찾고자 했지만, 긍정보다는 부정적인 측면이 우세할 수밖에 없는 제약이 있었다. 확신은 했어도 뚜렷한 방도는 제시하지 못했다. 하나님은 초월자이기 때문에 초월적인 것은 인식이 불가능한 것으로 치부하였다. 흄은 '神이 실재하는가의 여부를 우리는 알 수 없다. 설사 실재한다 해도 神과 우리 사이에 있어 의사소통은 일체 불가능하다(흄의 회의론)'고 주장했다.[121] "상대적인 인간이 절대적인 神과 직접적인 관계를 가진다면, 그것은 논리적으로 모순에 빠진다. 유한은 무한을 내포할 수 없다."[122] 밝힌바 하나님과 세계 사이에는 창조란 작용력이 매개되어 있는데, 창조를 모른다면 神과 인간은 차원적으로 격리된다. 이것이 神을 인식하고 존재를 증명하는 데 따른 세계관적 한계이다. 칸트는 '인간은 의식 밖에 있는 객관적 실재 그 자체(물자체)는 영원히

---

120) 「기독교 신관」, 본질과 현상, 창간호, p.69.
121) 『세계관의 역사』, 高田 구 저, 편집부, 1986, p.92.
122) 『신론』, 이종성 저, 대한기독교출판사, 1992, p.80.

인식할 수 없다(불가지론)'고 했다.[123] "神은 절대적 존재자이고 영원한 존재로서 인간의 지력과 상상의 도달 선을 넘어서 있다. 神의 존재는 긍정도 부정도 할 수 없다."[124] 창조를 프리즘으로 갖다 대지 않는 한 神과 인간은 영원히 매치될 수 없다. 하물며 하나님의 실존성을 성령으로 접한 기독교도 神에 대한 접근 창구를 제한하고 말아 神은 인간 세계와 완전히 격리되어 버렸다. 교회를 떠나서는 구원이 없다고 한 신앙관처럼, 하나님은 '성서를 떠나서는 아무 지식도 얻을 수 없다'고 못 박았다.[125] 성부를 알 수 있는 가장 바른 길은 그의 아들인 그리스도를 통하는 길밖에 없다. 아들 외에는 아버지를 알 자가 없다. 이것은 불변한 원칙이다. "자연이나 인간의 어떤 성품을 통해서 어느 정도는 神에 대한 지식을 가질 수 있지만 그것은 죄에 의하여 너무나 더럽게 되어 있고 왜곡되어 있기 때문에(캘빈) 神에 대한 올바른 지식을 가질 수 없다."[126] 이런 신앙관 때문에 근대 이후의 철학자들은 神을 알려고 한 시도를 버렸고, 신학자나 종교가에게 맡기는 경향이 두드러졌다. 오귀스트 콩트는, '인간은 실증주의(Positivism)의 단계에 달하면 神을 발견하려고 하는 시도를 포기하고 사물과 현상 사이에 존재하는 관계를 발견하는 데 전심하게 된다'고 단언하였다.[127]

神을 인식하고 존재를 증명하려는 데도 불구하고 세계가 지닌 제약적 여건 속에서는 불가지론이나 실증주의적 주장에 동의하지 않을 수 없다. "단테가 지브롤터해협을 지나려고 감행했을 때 오디세이로

---

123) 『세계관의 역사』, 앞의 책, p.107.
124) 『신론』, 앞의 책, p.134.
125) 위의 책, p.100.
126) 위의 책, p.32.
127) 『위대한 철학자들의 10가지 질문』, S. E. 프로스트 저, 노윤성 역, 1999, p.177.

하여금 연옥으로 가도록 했던 곳에서 콜럼버스는 아메리카 신대륙을 발견했다. 실재의 해명되지 않은 차원을 점거하고 있었던 神은 존재하지 않는 것으로 판명되었다.”[128] 천지를 창조한 하나님이 세상 어디에서도 발견되지 않는 것이라면 하나님은 정말 어디로 갔는가? 드넓은 바깥세상이 펼쳐져 있는데 커튼에 가려 볼 수 없게 되었다면? 창세로부터 하나님이 세계와 함께하였는데 안목을 개안시키지 못해 보지 못하였다면? 이와 같은 문제를 해소시킨 것이 선천과 후천이란 시대적 차원을 가른 지상 강림 역사이다. 하나님은 때가 되면 인류를 모든 진리 가운데로 인도할 것이라고 하였는데, 그 약속에 부응하여 이전에는 볼 수 없었던 세계를 통하여 神을 증명할 수 있는 길을 열어젖혔다. 삶의 가치 인식이든 진리에 대한 체험이든, “인간이 긍정적인 것이라고 생각한 모든 것은 하나님이다. 긍정적 체험은 하나님이 현존한다는 진술로 끝나게 된다.”[129] 지난날 가진 정신적 고뇌를 해결할 수 없었던 이유는 단 한 가지, 神을 세계적인 문제로부터 배제시키거나 무시하거나 부정한 때문이다. 부정하면 어디서도 실마리를 찾을 수 없지만 긍정하면 만사를 관통할 수 있다. 인간은 세계를 통해 하나님을 아는 것이 지식의 최고 의무이다.[130] 어떤 것도 부분적인 지식밖에 없지만, 하나님을 알면 전체와 미래를 알고 알파와 오메가를 관통한다. 시간도 공간도 우주도 끝이 없지만 하나님 안에서는 시작과 끝이 분명하다. 우리가 보고 있는 현상계, 존재계가 전부라면 神은 필요 없지만, 말미암게 한 바탕 본체가 있고 하나님이 존재할진

---

128) 『하느님』, G. 하센휫틀 저, 심상태 역, 성바오로출판사, 1987, p.26.
129) 위의 책, p.290.
130) 『신론』, 앞의 책, p.144.

대 언젠가는 초월적인 세계를 바라볼 수 있는 기반을 가질 수 있다. "구약에서는 언제든지 간접적인 방법으로 이스라엘인에게 계시한 동시에 언제든지 완전한 계시가 있을 것을 강조하였으며, 미래에 있어 완전한 계시가 나타날 그 날을 '主의 날', '그 날'로서 표현하였다."[131] '창세로부터 그의 보이지 아니하는 것들이 만물에 분명히 보여 알게 된다'고 했듯,[132] 보이지 아니한 그 영원한 능력과 신성을 강림한 하나님이 밝히리라.

하나님이 진리의 성령으로 강림하여 인류를 모든 진리 세계로 인도함을 통해 강림 사실을 입증할 구체적인 방법으로 자신을 계시한 것은, 지금이 예고한 대로 모든 때가 찼고 마지막 날이 도래한 때문이다. 神에 관한 지식을 밝히는 것이 모든 진리 세계로 인도하는 첩경이다. 神을 안다는 측면에서 선천과 차원을 달리한 새로운 시대이다. 성령의 시대가 개막된 것은 그동안 이룬 역사를 바탕으로 인류가 이성을 통해 객관적·보편적·원리적으로 실존 사실을 확인할 수 있는 시대를 맞이했다는 뜻이다. 진리는 항상 이성을 통해 확실성의 문을 통과할 수 있어야 하므로, 神도 예외일 수 없다. "성령은 무지를 전제로 하지 않으며, 이성과 대립하는 것이 아니라 이성의 토대 위에서 굳건해진다."[133] 그래서 조건은 미비하였지만 "자연신학에서는 神을 지득하는 데 있어 계시의 도움 없이 인간의 이성만으로도 가능하다고 주장했다."[134] 물론 하나님이 계시하지 않는데 神을 지득할 리 없다. 하지

---

131) 위의 책, p.18.
132) 로마서, 1장 19절~21절.
133) 『기독교 성서의 이해』, 김용옥 저, 통나무, 2007, 표지글.
134) 『신론』, 앞의 책, p.96.

만 하나님이 계시한다면 정말 이성을 통해 하나님을 알 수 있다.

헤겔은 "神의 있음은 언제나 되어감의 변증법적 과정 속에 있다고 보고 神을 현실 속에서 구체적으로 발견하려 했다(변증법적 神 존재 증명)."[135] 데카르트는 "이성과 과학적 방법만으로 지식을 얻을 능력이 있다는 신념을 가져 성경을 의지하지 않았다."[136] 그런데도 이런 神 증명 노력은 끝내 결실을 거두지 못했다. 그래서 신학계에서는 神 지식에 대해 크게 두 가지 방법으로 가능성을 제시하였는데, 계시를 통한 지식과 피조물을 통한 지식이 그것이다.[137] 계시는 통상적인 것이려니와 피조물을 통한 것은 다시 두 가지 이유에서 가능하다고 했는데, 피조 세계는 神의 직접적인 창조물이라는 것과 성서가 그 가능성을 말하였다는 데 있다.[138] 계시적 방법과 피조물을 통한 방법은 병행되어야 하며, 피조 세계를 통한 방법은 성서에서도 가능성을 시사하였다.

> "하늘이 하나님의 영광을 선포하고 궁창이 그 손으로 하신 일을 나타내는도다(시, 19: 1)." "그 이름이 홀로 높으시며 그 영광이 천지에 뛰어나심이로다(시, 148: 13)."

'모든 피조물에는 神의 손자국이 있으며, 피조자는 자연 세계를 보아도 神의 존재를 알 수 있기 때문에 그에게 감사하고 찬양하고 영광을 돌려야 한다'고 믿었다.[139] 그래서 근대에 이르러서는 피조물을

---

135) 「범신론적 신관에 대한 성경적 비판」, 신춘기 저, 웨스트민스트신학대학대학원대학교 신학과 조직신학전공, 박사학위논문, 2004, p.88.

136) 「유신론 변증의 바른 이해를 위한 개혁주의의 전제적 변론의 신앙관」, 이규동 저, 대신대학교 신학대학원 신학과 조직신학전공, 석사학위논문, 2006, p.43.

137) "중세신학에 있어서 신학을 자연신학과 계시신학으로 구분한 것은 토마스 아퀴나스였다." -「신론」, 앞의 책, p.98.

138) 위의 책, p.9.

통한 지식을 선호하게 된 추세인데,[140] 문제는 계시를 맨눈으로 판단한 결과 오히려 무신성을 부추기고 말았다. 창조 섭리를 완수한 관점으로 하나님의 살아 있는 실존성을 판단하는 것이 이 연구가 기대한 목적이다. 세계의 神적 본질을 증명하는 일환으로서 피조물을 통한 방법은 선천 섭리가 완수된 이후에야 제시할 수 있게 되었고, 이전에는 관념적으로 접근해 神을 개념적으로 정의한 것이 주류였다. '하나님을 무한, 인격, 초월, 내재, 전지, 주권자, 善'이라 하였지만,[141] 이것은 어디까지나 개념상의 규정일 뿐이고, 이와 같은 속성을 정말 실존적으로 확인하기 위해서는 세계적인 특성을 추출해야 했다. 神이 무한하다면 세계도 무한하고 善이라면 세계도 善해야 한다. 왜냐하면 세계는 하나님의 神적 본질 자체이므로……. 하나님은 어떻게 절대적이고 초월적인가? 이것을 알 수 있는 것은 하나님이 천지를 창조하였고 세계가 피조체인 것이 명백히 밝혀졌을 때이다. 창조 역사를 긍정해야 하나님도 절대, 초월, 선재, 무한, 전지, 주권, 지고, 지선자가 될 수 있다. 하나님은 창조를 통해 세계를 한정하였기 때문에 우리는 그분에 대해 '더 큰 것을 생각할 수 없는 분(안셀름)', 혹은 '최고로 완전한 존재(데카르트)로서 판단할 수 있다. 하나님이 나를 결정한 것처럼, 하나님도 우리에게 부여된 피조체적 결정성 때문에 완전, 무한, 최고인 속성 범위가 확정된다. '神의 존재와 神의 관념이 동일하기 위해서는'[142] 神과 세계의 실체적 특성을 모두 밝혀야 할 완수 절차가

---

139) 위의 책, p.98.

140) 과거에는 계시를 통한 방법이 신앙 역사를 지탱시켜 왔지만(神을 완전히 증거하지 못함), 근대에 이르러 과학이 발달한 지금은 온갖 신론이 제기되고 있는 형편인데, 그 경향을 대변한다면 피조물을 통해 神을 알고자 하는 방법이 선호되고 있다.

141) 『기독교 세계관과 현대사상』, 제임스 사이어 저, 김헌수 역, 한국가톨릭학생회출판부, 1996, p.31.

142) "그보다 더 큰 것을 생각할 수 없는 것은 확실히 생각 속에만 있는 것이 아니라 실제로도 존재하고 있다

필요하다. 하나님이 필연적인 목적을 가지고 천지를 창조하였다면 그 목적을 계시를 통해 확인하고 나아가서는 정말 피조된 세계 가운데서 발견할 수 있어야 한다. 이것이 神이 세상 가운데 남긴 진정한 손자국이고 이성을 통해 통찰할 수 있는 신증명 방법이다.

데카르트가 '사유하는 나로부터 神과 세계를 설명하려고'[143) 했던 것은 존재를 의심할 수 없는 자신으로부터 창조된 특성을 확인하기 위해서이다. 사고는 관념적일 수 있지만, 데카르트는 사고를 통해 확인할 수 있는 실존적 자아의 확실성을 통해 그와 동일한 神의 존재 속성을 추적하고자 했다.[144) '존재로서의 하나님, 삶으로서의 하나님, 창조로서의 하나님, 관계로서의 하나님 등등 하나님은 존재하는 모든 것에 참여하였기 때문에'[145) 다양한 창구를 통할 수 있지만 세계적인 특성, 곧 神적인 본질을 밝히는 것만 같지는 못하다. 피조체가 지닌 특성을 밝히는 것이 그대로 창조성을 확인하는 길이다. 그래서 신학자는 초월자인 神을 증명하기 위해 계시를 통하기도 했지만, 철학자는 제1원인자로서 증명하는 길을 택하기도 했다.[146) 하나님은 창조주로서 모든 존재에 관여하였으므로, 참으로 "모든 존재의 근원이 되고 지고선이며 제일원인인 동시에 우주 질서의 주관자이다."[147) 신관이 다양하게 전개된 만큼 神을 증명하는 방법도 다양하게 개척된 것은

(안셀름)." - 『유신론 변증의 바른 이해를 위한 개혁주의의 전제적 변론의 신앙관』, 앞의 논문, p.40.

143) 「데카르트와 스피노자의 신 개념」, 손기태 저, 연세대학교 연합신학대학원 이론신학과 조직신학전공, 석사학위논문, 2001, p.95.

144) 「한스 큉의 신관 연구」, 조군호 저, 수원가톨릭대학교 대학원 신학과 조직신학전공, 박사학위논문, 2006, p.17.

145) 「틸리히의 실존론적 만유재신론에 관한 연구」, 유승현 저, 장로회신학대학교 대학원 신학과 조직신학전공, 석사학위논문, 2009, p.3.

146) 「유신론 변증의 바른 이해를 위한 전제적 변론의 신앙관」, 앞의 논문, p.71.

147) 『신론』, 앞의 책, p.146.

神의 모습을 완성하기 위한 도도한 추구 역사이다. 그래서 오늘날 세계를 이룬 바탕자, 존재자, 의지자, 본질자로 완성되었다. 神적 본질을 규명한 역사를 통해 창조 이래의 본 모습을 완벽하게 갖추었다. 존재된 본체를 완성하기 위해 선천 섭리를 일관시켰다. 규정한바 그보다 더 큰 것을 생각할 수 없는 존재자, 최고로 완전한 본체 모습으로 강림하였다.

2. 세계의 신적 본질 근거

"神이란 도대체 무엇인가? 神은 우주를 존재하게 하고 그것을 지탱하고 있는 힘에 대하여 부여된 명칭인가? 神은 너무나도 인간을 초월해 있으므로 神에 대하여 아무것도 이해할 수 없는 것인가? 神과 우주와의 관계는 어떠한가?"[148] 神과 세계를 알고 관계를 밝히기 위해서는 세계 가운데서 神적 본질을 찾는 것이 주효하다. 이것은 인류의 정신적 고뇌를 담고 있는 문제로서 핵심 된 이슈이고 우선적으로 해결해야 했는데도 회피하였던 것은 세계의 근원과 바탕성을 보지 못해서이다. 만물의 근본, 곧 "제1 시작을 찾으려 한 노력은 종교뿐 아니라 철학, 심지어 과학에서조차 연구 주제가 되고 있다."[149] 그중 기독교 신학은 하나님이 천지를 창조한 성경 기록을 근거로 세계가 창조되었다는 사실을 말하고 있는데, 분명하게 짚고 넘어갈 것은 천지를 창조한 근거가 무엇인가 하는 문제는 풀어야 할 가닥이 전혀 다르다. 책상을 누가 만들

---

148) 『위대한 철학자들의 10가지 질문』, 앞의 책, p.146.

149) 「동양종교와 기독교의 하나신관에 대한 목회신학적 연구」, 조춘호 저, 삼육대학교 신학전문대학원 목회신학전공, 박사학위논문, 2010, p.3.

었는가 하는 것과 무엇으로 만들었는가 하는 것처럼……

세계의 神적 본질을 증거하기 위해서는 핵심을 가닥 잡아야 하고, 왜 세계가 온통 神적 본질 자체인지 밝혀야 한다. 본의를 밝혀야만 추적할 수 있는 실마리인데, 이것을 기독교 신학에서는 '無로부터의 창조', 혹은 '無에서의 창조'를 통해 풀었다. 이런 표현은 성경에는 나오지 않는 말로서, 經 外典인 제2 마카비에 근거해서 후세의 신학자들이 無에서의 창조라는 말을 보편화시켰다.150) 그렇다면 無에서의 창조란? 문자 그대로 아무것도 없는 데서 有를 창조했다는 뜻이다. 창세기 1장과 2장에서는 천지가 창조되기 전부터 어떤 존재가 있었다고 볼 수 있는 기록이 있는데 혼돈, 공허, 흑암, 수면, 안개 같은 말이 곧 無를 의미하는 것으로 의도했던 것 같다. 성서의 전체적인 교훈은 神이 천지를 창조하기 전에는 아무것도 존재하지 않았다는 것을 말한다.151) 창조 이전에는 시간도 공간도 일월성신 등등 무엇도 존재하지 않았다. 그렇게 無한 것을 有하게 했다. 그것이 無로부터 천지를 창조한 것에 대한 참 의미이다. 나는 세상에 존재하지 않았지만(無), 태어나서 존재(有)하게 되었다. 무엇에 의해, 무엇을 근거로? 無로부터의 창조는 하나님이 이룬 주체적인 행위를 밝힌 것이지 근거까지 포함한 것은 아니다. 우리가 존재한 것은 조상과 부모의 핏줄을 이은 것이듯, 천지가 질료를 가져야 하는 것은 만상의 벗어날 수 없는 법칙이다. 하나님이 '열중쉬어' 한 채 말씀만으로 천지를 창조한 것이 아니다. 창조가 앞장서 원칙을 어겼을 리는 만무하다. 말씀과 성령의 힘

---

150) "내 아이여 내가 간청하노라. 하늘과 땅을 보라. 그 안에 있는 모든 것을 보라. 神이 존재하지 않던 것에서 그것을 만들었음을 알아라. 그와 같은 방법으로 사람도 만들었음을 알아라." - 제2 마카비, 7장 28절.

151) 『신론』, 앞의 책, p.274.

으로 아무것도 없는 無에서 하늘과 땅을 창조하므로, 천지 만물이 참된 하나님에게 기원을 둔 것이 분명하다(웨스트민스터 신앙고백).[152] 그래서 無에서부터, 無로부터 천지 만물이 창조된 것은 맞지만 그 근거에 대해서는 재론되어야 한다.

아리스토텔레스는 존재를 구성하는 가장 기본적인 요소로서 형상과 질료 등을 언급했다.[153] 주자는 '천지 사이에는 理와 氣라는 것이 있는데, 理는 形而上의 道로서 사물을 낳는 근본이고, 氣는 形而下의 器로서 사물을 낳는 바탕'이라고 했다.[154] 데카르트는 인간을 정신과 육체로 이원화시켰는데 두 요소는 만물이 세계를 구성하는 데 있어 갖추어야 할 필수 요소이다. 창조는 더욱 절실한데, 창조만 일체를 무시하고 아무것도 없는 無에서 천지를 창조했다는 것은 이치에 어긋난다. 창세기 2장에서는 하나님이 인간을 흙으로 지었다고 했는데,[155] 어떤 형태로든 바탕 된 근거는 있어야 한다. '창세기에서는 태초에 하나님이 천지를 창조하시니라. 하나님이 가라사대 빛이 있으라 하시매 빛이 있었다'라고 밝혀[156] 말씀에 근거한 창조 사실을 명시하였다. 그래서 우리는 '인간을 포함한 우주 만물이 하나님으로부터 나왔다는 것'을 확신할 수 있다.[157] 이것은 하나님이 말씀으로 천지를 창조하였다는 의미도 있지만, 말씀에 근거해서 창조하였다는 뜻도 된다. 그런데 신학자들은 다른 모든 것은 하나님으로부터 나왔다고 주

---

152) 「범신론적 신관에 대한 성경적 비판」, 앞의 논문, p.127.
153) "목적인, 작용인, 형상인, 질료인: 아리스토텔레스가 규정한 사물의 변화에 대한 4가지 원인" – 디음 국어사전.
154) 『주자대전』, 권 58, 답황도부서.
155) 『신론』, 앞의 책, p.164.
156) 창세기, 1장 1절, 3절.
157) 「범신론적 신관에 대한 성경적 비판」, 앞의 논문, p.129.

장하면서도(우주의 근원) 왜 그분 자신으로부터 나왔다, 혹은 창조되었다는 말은 극구 부인했는가?[158] 無에서 천지를 창조하였다는 말은 아무리 되새겨보아도 핵심 된 요소를 찾을 수 없다.

성 아우구스티누스는 '神은 無에서 질료를 만드시고, 거기에서 우주 만물을 만드셨다'고 하여[159] 無에서 천지를 창조한 그것이 하나님의 절대 권능인 것처럼 착각했다. 결과로서 하나님은 정말 절대적인 초월자가 되어 세계와 격리되어 버렸다. 철저히 無로부터의 창조, 아무것도 없는 상태에서 창조하였다고 고집하는 한 하나님은 근원자인데도 불구하고 세계와 연결될 고리를 잃어버린다. 그야말로 無하다. 하나님으로부터 세계가 흘러왔다고 한 유출설도 거부하였는데(기독교), 그 이유는 만약 유출된 것이라면 피조물과 하나님 사이에는 어떤 동일성이 존재할 것이고, 그렇게 되면 하나님과 세계가 구분되지 않아 세계의 시작도 하나님의 시작과 동일해져 버려 범신론적인 세계관이 되어버릴 것을 우려해서이다.[160] 그 결과 세계와의 절대적인 단절만 부추겼다. '神은 피조물과 동일시될 수 없다'[161]는 우직스러운 원칙이 모든 진실을 외면하고 말았다. 바울은 우주 만물이 하나님으로부터 나와 하나님을 향하고 있고, 하나님은 '만유의 主로서 만유 안에 계시려 하심이다'라고 하지 않았던가?[162] 그런데도 뜻을 외면하다니! 동일시한 것이 어떻게 우상숭배가 되고 神의 절대성을 부인하는 것이 되는가? 동일시한 그것이 하나님을 창조주로서 인준하는 근거

---

158) 『신론』, 앞의 책, p.35.
159) 『위대한 철학자들의 10가지 질문』, 앞의 책, p.40.
160) 「기독교 신관」, 앞의 논문, p.72.
161) 『신론』, 앞의 책, p.186.
162) 고린도전서, 15장 28절.

가 아닌가? 갈래지은 것은 化로서 창조된 본의를 몰라서이다. 동일시를 거부하는 것이 순수 신앙을 지키는 것이라고 생각했다. 그러나 化를 알면 일체 논리가 역전된다.

無로부터 천지가 창조되었다고 하지만, 그렇게 된 본의를 모른다면 일체 현상이 모호하게 되고, 알면 그처럼 확실한 기준도 없다. 존재의 있고 없음을 구분하는 것만큼 확실하게 분명한 기준은 없다. 제 현상에 대해 적용된 창조란 잣대가 그러하다. 하나님은 일체 창조 행위의 근원이고 주체자이지만 창조 이전에는 세계와 아무 상관이 없는 상황을 상정할 수 있다. 창조되지 않았다면 시간도 공간도 우주도 존재할 수 없다. "시간이 있기 전 그 옛날에(태초) 야훼 神이 혼자 계시다가 천지간의 만물을 창조하시기로 계획하셨다."163) 이것은 일체 원인과 근거와 조건이 있게 된 이후와의 명백한 차이이다. 하나님 자체는 스스로 있는 분이지만 만물은 말미암아 된 피조체로서 반드시 근원이 필요한 이유가 발생했다. 창조된 근거를 추적함에 있어서 창조 이전에는 無, 아무것도 없었지만, 현재 존재하게 된 근거만큼은 하나님으로부터 구하지 않을 수 없다. 창조 이전은 하나님 말고 존재한 것이 없다. 방 안에 물건이 없어졌는데, 다녀간 사람이 있었다면 달리 원인을 찾을 필요가 없다.

창조는 반드시 有적인 근거가 있어야 하지만, 원래 있는 질료란 있을 수 없다. 그렇다면? 바로 하나님의 본체에 근거했다. 이것이 세계가 神적 본질인 것에 대한 확실한 이유이다. 제일의 근거는 하나님의 존재 본질이 천지를 창조한 근거로 제공된 사실에 있다. 절대적인 하

---

163) 『신론』, 앞의 책, p.253.

나님은 존재하기 위해 다른 원인과 조건을 필요로 하지 않으므로(자기 원인)[164] 존재를 성립시킬 근거(바탕)도 필요 없다. 하지만 만물은 그렇지 못하다. 근거 없이 존재할 수 있다면 그것은 우려한바 창조주가 독점한 절대 권능을 차용한 것이 된다. 창조는 반드시 근거가 필요한데, 그것이 곧 독존한 하나님의 본체이다. 하나님이 태초에 말씀으로 천지를 창조한 것은 말씀 속에 창조 의지와 뜻과 목적을 모두 갖추었다는 뜻이다. 그런데도 이해할 수 없는 것은 창조 이전에 마련된 통합적인 본질 형태이다. 無로서 有한 존재 상태라고 할까? 동양의 覺者는 無 또는 虛라고도 표현했는데,[165] 無, 虛로부터 천지가 생성되었다고 한 것은 틀린 판단이 아니다. 본의만 대입하면 어려운 창조방정식이 한꺼번에 풀린다.

　'스콜라 철학은 스스로 존재하는 神, 자기 원인으로서의 神, 본질과 현전이 일치하는 존재로서의 神을 말하였는데, 이것을 변형시킨 스피노자는, 神은 절대적으로 무한하게 존재할 뿐 아니라 오직 자기 자신에 의해서 존재한다는 점에서 자신의 외부에 어떠한 다른 실체도 갖지 않는다. 만약 외부에 또 다른 실체가 존재한다면 神은 다른 외적 원인에 의해 제한받게 되므로, 더 이상 자기 자신의 원인일 수 없고, 절대적으로 무한하게 존재할 수 없다. 따라서 神 이외의 다른 실체는 존재하지 않는다는 것과, 동시에 모든 것은 神 안에 존재한다는 것을 증명하였다. 그리하여 神卽自然이란 유명한 명제'를 세웠다.[166] 神은 자신의 외부에 어떠한 실체도 갖지 않는다고 본 것은 하나님이 지닌

---

164) 「스피노자의 에티카에 나타난 신에 대한 고찰」, 공혜준 저, 동국대학교 교육대학원 철학교육학과, 석사학위논문, 1997, p.6.
165) 「동학과 과정철학의 신관 비교」, 김상일 저, p.52.
166) 「데카르트와 스피노자의 신 개념」, 앞의 논문, p.52.

자체 본체로부터 창조를 말하고 싶었던 것이다. 모든 것이 神 안에 존재한다는 것은 하나님에게서만 가능한 자기 본체로부터의 창조이다. 스피노자의 논조를 따른다면 하나님의 존재 본체 외 창조를 위한 근거는 있을 수 없다. 절대 외통수이다. 神 이외에 다른 근거는 없으므로, 無로부터의 창조 관점은 하나님의 절대적인 창조 원칙을 범접한 것이다. 일체가 본체에 근거했기 때문에 능히 神 안에 존재할 수 있다. 자연은 별개일 수 없다. 神적 본질의 또 다른 표현이며 化된 존재 양식이다. 그래서 신즉자연이다.[167) 神에서 형태가 변화된 것이 자연이라고 본 것은 神에 근거한 것이 자연이라고 본 것과 같으므로 자연과 神이 동일하다는 시각을 가졌다. 세계의 神적 본질이 한 단계 더 높은 논리 가닥을 붙들었다. 어떤 이성자도 필요 불가결한 질료를 근거 짓지 않고 그 위에 세계관을 건설할 수는 없다. 無한 것을 창조할 수는 있지만 아무 근거도 없이 창조할 수는 없다. 존재하는 자신을 부인하는 것과 같다.

성경에서는 "하나님이 사람을 창조하실 때 하나님의 형상대로 지으시되 남자와 여자를 창조하셨다"[168)고 기록하였다. 무엇을 창조하더라도 거기에는 반드시 本이 있고 근거가 있다. 천지가 본체에 근거했기 때문에 세계가 神적 본질을 가지게 되었고, 이런 사실을 낱낱이 확인할 수 있다. 세계가 神적 본질을 가졌다면 神과 세계로부터 추출된 본질적 특성은 일치되어야 한다. 헤겔은 철학의 대 명제로서 '이성적인 것은 현실적인 것이요, 현실적인 것은 이성적인 것이다'고 했

---

167) "세계는 神의 무한한 속성을 통해 표현된 양태를 의미한다." - 「세계교회사(Ⅰ)」, 김성태 저, 성바오로출판사, 1990, p.72.
168) 창세기, 5장 1절.

는데,[169] 정말 세계적인 것은 神적인 것이고, 神적인 것은 세계적인 것이다. 神적 본질이 그러하다. 無極이 化하여 太極이 되었고, 太極이 化하여 만물이 되었다. 神적인 특성이 세계적인 특성으로서 표출되었다.

"능산적 자연은 자기 스스로에 의해 존재하고 생각할 수 있으며 다른 것이 없어도 명료하게 파악될 수 있는, 영원하고 무한한 본질을 지닌 자유로운 원인으로 있는, 그야말로 창조하는 자연이다. 이에 비해 소산적 자연은 神의 본성, 속성으로 생기는 일체의 것, 神 속에 있는 그의 모든 양태로 파악되는 것이며, 창조된 자연, 곧 수동적 자연이다."[170] 칸트는 왜 도덕심과 양심과 선악 의식과 의무감 면에서 모든 것을 알고 주관하는 神의 존재를 요청하였던가?[171] 아퀴나스는 왜 처음 동자가 있어야(부동자의 동자) 한다고 강조했는가?[172] 수동적이고 요청된 것은 化되었기 때문이며, 그리하면 하나님의 본체와 일치될 수 있다. 化되었기 때문에 원 본체와 차이가 생겼지만, 극복하면 일치된다. 세계는 부족함이 있고 능동적이지 못하고 무지성적인 존재가 즐비한데 어떻게 영원무궁하게 운행되었는가? 하나님이 일체를 뒷받침하고 함께하기 이전에 세계 자체가 神적 본질을 지니고 있어 부족한 부분을 채울 수 있었다. 왜 일체 현상계는 神을 요구한 특성을 지녔는가? 생명체는 먹어야 하는 것처럼, 세계는 神적 본질을 지녔기 때문에 제 방면에서 神이 필요했다. 삼라만상은 하나인 神적 본질로서 언젠가는 회삼귀일(會三歸一), 神人合德하리라. 理, 氣는 심오한 진리

---

169) 「헤겔의 신관에 관한 연구」, 박영지 저, 충남대학교 대학원 철학과 서양철학전공, 박사학위논문, 1992, p.16.
170) 「스피노자의 에티카에 나타난 신에 대한 고찰」, 앞의 논문, p.2.
171) 『신론』, 앞의 책, p.72.
172) 위의 책, p.73.

성을 띠었고, 天과 神은 본질신과 존재신으로서 하나 될 수 있다. 왜 세계가 神적 본질을 지녔고 세계와 神이 차원적으로 이격되었던 것인지 비밀을 풀 수 있는 열쇠이다. 세계가 하나님에게 근거되었는데도 동질성을 발견할 수 없었지만, 본의만 간파한다면 누구나 이성을 통해 神적 본질 상황을 판단할 수 있다. 하나님이 세계에서 주재력을 발휘하고 세계와 함께하며 본체자로 강림한 근거는 세계가 뜻을 따를 수 있도록 변모된 하나님의 존재 속성이란 사실에 있다. 하나님은 창조주이지만 머물고자 한 본향은 세상 위에 있었으니, 이런 하나님이 온전히 이 땅에 거할 수 있도록 세계의 神적 본질화 작업을 가속화시켜야 한다. 그것이 인류가 이룰 지상천국 건설 역사이다.

3. 세계의 신성화

만물은 엄존하고 있는데 내가 눈을 감아버린다고 해서 없어질 것인가? '물질은 영원히 존재하며 존재하는 것의 전부이다. 그래서 神은 전재하지 않는다고 본 자연주의의 기본 명제'는 성립되는가?[173] 神을 물리치고 그 자리에 물질을 내세우기도 하지만, 대신한 물질이 영원한 전부라면 그것이 바로 神이 아니고 무엇인가? 어떤 방식으로 거부해도 세계는 神을 필요로 하기 때문에, 神은 사라질 수 없다. 물질이 神을 대신할 정도로 조건을 갖춘 것이라면 神이 되지 못하리란 법이 없다. 심도 있게 생각한다면 세계와 하나님 간에 격차를 둔 하나님은 하나님다운 하나님이 아니다. 동질성을 일깨우는 것이 오히려 세계를

---

173) 『기독교 세계관과 현대사상』, 앞의 책, p.78.

하나님 안에 품는 길이다. "이교도에게 있어서는 인간을 제외한 모든 사물이 신성(神聖)했다. 신전, 제단, 신기(神器) 등이 신성했고, 순례하러 가는 성지(숲, 샘, 언덕, 강)가 신성했다. 원숭이도, 소도 신성했다."[174] 그런데 기독교에서는 반대로 '하나님이 하늘과 땅의 주인이므로 인간의 손으로 만든 성전에는 사시지 않는다'고 장막을 쳤다.[175] 하나님을 천지 세상과 이격시킨 것은 이율배반이다. 하나님이 보혜사로서 강림한 이후로는 제 신관을 포괄해야 하고, 유일신관을 지키는 것보다는 세계의 범신성을 포용하는 것이 만 역사를 주재한 주권자를 바르게 옹위하는 길이다. 결과는 명확하다. 하나를 지키면 그로 인해 그 외의 모든 것을 잃을 것이고, 하나를 버리면 그로 인해 모든 것을 얻으리라. '만물이 제신으로 가득 차 있다(탈레스)'고 함에[176] 이런 신관조차 포용하지 못한다면 만군의 主로서 자격 미달이다. 문제는 두루 포용할 수 있는 틀이 필요한데, 그것이 곧 세계가 神적 본질을 가진 것을 증거하는 것이다. 고대인은 왜 神은 단 한 분이라고 생각하지 않고 무수하게 있다고 믿었던가? 나무의 神, 강의 神, 바람의 神, 하늘의 神, 땅의 神……[177] 의문을 일시에 풀 수 있는 관점, 그것은 하나님에 근거한 창조성이 세상 안에 충만해서이다. 세계는 하나님의 거룩한 神적 본질로 충만해 있다. 시인의 찬양 소리가 메아리쳐 퍼진다.

> "세계는 神의 장엄으로 충만되어 있다. 그것은 흔들리는 금박의 광채처럼 불꽃이 되어 터져 나오리라."[178]

---

174) 『사람에게 비는 하느님』, 루이 에블리 저, 김수창 역, 가톨릭출판사, 1981, p.54.

175) 위의 책, p.32.

176) 『하느님』, 앞의 책, p.116.

177) 『위대한 철학자들의 10가지 질문』, 앞의 책, p.146.

하나님의 장엄으로 가득 찬 우주,[179] "대지의 어느 구석도 우리에게는 신성하다. 어느 언덕, 어느 골짜기, 어느 들판, 어느 숲도 우리의 즐거운 추억과 슬픈 경험으로 얼룩져 있고 정화되어 있다. 고요한 바닷가에서 장중한 위용을 보이고 뜨거운 햇볕을 받으며 말없이 앉아 있는 바위덩이까지도 우리의 삶과 연결된 지난 일들을 회상하며 감동에 젖어 있다."[180] 자연 가운데서 神의 숨소리를 듣고, 자연과 함께한 神을 인식하고자 했던 것이 인간 사유의 본연적인 모습이다. 바울은 '피조된 만물 안에 神의 영광이 나타나도록 했다(롬, 1: 19~20)'고 명시했다. 범신론(스피노자)과 만유재신론(헤겔)은 神의 영광을 흐린 것이 아니다. 광채를 더욱 빛내기 위해 예비된 과도기적 신관이다. 불미는 있지만 그들은 세계의 神적 본질 상황을 정확하게 엿보았다. 하나님은 천지창조 목적을 세계를 통해 구현하고자 했다. 아퀴나스는 '자연 세계가 창조주인 하나님을 반영하고 있다'고 했고,[181] 로어(Quentin Lauer)는 '세계는 神의 나타남이요, 神의 자기 현현의 활동'이라고 했다.[182]

세계가 神적 본질로 편만되어 있는데도 어떻게 하나님이 특정 장소, 특정 사람에게만 가까이 있는 것으로 여겼는가? 무소부재하고 영으로서 언제든지 너와 나의 영혼 속에 머물 수 있다. 외부에 따로 존재한 것이 아니고 함께한 것은 하나님이 세계를 본질로 한 존재자이기 때문이다. 절대자는 물질세계와 유리된 존재가 아니다.[183] 깊은

---

178) 제라드 맨리 홉킨스의 「신의 장엄」
179) 『기독교 세계관과 현대사상』, 앞의 책, p.3.
180) 『인간이기 때문에』, 루네 듀버스 저.
181) 「유신론 변증의 바른 이해를 위한 개혁주의의 전제적 변론의 신앙관」, 앞의 논문, p.33.
182) 「헤겔의 신관에 대한 신학적 비평」, 박영지 저, 일립 강태국 박사 미수기념 논문집, p.76.
183) 『신론』, 앞의 책, p.87.

본성과 영혼 속에 있기 때문에 성현들은 그 거룩한 신성, 곧 神적 본질을 현세의 삶 위에서 구현하고자 했고, 잠재된 신성을 일깨우고자 했다. 자사는『중용』에서, '天이 인간의 性과 연결되고 내재화하여 천지화육(天地化育)에 참여할 수 있다(天命之謂性)'184)고 했다. 맹자는 '사람은 모두 성인이 될 수 있다(人皆可以爲堯舜)'고 했으며,185) 불교에서는 '일체 중생이 모두 불성을 가지고 있다(一切衆生悉有佛性)고 하여 해탈의 보편성을 주장'했는데,186) 이것은 모두 神적 본질에 대한 가치 인식을 극대화시킨 위대한 통찰이다. 인간은 神적 본질을 깨우치고 수용해야 존재 가치가 극대화, 궁극화될 수 있다. 언급한바 성육신 사건은 세계가 神적 본질로 되어 있기 때문에 가능한 현상이다. 성리학에서 '성품이 곧 이치'라고 한 것은 神적 본질에 대한 또 다른 발견이고 자각이며 위대한 선언이다. 하나님이 인간에게 거룩한 사랑과 신성을 아낌없이 부여했기 때문에 인류 역사는 모든 가능성을 인지해서 끊임없이 하나님께로 나아갈 수 있었다. 언젠가는 가야 하고 이왕 완수해야 할 길이라면 모두 함께 손잡고 걸을 수 있도록 탄탄대로를 닦아야 하지 않겠는가? 세계가 신성하고 거룩하게 되어 죄악을 정화하면 세계와 神은 누가 먼저 나아가고 강림하여 임할 필요가 없다. 하나님과 인간이 함께 합일되고 이 땅이 그대로 천국화되리라.

---

184) 「주자의 본체관에 대한 연구」, 박종하 저, 성균관대학교 유학대학원 동아시아사상·문화학과, 석사학위논문, 2009, p.9.

185) 「명심보감의 천에 관한 신학적 이해」, 신흥식 저, 한신대학교 신학대학원 조직신학전공, 석사학위논문, 1996, p.24.

186) 『강좌한국철학』, 한국철학사상연구회 저, 예문서원, 1997, p.78.

4. 세계의 신적 본질 특성

혹자는 '과학자들이 수없는 실패에도 불구하고 탐색을 계속하는 이유는 우주 그 자체를 神적으로 바라보기 때문이라 보고, 이것을 우주 종교(Cosnic Religion)라 부른다'고 했다.[187] 인류가 끊임없이 세계를 탐구한 것은 우주와 사물의 법칙과 원인과 형상을 발견하고 진리를 구하기 위해서이다. 학문 추구 방법을 강구한 것은 세계의 神적 본질을 밝히기 위한 섭리이다. 누구도 神적 본질 특성을 추출하기 위해 의도적으로 학문을 탐구한 것은 아니지만, 진리를 일군 것은 그대로 神적 본질 특성을 밝히는 데 기여되었다. 그리고 이것은 보혜사 하나님이 진리의 성령으로서 섭리를 주관한 결과이기도 하다. 만물 안에서 神의 영광을 구현하기 위해서는 진리를 밝혀야 하고, 진리를 근거로 神의 모습이 완성될 것이었다. 진리는 창조에 근거하고 창조는 하나님의 존재 본체에 근거하므로 진리를 일구면 세계 가운데서 神적 본질이 드러날 것은 기정사실이다. 나아가 창조된 세계를 밝히면 하나님이 존재한 사실도 확연해진다.

하나님을 알기 위해 하나님을 파고들면 믿음밖에 거리를 메울 것이 없다. 방법은 세계를 통해 神적 본질을 추출하는 것이다. 세계는 하나님으로부터 창조되었고 근거했기 때문에 "하늘과 땅은 神의 존재와 완전성을 계시해준다."[188] 바울은 "창세로부터 그의 보이지 아니하는 것들, 곧 그의 영원하신 능력과 신성이 그 만드신 만물에 분명히 보여 알게 되나니, 그러므로 저희가 핑계치 못할지니라"고 하였

---

187) EBS 기획특강, 김용옥의 중용(인간의 맛), 제13강.
188) 『신론』, 앞의 책, p.68.

다.[189] 요한은 "만물이 그로 말미암아 지은 바 되었으니, 지은 것이 하나도 그가 없이는 된 것이 없느니라"고 하였다.[190] 하나님이 손수 어루만진 위대한 예술 작품이 세계인 만큼 그 작품에는 반드시 神의 지문이 남아 있다. 하나님의 영원한 창조 권능과 신성이 피조물에 의하여 분명하게 나타나 있고 또한 파악될 수 있다. 피조 세계를 통하여 神을 인지할 수 있는 가능성을 부정할 자 어디에도 없다.[191] 맹자는 '그 마음을 다하는 자는 그 性을 아니, 그 性을 알면 하늘을 알게 된다'고 했다.[192] 性을 통해 하늘을 안다는 것은 세계를 통해 神을 안다는 말과 진배없다. "피조물은 하나님의 언어이고 역사적 사건들은 하나님의 행위와 의도를 드러낸다."[193] 창조를 매개로 한 神과 세계와의 상호 관계에 있어 일체 神의 존재 근거가 만물 가운데 있기 때문에 중요한 것은 그것을 보고 판단할 수 있도록 안목을 가지는 것이다. 하나님은 어떤 분인가? '신학에서는 사랑, 정의, 공의, 자유, 거룩, 선, 전지, 전능, 편재, 불변, 자존, 순수를 대표적인 속성'으로 소개하였다.[194] 그중 세계적인 본질과 관련하여 하나님의 존재 특성을 표출시킨 것은 본론을 통해서도 펼칠 선재성과 통합성이다. 하나님은 처음이자 마지막이고(사, 44: 6), 어제와 오늘이 영원토록 동일한 분이며(히, 13: 8), 어제도 계셨고 현재도 계시고 장차도 계실 분이다(계, 1: 4).

---

189) 로마서, 1장 19절~20절.
190) 요한복음, 1장 3절.
191) 『신론』, 앞의 책, p.69, 109.
192) "孟子曰 盡其心者知其性也 知其性者知天矣." - 『맹자』, 진심장구 상.
193) 「기독교 신관」, 앞의 논문, p.70.
194) 위의 논문, p.65.

"산이 생기기 전, 땅과 세계도 主께서 조성하시기 전, 곧 영원부터 영원까지 主는 하나님이시다."195)

　성리학에서 太極이란 '천지가 아직 형성되지 않았을 때, 氣가 한데 뒤섞여 있는 상태, 곧 陰陽이 분화되기 이전의 모습'을 가리킨 것처럼,196) 하나님이 창조 이전에 존재한 것, 太極이 본질체로서 陰陽으로 분화되지 않은 통합체로 있은 것, 생기고 조성되고 형성되기 전에 선재된 형태는 동일하다. 창조 이전에 하나님이 창조를 준비하였고 계획하였고 결정해서 命하였기 때문에 현상 간에는 끝없는 생성과 과정이(몸통) 있고 머리와 꼬리, 곧 알파와 오메가는 어디서도 찾을 수 없다. "나는 처음이요, 마지막이라." 그래서 몸통은 세상이 가졌고 알파와 오메가는 하나님이 지녔다. 화이트헤드는 주저 『과정과 실재』에서, "실재는 과정이라고 하여 모든 실재를 과정의 연속으로서 파악하였다."197) 현상계와 존재계 안에서는 '150억 년 전 우주가 빅뱅으로 생겼고, 그로부터 수분 후 우주의 시공간이 급속히 팽창하여 지금도 무한대에 가깝도록 넓혀지고 있다'고 하지만,198) 시작과 끝을 보지 못하는 것은 여전하다. 이것이 창조된 세계가 지닌 특성이다. '물리학자인 뉴턴은 태양계 운동의 기원이라는 문제에 부딪혔을 때 오죽하면 가장 시초에 神에 의한 최초의 일격 상황을 상정'했을까만,199) 우주는 정말 그렇게 선재된 일격 때문에 운행되고 있다.

---

195) 시편, 90장 2절.

196) 「동양종교와 기독교의 하나신관에 대한 목회신학적 연구」, 앞의 논문, p.26.

197) 「화이트헤드 철학과 과정신학의 신 이해」, 김대규 저, 연세대학교 연합신학대학원 이론신학과 조직신학 전공, 석사학위논문, 2006, p.13.

198) 『우주와 인간 그 무한대와 오류』, 서광조 저, 과학과 철학, 2008, p.185.

199) 『세계관의 역사』, 앞의 책, p.27.

창조가 선재됨으로 인한 특성은 우주에만 있는 것이 아니다. 칸트는 인간은 독특한 마음의 렌즈를 가지고 태어나며, 이것은 경험과는 아무 상관이 없기 때문에 선험적이라고 했다.[200] 아니 사물을 인식하는 데도 형식 틀이 선천적으로 결정되어 있었다니![201] 의식 속에 새겨진 창조 지문이랄까? 온갖 법칙이 불변한 것도 창조 이전에 모든 이치가 사전에 결정되어서이다. 콩 심은 데 콩 나고 팥 심은 데 팥이 나는 인과법칙은 어긋날 수 없다. 인간이 선악을 지으면 반드시 응당한 과보를 받는다. 왜 그런가? 인과는 본래 통합체로서 하나인데 생성으로 늘어졌다. 그래서 인과관계에는 일체 예외가 없다. 씨알은 눈으로 보아도 인과가 함께한 사실을 확인할 수 있다. 생성된 경과만 제한다면 결과가 원인보다 앞서 있다. 창조된 특성을 고스란히 함축하였다. 그 영광을 보니 은혜와 진리가 충만하더라.[202] 神적 특성이 세계 가운데서 진리로 충만하다. 神은 무한한 자기 원인자(제1 원인)이기 때문에 선행 원인을 필요로 하지 않는 실체이지만,[203] 존재가 세계 안에서 원인 없이 존재할 수 없다는 것은 만유가 창조된 사실을 피할 수 없게 한다. 神이 창조를 통해 뭇 존재를 결정하고 구체화시키므로 세계도 그런 본질을 반영한 특성을 선재적·결정적·통합적으로 드러내었다.

하나님은 존재한 속성을 세계를 통해 본질적으로 표출하였지만 한편에서는 존재적·의지적으로도 표현하였는데, 존재적이라면 좀 더

---

200) 선험성=창조성의 근거.

201) 위의 책, p.106.

202) 요한복음, 1장 14절.

203) 「스피노자의 에티카에 나타난 신에 대한 고찰」, 앞의 논문, p.11.

구체적으로 神적인 본질 상태를 실감할 수 있다. 예수가 그리스도로서 인류의 죄악을 대속한 구원 사역을 완수하고 희생되었을 때 세인들은 그 거룩한 신성을 증거하기 위해서 무수한 신학적 논거 과정을 거친 것처럼, 오늘날은 하나님이 존재자로서 세계를 神적 본질로 하였다는 것을 증거하기 위해 확고한 논거를 마련해야 한다. 주된 목적은 강림한 하나님의 神적 본질과 존재 특성을 규명하는 것이며, 이것은 성령이 세계를 본체로 해서 존재화되었다는 말과 같다. 하이데거는 '진리는 존재론적 진리이며, 진리는 존재 자체와 애초에 연관된 사태임을 간파할 수 있다'고 했다.[204] '성령이 거룩한 하나님의 영으로서 시간과 장소에 구애받지 않고 원의대로 활동'[205]한 것은 세계가 하나님의 존재 안이고 神적 본질이기 때문에 가능한 것이다. 주재 역사를 뜻대로 할 수 있도록 세계가 하나님, 곧 神적 본질로서 존재했다. "神의 존재가 모든 우주를 포함해서 관통한다. 우주의 모든 부분이 神 안에 있다. 神의 존재는 우주의 이상이고, 우주에 의해 고갈되지 않는다."[206] 공자는 나의 道는 一以貫之하다, 활연관통(豁然貫通)하다고 했는데, 이 말은 존재화된 세계 내의 본질이 일관된다는 뜻이다. 삼라만상이 하나님을 근간으로 했기 때문에 이것을 覺者가 우주 생명의 活과 불가피한 緣으로 갈파했다. 道와 진리 세계가 살아 있다고 한 것은 살아 있는 하나님의 존재자적 생명성을 간파한 유신적 깨달음이다. 왜 독자적으로 보이는 개별적 현상들이 연기적으로 나타나는가? 연기는 일체 존재가 세계 안에서 지닌 본질의 네트워크 체제이다. 佛陀가 깨달

---

204) 「세계－내－존재에 대한 현상학적 고찰」, 김태홍 저, 가톨릭대학교 대학원 신학과 종교철학전공, 석사학위논문, 2001, p.1.
205) 「한스 큉의 신관 연구」, 앞의 논문, p.156.
206) 「틸리히의 실존론적 만유재신론에 관한 연구」, 앞의 논문, p.11.

은 연기관은 神적 본질의 진리화에 따른 본질의 직시이다.

데카르트가 神의 존재를 증명하고자 한 직접적인 이유는 모든 인식의 확실성 근거를 보장받기 위해서인데, 그 일환으로서 神을 최고로 완전한 존재자로 규정했다.[207] 완전한 존재자로 본 것은 神을 하나의 현존으로서 이끌어낸 것이다. 그런데 그 완전성은 어떻게 확인할 수 있는가? 완전하게 드러난 창조 작품을 통해서이다. 하나님이 완전함같이 세계도 완전해야 하나니, 그 이유는 하나님이 빈틈없이 최고로 완전하게 천지를 창조해서이다. 지금은 과학의 발달과 함께 진화론적 인식이 팽배된 상태이지만, 무엇이라도 창조된 것은 완전한 것이고 완전한 것은 진화하지 않는다. 완전한 것은 절대적이고 神적인 것인데, 그런 완전함이 반영된 삼라만상은 그렇게 완전할 수 있도록 끊임없이 생성하고 있다. 부분적인 변화를 진화로서 착각할 수는 있지만, 착각했다는 것을 확인할 수 있는 것은 뭇 존재가 규정된 한도 영역을 벗어날 수 없다는 데 있다. 그래서 종은 종으로서 영원히 지속된다. 하나님은 어제와 오늘이 동일하고 불변하므로 뭇 생명체도 생멸을 거듭한 데도 불구하고 영원무궁하였다.

세계는 의지적인 측면에서 보아도 결정된 보응 법칙을 분명히 나타내는데, 명심보감에서는 順天者는 存하고 逆天者는 亡이라 하였고, 하늘에 죄를 지으면 빌 곳이 없다고 했다(獲罪於天 無所禱也). 善을 행한 자에게는 天이 복으로 갚고 惡을 저지르면 재난으로 갚으리라(爲善者 天報之以福, 爲不善者 天報之以禍).[208] 神의 존재 의지를 하늘의 의지로서 감지했다. 세계 어디서도 인간은 天{神}적 의지를 따르게 되어

---

207) 「데카르트와 스피노자의 신 개념」, 앞의 논문. p.24.
208) 「명심보감의 천에 관한 신학적 이해」, 앞의 논문. p.15.

있는 것이 원칙이다. 강력한 권선징악(勸善懲惡) 메시지는 하나님의
존재 의지에 대한 동양인의 신앙 표현이다. 동양이 따른 天은 인격적
으로 존재하지 않은 것일 뿐, 인세를 심판, 감찰, 보상, 주관한 역할은
기독교의 하나님과 다르지 않았다. 세계가 의지적인 특성을 드러낸
것은 하나님이 의지를 존재하는 본령으로 해서 섭리한 때문이다.

> "공중의 새를 보라 심지도 않고 거두지도 않고 창고에 모아들이지
> 도 아니하되, 하늘에 계신 너희들의 아버지께서 그들을 기르시나
> 니, 너희들이야말로 이것들보다 더 귀한 것이 아니겠느냐?"[209]

　　노자는 무위하되 이루어지지 않는 일이 없다고 했다. 세계를 본체
로 한 하나님이 우리가 감지하지 못한 제삼의 의지체로서 천지 운행
을 어김없이 주재하였다. 세계를 본질로 한 하나님이 선천에서는 이
름 없는 모습으로 임하였지만, 오늘날은 존엄한 본체자로 강림하였
다. 일체의 존재자적 밝힘에 세계를 본질로 한 하나님이 있다. 창조
섭리를 완수하고 몸 된 본체를 완성하는 것은 강림한 하나님이 이루
어야 한 성업에 속한 문제이다.

---

209) 마태복음, 6장 26절.

제2편 본론

세계의 창조 본질

1. 세계의 창조 문제

세계는 창조에 의해 생긴 것인가, 아니면 진화에 의한 것인가? 어떻게 연유된 것이든 창조는 인류가 안고 있는 문제 중 가장 근원적인 화두이고 본질적인 고뇌이다. 하지만 이 연구가 말하고자 하는 바는 제기된 문제점을 비판하거나 진화론을 일컬어 인위적인 조작 관점이라고 논박하기 위해서가 아니다. 창조란 과연 해결될 수 있는 문제인가? 증명할 수 있는가? 할 수 있다면 어떻게? 숙원의 과제이고 실마리를 찾지 못한 문제이므로 이 연구는 그것을 풀고, 창조가 오히려 하나님이 강림하기 위해 역점을 둔 지상 과제였다는 것을 밝히고자 한다. 거듭 강조하거니와, 이 연구는 하나님이 강림한 근거로서 '세계의 창조 본질'을 내세웠다. 창조는 하나님을 증거하기 위하여 마련된 제일의 진리적 근거이다.[1] 그런데도 과거에는 진리가 창조를 근거 짓지 못하고, 창조는 근본 된 역사인데도 하나님을 근거 짓지 못했다. 천지가 창조되었다면 그렇게 한 진리는 하나님을 증거해야 한다. 그런데도 불가능한 것은 세상 진리가 하나님을 근거 지을 세계적 분열을 다

---

[1] 당위 근거는 하나님이 천지를 창조한 데 있음.

하지 못해서이다. 창조는 하나님이 관여한 절대 영역으로 하나님이 창조함으로써 천지가 존재하였다. 따라서 하나님이 창조의 문제를 밝히게 된 것은 만물이 마지막 때에 도달한 것이다. 하나님이 밝히기 전까지는 풀지 못한 과제인데 해결한 것은 하나님이 강림해서이다. 그렇다고 문제를 한꺼번에 해결한 것은 아니다. 그만한 섭리 경과를 겪은, 지성들이 섣불리 단언하지 못할 정도로 장구한, 창조로부터 先天 섭리가 다하기까지였다. 창조는 인류의 지혜가 동원되어야 하는 것인데 편협한 관점이 난무했던 것은 하나님의 존재 본체가 미처 드러나지 못해서이다. 창조를 이룬 사실만으로서는 증명이 어렵다. 때가 될 때까지는 하나님만으로서 현현될 수도 없었다. 창조와 神의 문제는 세계의 분열이 완료될 때까지 기다려야 했다. 그렇게 해야 창조가 神을 증거하고 창조에 근거해서 하나님이 강림할 수 있는 기반이 조성된다. 체제가 뒷받침되지 못하니까 先天에서는 한계성이 역력했다. 창조 문제를 성경이 해결하였는가? 각 민족이 전승한 신화가 풀었는가? 다윈과 같은 생물학자가? 제기된 주장이 한결같이 의문투성이이다.

성경에 기록된 천지창조에 대해 학자들은 바빌론의 자료에서 가져온 것이라든지 창세기 편집자가 가진 자료와 공통된 점을 편입한 것이 아닌가 한 의견 정도이다.[2] 창조 문제에 대해 끊임없이 연연한 것은 인류 문명의 기틀을 이룬 문화(히브리 사상)에 대한 기원 설화를 존중해서인가? 하나님의 말씀처럼, "너희가 알지 못하였느냐, 너희가 듣지 못하였느냐, 태초부터 너희에게 전하지 아니하였느냐, 땅의 기

---

2) 『인간과 우주의 기원』, 인터넷자료.

초가 창조될 때부터 너희가 깨닫지 못하였느냐? 너희는 눈을 높이 들어 누가 이 모든 것을 창조하였나 보라……."3) 그러나 아무리 눈을 높이 들고 보아도 세상이 어떻게 해서 생긴 것인지는 알 수 없다. 하나님이 천지를 창조하였다는 것을 판단할 관점과 기준이 어디에도 없다. 어떻게 창조된 것인지 원리를 알 수 없다. 피조물의 원인을 사물 자체에 있다고 본 고대 그리스의 자연 철학과 같은 문화 전승의 유형도 있으므로(탈레스, 아낙시만드로스 등등),4) 논란을 매듭짓고 규정할 자는 하나님밖에 없다. 지식, 철학, 학문, 사상, 신앙 등등 그 무엇도 창조 문제를 근본적으로 해결할 수 없다. 하나님이 역사 과정을 완수하여 세계 본질을 규명해야 한다.

만인은 창조로서 결정된 진리 추출을 통해, 혹은 창조라고 하는 관문을 통해 하나님의 존재 특성을 파악할 수 있다. 창조로서 드러난 진리적 특성은 그것이 바로 하나님이다. 그렇게 보아야 어떻게 천지가 창조된 것인지, 어떻게 증거할 수 있는지에 대해 문제를 거론할 수 있다. 근거를 나열하는 식이 아니라 세계를 전체적으로 판단할 수 있는 관점을 확보한 차원에서의 규정 작업이다. 이 같은 과정에서 세상의 진리가 관여되지 않은 것은 하나도 없다. 동서 간에 걸쳐 지혜를 교류하고 참고해야 해결할 수 있다. 창조는 천지가 창조된 생성 본질과 연관이 있어, 성경에 기록된 내용을 판단하는 것만으로는 증거할 수 없다. 천지가 창조된 일체 근거는 세상 자체가 지니고 있기 때문이다. 물질로부터 생명·존재·인간에 이르기까지, 천지와 우주를 포함한 시공간 전체이다. 생물이면 생물, 물질이면 물질적 분야에

---

3) 이사야, 40장 21절, 26절.
4) 『신국론』, 아우구스티누스 저, 조호연·김종흡 역, 현대지성사, 1997, pp.402~403.

서만 적용되는 원리 법칙이 아니다. 과연 창조된 세계, 즉 우주를 꿰뚫을 수 있는 관점은 확보될 수 있는가? 천지를 창조한 하나님만 할 수 있는 권능이다. 일체 비밀을 밝힌 곳에 하나님이 있다.[5] 불가능한 문제를 해결한 곳에 지상 강림 역사가 있다.

2. 세계의 창조 본의

창조란 무엇인가? 창조에 대한 비밀을 푸는 것은 세계의 본질을 규명하는 것과 같다. 그렇다면 정말 창조를 볼 수 있어야 하는데 아직 누구도 안목을 제공받지 못했다. 본질과 본의를 알아야 창조 세계로 나아갈 수 있는데 신학과 학문과 어떤 종교 영역에서도 문제를 해결하지 못했다.[6] 천지가 창조되었다면 그 본의를 파악해야 파생된 진리를 통해 하나님을 볼 수 있다. 본의를 아는 것이 창조 사실을 직접 확인하는 길이다. 그런데 본의는 창조 섭리가 완수되어야 확보되는 관점이므로, 그 과정을 지금부터 추적하고자 한다. 하나님의 존재를 규정하는 데 있어 창조는 그 바탕성을 파헤치는 길이다. 그렇다면 창조는 정말 무엇인가? 본의를 규정하는 것은 세계의 본질을 밝히는 대작업이다. 창조는 세계의 총체적인 본질을 결정했다. 본의는 지극히 상식적이지만 창조는 특별함을 반영한다. 그것을 창조는 이미 이루어진 결과적인 사실이라는 관점으로 접근하고자 한다. 창조가 결정됨으로써 미물에 이르기까지 이 같은 결과 상황은 벗어날 수 없다. 상식적인 것이 그대로 세상 법칙으로서 확인된다. 그런데도 지성인들은

---

5) 『세계통합론』, 졸저, 다짐, 1995, p.291.
6) 세계의 자체 본질을 밝혀나가는 것이 해명을 위한 길이었음.

이런 상식조차 이해하지 못하였다. 그러니까 세계의 기원을 진화적으로 판단한 우매함을 저질렀다. 창조는 결정된 사실인데 왜 재삼 거론하는가 하는 비판도 있겠지만, 사실은 인류가 보아온 상식적인 질서를 송두리째 뒤바꿀 혁신적인 관점이다. 창조된 첫 출발선이 다 이루어진 결과로부터 시작되었다고 한다면 그것은 예사로운 일이 아니다. 점진적인 발달로 완성된 것이 아니다. 이미 이루어졌고 사전에 결정되었다. 만물이 존재하기도 전인데 어떻게 만사가 결정될 수 있는가? 창조가 시공의 질서를 무너뜨리는 심각성을 노출시킨 것은 아닌가?

그래서 이 연구는 이 시점에서 '분열'이라는 개념을 도입하고자 한다. 어디를 둘러보아도 부여된 현실 질서는 과정적이고 단계적이다. 그런데도 만상이 이미 완성된 것이라면 이것은 상식에 어긋난다. 先天에서 우리는 모두 그렇게 판단하였다. 그러니까 이루어지지 않은 것의 드러남에 대해서는 도무지 이해할 수 없다. 그런데도 사실은 창조로 인해서 결정된 것이 분열로 인해 하나하나 드러나게 되었다는 생성성과 일치된 이해 개념으로 세상 위에 드러나지 않은 본질적 실상을 이해할 수 있다. 상식으로 보아야 지극한 본의를 안다. 즉, 천지는 출발 이전에 완성되었기 때문에 한꺼번에 창조될 수 있었다. 그렇게 된 데 대한 입증이 분열 중인 질서이다. 진행 상태를 점진적으로 본 것은 한시적인 관점이며, 생성 본질을 대관하면 처음부터 완성된 창조의 통시성을 확보한다. 처음부터 완성된 시스템으로 출현된 것이 창조이다. 완전하게 창조되지 못한 것은 존재할 수 없다. 불완전한 것, 원리적이지 못한 것, 완벽한 질서가 아니면 존립할 수 없다.[7] 미

---

7) 『사물의 본질성에 근거한 철학원론』, 김관배 저, 사초출판사, 1986, pp.71~72.

래는 도래하지 않았다고 해서 전혀 알 수 없는 것이 아니다. 창조된 존재는 삼세간에 걸쳐 있다. 미래는 다 준비된 상태이고 이미 결정되어 있다. 그렇기 때문에 일체의 경과 과정을 지금 겪을 수 있다. 세계는 창조 전에 모두 계획되고 완성되었다. 세계는 완성되어 가는 중인데 완성되었다 하고, 결과를 이루어 가는데 결정되었다고 하는가? 시공을 초월한 판단이므로 창조된 과정을 직접 추적해야 한다. 그리해야 창조가 시공을 초월해 차원적이란 사실을 확인할 수 있다. 선후를 따진 '이미'와 '미리'는 창조 이전에는 있을 수 없으므로, 이 같은 사실을 알아야 창조가 사전에 결정된 것이고, 세계가 창조된 결정체란 사실을 확인할 수 있다.

우리는 사물과 현상을 개별적·부분적으로 접하는데, 사물 자체마저 그러한 것은 아니며. 총체적, 하나 되어 있고, 창조와 함께 완성된 것이다. 인식한 절차와 달리 세계는 창조되고 완성된 결과가 있어 제반 과정을 파악한다. 완성된 상태를 지향한다. 확실한 근거를 가진 삶의 과정이 격렬한 생존 경쟁과 자연도태로 이루어진 결과라고 보는가? 우리는 태어났기 때문에 존재하는 것이 아니라 창조되었기 때문에 결과의 지배를 받고 있다. 여기에 만상 가운데 부여된 운명성에 대한 경건함이 있다. 그 운은 철저히 하나님에 의해 계획되었고 결정되었다. 운명이 결정되었다는 것은 상식과 다른 충격이다. 그런데도 미리 알지 못하는 것은 결정된 것이 분열 중이기 때문이고, 이후에 쌓을 복덕의 영향이 크기 때문이다. 벗어날 수 없는 결정성이 참으로 미묘하기만 하다. 지금 이루어가는 것이 이미 이루어진 결과를 결정 짓고, 이미 이룬 결정성이 지금 이루는 삶을 결정하고 있다는 사실, 그래서 세계 안에서 창조된 최초 출발선은 어디서도 찾을 수 없다.

지금의 각오와 자각이 출발인 동시에 결과이다. 결과가 과정을 낳고 과정이 결과를 낳는 것은 이치에 어긋난 논리 장난이 아니다. 본의에 입각한 정확한 판단이다.

창조의 본의를 규정한다는 것은 혼란에 겨운 사물의 제 본질적 현상을 궤도 위에 안착시키는 시각을 제공한다. 창조를 알지 못하면 누구도 세계를 정확히 이해할 수 없다. 그래서 지혜를 쏟아낸 근거를 제공하고자 하는 것이 이 연구이다. 세계는 어떻게 인과적이고 결정적인가? 인과와 결정성을 낳은 시점은? 시공을 초월한 본의를 알아야 파악할 수 있다. 창조는 전 존재와 현상에 걸쳐 영향을 끼친 관점인데도, 세계 위에 적용됨에 있어서는 새로운 해석이 필요하다. 물질과 우주와 생명이 이미 완성되고 주어진 존재인 것은 그 자체가 벗어날 수 없게 된 규정 법칙이다. 결정성은 어제 오늘에 지각된 것이 아닌데도 제대로 된 작용 메커니즘을 제시하지 못했다. 그러니까 자연스럽게 구축된 체제인 것으로 알았다. 만물이 미리 결정된 사실을 알지 못했다. 形而上學적인 문제 속에 파묻혀 끝을 보지 못했다. 결정성을 통해야 창조된 사실을 확인하고,[8] 선각들이 제시한 形而上學적인 道의 진리성까지 이해할 수 있다.[9] 만물은 늘 새롭게 생성되지만 그것은 그렇게 된 이법에 따른 것이다. 창조, 그것이 일체 이법을 낳은 비밀스러운 모태이다. 이법, 법칙, 결정성을 따르는 것이 원리 현상이고 겪고 있는 존재의 질서이다. 창조된 결과에 따른 분열 과정이다. 창조

---

8) 창조된 본의에 입각하게 되면 창조의 증거란 이미 지어진 사실을 확인하는 과정이 됨-『세계창조론』, 제4편 창조증거론, 졸저, 엮음본, 1998, p.4.

9) 道란 역시 이미 모든 것이 갖추어진 그 무엇으로부터 만물이 생겼다는 관점임. 太極으로부터 비롯된 만물의 생성 능력이 그러하고, 空으로 인식된 존재의 근원 자리가 그러함-『세계창조론 서설』, 졸저, 인쇄본, 1998, p.125.

는 모든 것의 시작이고 알파이기 때문에 결과적이고 결정된 것이기도 하다. 그 결정성이 삶의 특성을 통해 나타나고 있다. 누가 이법을 어길 수 있는가? 무엇이 인과법칙을 깰 수 있는가? 그런데도 이 같은 이유를 알지 못했다. 그 원인이 비단 세상에만 있겠는가? 하나님이 지혜를 밝히지 않고서는 확보할 수 없는 관점이다. 창조는 하나님에 의지하지 않고서는 알 수 없는 결정 구조를 시사한다. 이것을 우리는 세계를 통해 직접 확인할 수 있다. 창조되었기 때문에 만상은 하나님의 神적 본질을 그대로 반영하였다. 그것이 진리이다. 神은 도대체 무엇인가? 직접 파악할 수는 없지만 창조를 통해 투영된 만상의 결정 구조를 통하면 알 수 있다. 아직도 이해하지 못하는가? 우리를 모든 진리 세계로 인도할 분이 이 땅에 강림한 보혜사 하나님이라는 사실을……

3. 세계의 창조 특성

아인슈타인은 '임의의 운동에 있는 물질에 대한 시간·공간은 상대적이며 상관관계에 있다(상대성이론)'고 하였다.[10] 절대 운동과 절대 시간으로 체험되고 있는 현실이 또 다른 대상들에 의해 비교되는 것처럼, 우리가 제한 없이 받아들이고 있는 현실도 창조에 의한 생성물로서, 창조되지 않은 것에 대해서는 상대성을 지닌다. 특별한 것이 일반화되어 있는 것이 창조된 세계가 지닌 특성이다. 하지만 이 특성은 창조된 본의가 밝혀져야 노출되는 비교 관점이다. 무엇에 대해서? 없었던 것이 창조된 관계로 그 이전의 無에 대해서이다. 無를 알기 전

---

10) 『새국어 사전』, 교학사, 1997, 상대성이론편.

에 맞닥뜨린 작용 세계는 有한 세계뿐이다. 천지가 흰색만으로 채색된 세계에서는 흰색은 흰색이 아니다. 비교될 수 없는 절대성이다. 천지가 창조된 세계 안에서 호흡하고 있는 우리는 창조가 지닌 특성을 감지할 수 없다. 제반 작용을 상식적이고 당연한 원리로 접한다. 아무리 원리가 특별하게 결정되었다고 해도 창조를 모르면 아무것도 확인할 수 없다. 어떤 결과는 원인에 따른 것이므로 생자필멸(生者必滅)은 특별한 현상이 아니다. 흔하게 접한다. 우리는 세계 안에서 제한 없는 운용성을 가지고 있어 아무런 걸림이 없다. 이미 결정된 작용 세계 안이기 때문이다. 그런데도 우리는 온갖 한계성에 부딪히는데, 이것을 통해 할 수 있는 일은 할 수 있지만 할 수 없는 일은 할 수 없는 경계가 있다는 사실을 안다.[11] 당연한 원리 법칙도 살펴보면 무언가가 결정되어 존재한 특성을 지닌다. 결정되지 않은 것은 존재할 수 없다. 창조에 의해 결정되었다. 무제한·무한정·무궁성으로부터 결정되었고, 결정된 결과 특별해졌다. 그래서 천지는 특별한 것투성이다. 하나님의 무한한 창조 가치가 발동되었다. 무궁한 사랑과 권능을 확인할 수 있다.

천지는 그냥 창조되지 않았다. 특별한 선별 의지가 동원되었다.[12] 어떻게 이 같은 일이 가능한가? 전능성이 대수인가? 물리적인 법칙과 현상들도 선별된 창조물인가? 그렇다! 제반 존재와 법칙도 창조에 바탕이 된 무제한에 대한 제한적 규정이고, 제한성은 선별된 의지가 뜻에 의해 굳어진 것이다. 그래서 만물이 창조 안에서 비로소 작용력을

---

11) 만물이 주어진 존재 세계 내에서 무궁한 자유 시스템을 가동시킬 수 있는 것은 천지가 창조되어서이다. 창조의 완전함 안에서 제약은 없다. 그러나 경계선을 벗어난 순간 우리는 곧바로 극복할 수 없는 한계성에 직면한다.

12) 『세계창조론』, 제2편 창조성론, 앞의 책, p.146.

발휘할 수 있다. 물리 법칙에 어떤 하나님의 뜻이 개입되었는가? 작정된 뜻과 의지가 창조를 통해 법칙화되었다. 그런 의미라면 창조는 가장 주관적인 뜻이 창조로 인해 객관화되었다. 어떻게 하나님이 창조 세계를 결정할 수 있었는가 묻는다면 지극한 사랑이 그 답이다. 창조 자체가 하나님의 특별한 사랑이다. 성령의 역사는 선별된 사랑에 의한 특별한 역사이다. 어떻게 하나님은 이스라엘 민족을 선민으로 선택하였고 또 버리셨는가? 하나님이 결정하심으로 역사가 현실화되었다. 세상 법칙도 마찬가지이다. 하나님은 세상을 그냥 창조하지 않았다. 계획을 세우고 뜻을 결정함으로써 만물 가운데서 이루어진 것이 세상 법칙이다. 만사가 벗어날 수 없도록 했다.

창조 시스템도 본의 안에서는 항상 양면성을 띤다. 창조를 이룬 권능 차원에서는 창조를 결정한 시스템이기 때문에 완전한 자유를 구가하지만, 만물 가운데서는 한계 지은 결정성으로 드러난다. 그래서 만물은 창조된 세계 안에서는 유한할 수밖에 없지만, 그렇게 有한 존재를 창조가 무한하게 떠받들었다. 창조를 결정한 뜻에 무한성이 있고, 무한성으로부터 창조를 이룬 결과성에 특별함이 있다. 선별된 창조에 하나님의 무궁한 뜻이 결집되어 있다. 만물 가운데서 뜻이 관여되지 않은 특별함은 하나도 없다. 그것이 곧 道, 창조성, 진리, 원리, 법칙이다. 하나님은 만상을 창조한 어버이로서 만물과 함께한다. 성경과 교회 안에서만 존재하지 않는다. 그런데도 '세계의 창조 특성'을 밝힌 오늘날이 되어서야 겨우 세상과 함께하게 되었다. 만물의 근원이며 원리인 道가 어디에 있는가라고 묻는 제자에게 장자는, "하찮은 벌레나 벼 옆에 자라는 쓸모없는 피 속에 들어 있다고 했다. 의아한 제자가 다시 묻자 깨진 기왓장 속에 있다고 했다. 놀란 제자가 또 묻자 마침내 똥, 오줌 속에도 道가 들어 있다고 했다.”[13] 맹자도 ‘만물이 모두 나에게 갖추어져 있다’고 할 정도로[14] 창조된 특성은 神과 진리와 만물을 연결시키는 가교이다. 하나님은 교회가 설정한 테두리 안에, 혹은 철학자가 지닌 관념 속에 머물렀고, 진리는 각자가 규정한 개념 속에서, 만생은 지어준 주인도 모른 채 따로 존재하였다. 覺者는 道를 말했고 철인은 진리를 말했지만 하나님과는 별개였다. 하지만 창조된 특성을 밝힌 이후는 상황이 다르다. 창조는 장자가 말한 미물 속에도 관여되었고 진리로서도 작용하였다. 나라는 존재는 완벽하게 시스템화된 결정체이다. 창조되지 않은 것은 존재할 리 없다. 결정된 특성이 진리로서, 혹은 道로서, 혹은 이법으로서 표출되었다. 창조는 세상의 이치, 진리, 원리, 법칙을 다 포괄한다. 창조되었기 때문에 진리가 생성되었다. 그래서 제반 특성을 통하면 만상과 하나님이 연결된다. 그 모습을 확인할 수 있기 때문에 하나님이 지상에 강림한 것이다.

4. 세계의 생성 특성

창조를 본의적·개념적으로 보면 이미 이루어진 결정성이라든지 무한성을 규정한 특별함이 있지만, 생성하는 본질 면에서는 영원성으로 결정되었다고 할 수 있다. 생멸은 필연적이지만 세계는 영원하다. 有는 영원함이다. 그런데 그것은 그냥 영원하지 않다. 영원성을 창조가 규정했다. 어떻게? 창조는 有한 세계이다. 없는 것은 있을 수 없고 오직 有한 것만으로 세계를 구축하였다.[15] 창조는 있음을 있게 한 작

---

13) 『동양철학은 물질문명의 대안인가』, 김교빈 외 13인 저, 웅진출판, 1999, p.20.
14) 『중국철학산고(Ⅱ)』, 김충렬 저, 온누리, 1994, p.58.

용 시스템이다. 세계는 창조됨과 동시에 영원히 無가 될 탈출구를 폐쇄해버렸다. 생성 시스템으로 만상을 영원히 有하게 했다. 시스템이 완벽하다. 하나라도 하자가 있다면 창조는 실현될 수 없다. 영원히 지속될 수 있게 된 체계가 생성 특성이다. 창조된 순간 알파는 분명히 있었다. 그리고 동시에 사라져 버렸다. 無가 존재할 수 없는 실상 구조 속에서 오직 有함만이 세계를 가득 채우게 된다. 알파의 문이 닫혀버렸으므로 오메가의 문도 없다. 알파와 오메가 문이 폐쇄된 시스템이 생성이다. 우리가 궁구해 마지않은 알파 순간은 어떤 미미한 존재 상태로부터 출발된 것이 아니다. 출발과 동시에 완벽한 상태로부터 생성된 것이 창조이다. 그런데 그 같은 상태가 어떻게 자체 시스템으로부터 주어질 수 있겠는가? 창조는 하나님의 뜻에 의한 결과물이다. 창조에 대한 지고한 뜻이 세계가 지닌 영원한 생성 특성으로 결정되었다. 생성은 하나님이 영원하기 때문에 그 영원성을 창조라는 시스템을 통해 개발한 소프트웨어이다. 하나님의 존재 본질을 반영한 성과물이다. 세계가 끊임없이 변화하는 것은 세계를 영원히 유지시키고자 한 목적 때문이지 새롭게 창조하기 위한 것이 아니다. 『周易』에서는 "陰과 陽이 끊임없이 변화해가는 것을 일컬어 易이라 했다."16) 易은 변화이고 변화에는 새로움이 있다. 하지만 그것이 창조는 아니다. 변화를 통해 새로움을 충당시킨다. 그러지 못하면 생성 시스템이 멈추어 버린다. 소멸도 신선한 혁신이다. 생성하는 세계에서는 종말이 없다.

"생성은 분열을 낳고 분열은 축적 작용을 일으켜 만물의 근간을 형성한다."17) 만물은 생멸하지만 그렇다고 해서 모든 것이 끝나는 것은

---

15) 창조는 無한 것을 有하게(창조) 했기 때문에 無는 있을 수 없음.
16) 『주역』, 계사전 - 『주역을 읽으면 미래가 보인다』, 박태섭 저, 선재, 1999, p.134.

아니다. 창조된 존재가 영원히 멸할 수 있는 문은 세상 어디에도 없다. 생멸은 다시 생성하기 위한 변화일 뿐이다. 모든 것이 결정된 세계 내에서 창조를 대신하는 것은 분열을 다한 생멸이다. 생멸은 역설적인 창조이다. 생성은 생겨남을 의미하지만 분열이란 뜻도 내포한다. 생성은 분열하는 것이고 분열은 생성하는 것이다. 생성하기 위해서 세계가 분열하고 분열하기 위해서 세계가 생성한다. 영원히 有할 수밖에 없는 시스템이다. 죽으면 모든 것이 끝나버린다고 하는 생각은 생성 특성과 어긋난다. 세계 안에서 존재하는 것은 유형과 무형의 모든 형태를 포함하는데, 그런 존재가 생멸했다고 해서 바탕마저 멸하는 것은 아니다. 잠재태로 존재한다. 죽은 자 같아도 때가 되면 다시 살아난다. 재림에 대한 소망은 결코 허망한 믿음이 아니다. 생멸은 궁극이지만 궁극은 새롭게 생성하기 위한 밑바탕이고 지향점·전환점이다. 끝이 아니다. 윤회와 영겁회귀는 세계의 생성 특성을 엿본 선현들의 실감 난 안목이다.

창조는 존재를 생성시킨 확실한 근거를 제공한다. 창조는 모호한 形而上學적 대상이 아니다. 영원성을 규정하고 그것이 생성이란 특성으로 드러났기 때문에 이런 시스템은 만상 가운데서 부지기수로 확인된다. 에너지 불변의 법칙, 종의 생식, 생명의 유전 시스템 등등 창조된 근거를 통해 세계를 이해하지 못할 것은 하나도 없다. 완전하고 영원하게 구축되어 있기 때문에 하나님을 뵈올 수 있다. 창조라는 보따리를 풀어놓으니까 온통 진리투성이다. 그 진리 보따리를 하나님이 풀어놓고 있다.

---

17) 『세계창조론 서설』, 앞의 책, p.44.

5. 창조의 상태 인식

천지가 창조된 사실과 우주를 지배한 운행 이법은 어제 오늘 있은 것이 아니다. 그런데도 현대인은 세상을 얼마나 알고 있는가? 우리가 제 현상을 인식하는 것은 천지가 이법대로 운행되는 것과는 별도로 분열하는 힘의 지배를 받고 있다. 우주는 숨김없이 드러나도 단번에 파악할 수 없는 인식상의 문제가 있다는 것이며, 현대 문명을 이룬 과학이 神의 문제를 속단한 것은 인식이 지닌 제한성 때문이다. 그러니까 하나님이 이 땅에 강림하였지만 그 실체를 파악하지 못하였다. 그러나 이제는 본의가 밝혀짐으로써 주어진 인식의 구조적인 한계를 통해 천지가 창조된 상태를 알 수 있다. 한계가 드러난 것은 궁극성에 접한 것이고, 궁극은 우주가 지닌 본질 상태이다. 세계가 피할 수 없는 근본적인 한계를 통해 창조된 상태를 파악할 수 있다.

누구도 無, 그러니까 창조되지 않은 것은 인식할 수 없다. 그리고 창조와 경계를 둔 창조 이전은 인식할 수 없다. 그렇다면 세계 안에서는 대상을 모두 파악할 수 있는가? 아니다. 분열하지 않았다면 인식할 수 없다. 분열해도 주체적인 관점을 확보하지 못하면 인식이 성립되지 못한다. 그래서 이 연구는 이런 인식을 기반으로 천지가 창조된 상태를 가늠하고자 한다. 즉, 창조의 기원을 無로부터 잡은 것은 복합된 이유가 있다. 창조는 無로부터 출발되었고, 無는 인식할 수 없는 한계성의 터널이다. 창조 즉시 無의 門이 닫혀버린다. 창조된 순간 중대한 사실을 잊어버린다. 창조는 만물을 있게 한 근거이다. 진화에 의해 존재한 것이 아니다. 창조는 이미 이루어졌고, 결정되었고, 완성·완료되었다고 했는데, 이 같은 상태를 제한된 인식자의 입장에서 보면 無한 상태로 보이게 되고 인식의 경계 너머에 있는 작업이 된다. 천지의 출현 이전에 일체 작업이 완료되었다. 이 같은 사실은 인식이 지닌 한계성과 맞물려 인류를 진리의 파노라마 세계로 인도한다. 한계가 분명하기 때문에 그 너머에 있는 존재 상태까지 가늠할 수 있다. 막다른 언덕배기에 서면 더 이상 발은 내디딜 수 없지만 사방을 살필 수 있는 전망은 확보된다. 인식은 할 수 없지만 인정할 수밖에 없게 된 것이 창조의 완성성, 결정성이다. 그 고를 하나하나 풀어 헤치면 인류는 분열 시공을 초극한 세계를 넘나들 수 있다.

우리가 존재하는 상태를 파악하는 것은 전반적인 조건을 갖추었을 때이지만, 이런 조건과는 상관없이 존재하는 것은 이미 존재하였다. 창조는 존재가 최초로 출발된 상태인데, 이런 출발이 있기 전에 하나님이 있고 준비가 완료되었다는 것은 무엇을 뜻하는가? 그것은 인식상으로는 파악할 수 없지만 존재하고 있는 존재 유형을 가늠하게 한다. 창조 이전에 만물이 결정되었다는 것은 간단한 문제가 아니다. 일상적으로 경험하고 있는 인식 질서를 허물어뜨린다. 그중에서도 중요한 것은 우리가 경험한 시간이다. 천지가 창조된 순간 시간도 생성을 시작했다. 진실로 시간은 인식과 무관하게 창조로 인하여 존재하였다. 무궁한 시간 안에서 천지가 창조되지 않았다. 삼라만상이 그러하듯, 시공도 창조된 대상으로서 창조와 더불어 생성하였다. 시간이 흐른다는 것은 우주가 생성하고 있다는 근거이고, 시간이 존재하는 것은 창조가 실현된 증거이다. 창조는 이미 결정된 완료형이므로 시간적으로는 먼 과거에 일어난 역사인가? 누가 시간은 과거로부터 현재에 머물다가 미래로 흘러간다고 하였던가? 강물이 흐르고 흘러 바다로 들어가는 것처럼…… 하지만 이것은 확인할 수 없는 문제이며 지금 존재하고 있는 선상에서의 판단일 뿐이다. 즉, 시간은 하나님이 창조 이전에 존재한 것처럼 창조가 완료된 상태로 생성되었다. 이런 상태를 어떻게 표현할까? 통합성(統合性)이란 말을 자주 사용할 것인데, 시간의 창조와 관련하여 설명할 수도 있다. 창조에 대한 준비가 완비된 상태이지만 시간이 생성되지 못했다는 것인데, 창조가 이루어진 순간부터 시간이 출발되었다는 것은 창조된 알파를 가늠하게 하는 키포인트이다. 창조로 인하여 시간도 모든 것을 갖춘 상태에서 생성할 수 있도록 준비되었다. 천지의 알파는 모든 것을 완료한 통합성의 첫 품이다. 과거와 현재와 미래는 알파 상태가 품고 있는 통합 상태이다. 시간적으로는 도래하지 않았어도 존재하고 있는 상태이다. 현재는 존재하고 있지 않지만 반드시 존재하고 있는 시간, 이것을 우리가 미래로서 인식했다. 미래는 도래하지 않은 것일 뿐, 창조와 함께 통합성인 상태로 존재하였다. 그렇다면 과거는? 완료된 알파 상태가 미래로부터 오기 때문에, 과거는 과거가 아니고 다시 맞이할 미래이다. 시간은 끝이 없고 무한하다. 세계는 영원하고 무한하게 생성한다. 창조는 시스템화된 구조적인 비밀이 있으므로 다시 설명하기로 하고, 일단 창조는 시간을 포함해서 모든 것을 갖춘 상태에서의 품이다. 도래하지 않은 미래가 이미 존재하였다. 과거가 도래할 미래라고 하는데 어찌 이해하겠는가? 그런데도 창조 이전에 창조를 실현할 준비가 완비된 상태는 존재적으로 존재하지 않으면서도 존재하고 있는 하나님의 존재 상태를 가늠하게 하고, 시간적으로는 삼세의 동시 실유를 가능하게 한다. 없는 것 같지만 있고 있는 것 같지만 없다. 어디에 시작이 있고 끝이 있는 것이 아니다. 처처가 시작이고 끝이다. 이것을 알아야 창조가 알파인 동시에 오메가란 사실을 이해할 수 있다. 알파는 원인이고 오메가는 결과이기 때문에, 이것이 세계 안에서 필연적으로 인과관계를 이룬다. 창조 이전에 창조에 대한 준비가 완비된 것은 원인과 결과가 함께한 때문이다.[18]

따라서 우리는 창조에 따른 알파 상태를 인식할 수 없는 한계점이 있다는 사실을 알 수 있다. 반드시 분열함으로써만 만물이 된 구조를 파악할 수 있는데, 원인과 결과가 맞물려 있는 상태로서는 인식할 여지가 없다. 결정된 특성 때문에 우리는 영원히 닭이 먼저인지 달걀이 먼저인지 알 수 없다. 원인은 계속 소급되는 원인이 있다. 제일 원인에도 소급되는 원인은 있다.[19][20] 무한소급 상태에 빠져버려[21] 끝내 알파를 찾을 수 없다. 분명 최초 원인은 있지만 인식할 수 없는 상태, 이것은 세계가 분열하기 때문에 있게 된 한계성이다.[22] 그런데 창조는 이처럼 분열된 시공의 상태를 초월했다. 창조되지 않았다면 원인도 결과도 없지만 창조되었기 때문에 확실히 원인과 결과를 가진다. 그런데도 최초 원인을 인식할 수 없었던 것은 알파와 오메가가 함께하고 있어서이다. 창조를 위한 준비가 완료되었다는 것은 알파와 오메가를 맞물려놓은 것인데도 원인과 결과가 동시에 존재한 상태는 첨예한 이해를 필요로 한다. 인과법칙을 벗어난 것처럼 보인다. 닭과 달걀을 동시에 창조했다는 말인데, 이런 일은 불가능하다. 그런데도 이것은 인식상으로 주어진 한계일 뿐, 창조는 그렇지 않다는 데 숙고

---

18) 알파와 오메가가 일축되어 있고 맞물려 있는 상태임.

19) 『주체사상의 철학원리』, 장길성 저, 서린당, 1991, pp.42~43.

20) 아리스토텔레스가 상정한 "제일 원인은 그것의 존재 원인은 다른 존재들에서 말미암은 것이 아니요, 오직 다른 존재물들을 존재하게끔 하는 원초의 존재 근거로서 필연적으로 상정된 필연유(必然有)이다." -『천주실의』, 마테오리치 저, 송영배 외 5인 역, 서울대학교 출판부, 2000, p.98.

21) 『종교란 무엇인가(종교와 절대무)』, 니시타니 게이이치 저, 정병조 역, 대원정사, 1993, p.16.

22) 시간이 無한 절대 알파가 생성으로 인해 늘어났다(시간이 생김). 그래서 원인의 무한 소급 상태가 불가피해짐.

해야 할 여지가 있다. 만물은 원인과 결과가 맞물린 상태(완성)로 동시에 창조되었다.[23] 현상계에서는 인과법칙상 원인이 먼저 있어야 결과가 있지만, 알파와 오메가가 서로를 물고 있는 상태에서는 결과가 원인을 필연적으로 있게 한다. 이것이 그러한 원인이 그러한 결과를 이루게 한 인과법칙을 성립시켰고, 결과가 선재하여 원인이 그렇게 되도록 하였다.[24] 결과와 원인이 함께하므로 최초의 원인을 찾을 수 없게 된 이유이다. 만물의 알파 기원을 머나 먼 과거 속에서 찾았지만, 없는 것을 찾을 리 만무하다. 알파는 아직 분열을 다하지 못한 미래 속에 있다. 그래서 이제 막 도래한 현재 속의 지금이 알파이다. 하지만 알파는 다시 먼 미래 속으로 사라져버리리라. 그러니까 끝을 볼 수 없어 무량한 세계를 헤매었다. 그러나 아무리 무량해도 구조적으로는 가늠할 수 있다. 코앞에 있는 오아시스를 보지 못하고 죽음을 맞이하는 불행한 나그네가 될 수는 없다. 창조만 알면 구원될 수 있는 길을 얻는다. 원인과 결과가 함께한 구조 상태를 알면 우리는 영원히 자존한 하나님을 뵈오리라. '과거에도 계셨고 현재에도 계시며 미래에도 계실'[25] 실재성을 부인할 수 없다. 원인과 결과가 함께한 것은 영원히 자존한 하나님이 자체 존재 상태를 창조를 통해 반영시킨 모습이다. 無와 有한 경계선 때문에 영원성을 인식할 수 없는 문제는 있지만, 한계를 알 수 있는 궁극선이 있기 때문에 무량한 상태라도 한눈에 파악할 수 있다. 창조의 門을 연다는 것은 하나님을 볼 수

---

23) "정신이든 물질이든 시공이든 모든 것의 창조는 동시적이다. 어느 것이 먼저이고 나중이 아닌 일시에 출현한 것이다." -『세계본질론』, 졸저, 청학사, 1997, p.199.

24) "과정을 직접 겪는 사람의 입장에서는 모든 것이 원인으로부터 결과로 진행된 것이지만, 사실은 창조 시 이미 결정된 것이므로, 결과로부터 과정이 풀려나간 것이다." -『세계통합론』, 앞의 책, p.385.

25) 요한계시록, 1장 8절, 4장 8절.

있는 길이고, 종말에 처한 인류가 구원될 수 있는 길이다. 그러기 위해서는 반드시 짚고 넘어가야 하는 징검다리가 있다. 결과가 원인과 함께한 창조 상태는 천지를 창조한 원인인 동시에 결과이다. 인식은 천지가 창조된 상태를 가늠할 수 있게 하는 중요한 통찰 안목을 제공한다. 만물은 창조가 낳은 결정 원인을 벗어날 수 없다. 이미 결정되었기 때문에 우리는 지금 운명적인 길을 걷고 있다. 그런 결과를 미리 볼 수는 없지만 필연성은 인식할 수 있다. 만물은 지금도 벗어날 수 없는 결정된 창조력의 지배를 받고 있다.

6. 창조의 상태 구조

창조의 근원을 파고들기 위해서는 無有를 넘나든 초월적 인식이 선행되어야 한다. 창조로 인해 생긴 경계선을 통하여 우리는 有無에 대한 구분을 확실하게 해둘 필요가 있다. 실체를 기준으로 해서 본다면 확실히 없는 것은 없고 있는 것은 있다. 하지만 이것은 정말 존재를 모두 파악한 것인가? 없던 일이 일어나고 없었던 내가 존재한 것이 아닌가? 따라서 지금은 존재하지 않지만 잠재되었다가 나타난 것은 有한 개념 속에 포함시켜야 한다. 만상은 없는 상태로서도 존재할 수 있다. 無라고 하는 것은 창조되었지만 현현되지 않은 것이고, 도래하지 않은 미래 속에 존재한 부분이다. 無는 알파와 오메가가 함께한 상태이다. 그래서 覺者들은 이 같은 상태를 일컬어 太極·道·空으로서 파악하였고, 이 연구도 통합성이란 개념을 통해 개진시켰다. 空은 충일하지만 인식할 수 없다.[26] 그래서 無이다. 근원된 알파인데도 極과 極이 맞닿아 있다 보니 無하다. 창조는 진실로 無로부터 이루어졌다.27) 空은 無하지 않다. 충일하다고 했다. 창조는 완벽·충일한데 인식하지 못해 無로서 단정되었다.

따라서 우리는 존재하지만 인식할 수 없어 無한 부분과, 결정되었지만 분열하지 않아 잠재된 부분까지 有한 존재로서 확대해야 진실로 천지가 창조된 세계적 본질을 이해할 수 있다. 無는 有에 대해 상대적인 개념이지만 본질 안에서는 無도 하나의 존재 형태에 포함된다. 창조된 세계에서는 창조된 있음만 존재한다. 그래서 인식할 수 없는데도 불구하고 하나님을 가늠할 수 있다. 인식할 수 있는 경계 범위는 有한 창조 세계이다. 그렇다면 정말 가늠할 수 있는 인식의 경계선은 어떻게 되는가? 세계를 둘러싼 것은 無란 한계선뿐이다. 有한 세계는 끊임없이 생성하며, 시작은 끝을 잇고 끝은 시작을 이어 有한 궤도를 벗어날 틈이 없다. 생멸했다 해도 궤도를 이탈할 수 없다. 그래서 처음 출발했던 곳으로 되돌아간다. 찾고자 한다면 찾을 수 있겠는가? 인간이라면 찾겠는가? 구분된 선이 어디에도 없다.

소태산은 만물 창생의 근본 자리를 '一圓相'으로 표현했다. 우주의 근원 상태를 大覺했다. 그런 구조가 시사하는 바는? 그런데도 그렇게 존재한 상태를 지각하기 어려운 것은 본질로서 지닌 특성이다. 인류를 구원하기 위해 내림한 성현도 그어진 경계선 이상은 넘지 못했다. 넘어설 수 없게 된 그것이 법칙이다. 道를 지각한 覺者, 空을 직관한 佛者, 神을 논거한 철인들이 그러하다. 無와 창조의 경계선상에서 하나님의 존재 형태가 내비쳤지만 파악된 것은 원으로 상징된 有한 세계뿐이다. 세계는 세계가 지닌 자체 특성만 나타낼 뿐이므로, 그런 특

---

26) 『불교의 공과 하나님』, 한스 발덴펠스 저, 김승철 역, 대원정사, 1993, p.345.
27) 『세계창조론 서설』, 앞의 책, p.77.

성을 일갈한 道도 진리이기는 하지만 더 상위의 창조 세계는 보지 못했다. 하지만 끝없이 돌고 돈 세계도 극을 다한 주기를 맞이하면(분열을 완료함) 창조된 알파 상태를 파악할 수 있다. 극에 도달하면 무량한 현상 세계를 안다. 펼쳐진 진리를 종합하면 근원된 구조가 드러난다. 원인과 결과가 함께하여 도무지 최초 알파를 찾을 수 없게 된 그것이 구조이다(알파와 오메가가 맞물려 있음). 영원한 궤도를 그릴 수밖에 없는 실상을 파악함으로써 우리는 세계가 생성을 통해 영원한 순환을 낳았다는 사실을 알게 된다.[28] 순환은 창조된 세계가 지닌 구조적인 특성 때문에 발생했다. 하지만 그것은 一圓相처럼 단순하지 않다. 자동차가 트랙을 도는 것 같지 않다. 무형의 본질이기 때문에 太極이 無極이 되고 無極이 太極이 된 형태이다. 순환하지만 똑같은 형태로 회귀하지는 않는다. 진토된 그루터기로부터 새싹이 튼다. 똑같이 반복된 인류 역사는 없다. 존재한 모든 것은 생멸하지만 미래의 그날에 다시 도래한다. 死卽生 현상의 대표적인 예이다. 그 모습은 새롭게 생성해 통합된 모습이다.

과거 역사는 미래 역사의 기반이다. 하나님이 지난날 이룬 구원 역사는 앞으로 이룰 미래 역사에 대한 예정 프로그램이다. 하나님의 약속은 시공을 초월한 선재 의지력의 표명이다. 무수한 생성 과정을 통합했다. 이 땅에 강림한 하나님이 그러하다. 이전에는 이스라엘 민족과 예수 그리스도와 지상 교회를 통해 역사하였지만, 오늘날은 그들 역사를 통합한 하나님이다. 예나 지금이나 동일한 하나님인데도 새로운 하나님이라는 대 역설? 이것이 이후에 펼쳐질 영광의 역사에서도

---

28) 『세계창조론』, 제2편 창조성론, 앞의 책, p.129.

그대로 적용되리라. 인류가 경험한 역사가 고스란히 장차 이룰 구원 역사의 청사진이다.

7. 창조의 상태 논리

논리(論理)란 '사고의 형식이나 법칙, 또는 사고의 법칙적인 관계'이다.[29] 논리학은 바른 인식을 얻기 위하여 좇아야 될 생각의 형식과 법칙을 연구하는 학문으로서 법칙, 형식, 관계, 이치에 따라 논리적으로 사고한다든지 논리적, 논리성을 띤다와 같은 사고 판단과 행위 기준을 정한다. 생각을 조리 있게(정연) 전개하고 사리에 어긋나지 않게 판단하는 것, 생각도 법칙이 있다는 사실은 생성 질서를 규정하는 바탕이 있다는 뜻이다. 인과법칙 안에도, 혹은 인식할 수 있는 범위 안에도 있다. 하지만 논리적인 법칙 규정은 사고적인 질서에만 국한되어 생성 질서와 함께하지 못한다. 논리는 사고가 분열함에 따른 인식적 질서이다. 논리는 사고의 기저라고 할 수 있는 인식과 연관되지 않을 수 없어, 인식을 이치에 맞게 풀어나가는 방식을 취한다. 인식의 제한성과 한계성을 지적했던 것처럼, 논리는 인식하는 범위 안에 있고, 전개도 분열하는 질서를 따른다(규칙적임). 그래서 논리로서 판단한 '참'은 지극히 평면적이다. 부여된 결정 질서를 따른 것이 논리이다. 초월성과 입체성이 없다. 세계가 분열하는 것은 결정된 제한성이다. 이 같은 특성이 세계 안에서는 당연 법칙으로서 적용되지만 그렇게 한 창조는 무한한 본질로부터 특성을 결정했다. 그래서 논리성에

___

29) 『새우리말 큰사전』, 신기철·신용철 편저자, 삼성출판사, 1985, 논리편.

입각한 질서 안에서는 세상 인식과 이해와 판단이 정말 제한적이다. 알파와 오메가가 맞물려 있고 닭과 달걀이 동시에 출현한 상태를 논리적으로 이해할 수 없다. 그런데 인류는 그 같은 모순이 그렇게 판단하도록 한 관점상의 문제란 사실은 알지 못했다.

선과 면은 삼차원으로 구성된 입체 공간을 이해할 수 없다. 그리고 삼차원도 시간을 더한 초월 현상은 이해할 수 없다. 차원은 각 차원이 지닌 한계가 있기 때문에 그 이상은 일축되어 버린다. 같은 사물도 돋보기를 대면 확대되고 오목거울을 대면 축소되듯, 차원성도 그러하다. 창조는 무한성을 한정해서 결정된 有한 세계이다. 그리고 무한성을 유한하게 한 시스템은 다시 有한 세계를 무한하게 했다. 그러므로 有한 세계는 무한을 유한하게 한 창조 시스템을 이해할 수 없다. 모순으로 본 논리 질서가 제한된 데서 온 한계성이란 사실을 알 수 없다. 그래서 철저한 논리가 그렇지 않은 사물의 본질을 제한하는 경우를 종종 본다. 성현은 진리는 하나이다, 근본 된 본질은 하나이다, 세계가 하나라고 주장했다. 만법이 귀일한다고도 했다. '하나'는 전체를 포괄한 개념인데 한편으로는 규정된 제한성을 드러낸 말이기도 하다. 세계는 무수한 구성 요소와 무궁한 생성 과정을 집결시킨 총합체인데도 우리는 제한된 관점으로 쉽게 넘긴다. 근본이 하나라고 보았다면 그렇게 된 근거를 펼쳐 보여야 한다. 그런데 선언만 했다. 하나라고 한 것은 결코 단순한 하나가 아니다. 전체를 포괄했다. 그런데도 전체가 제한된 관점에 의해 단순화되었다. 하나는 억겁의 창생 세월과 삼세간을 포함하며 삼라만상이 그로부터 파생되었다. 시공을 초월하여 차원적이다. 이것을 하나로 여긴 것은 과연 논리 법칙에 순응한 것인가? 하나가 만수(萬數)를 낳은 실상을 이해하지 못했다. 무수한 수를 낳은 하나인데 하나만으로 인식했다. 하지만 실상은 알파와 오메가가 맞물려 있는 초월적 실체이다. 모든 것을 있게 한 통합체이다. 어떻게 진리가 하나인가? 동시에 이것도 참이고 저것도 참일 수는 없다. 그것은 모순이다. 기독교와 불교는 어느 하나만 진리이어야 한다. 이렇듯 숨 막히는 논리 법칙이 세계를 대립시킨 요인이다. 불교도 참 진리이고 기독교도 참 진리인 길은 없는가? 선현들이 진리가 하나라고 한 것은 진리의 유일성을 강조한 것이 아니다. 사실은 무수한 진리와의 동시 공존 가치를 인정한 것이다. 이것도 진리이고 저것도 진리인 그것이 곧 하나이다. 하나이기 때문에 道는 어느 곳에도 있다. 존재는 공존해야 참 의미를 지닌다. 진리가 유아독존적인 절대 체계 속에 갇혀 있는 그것이 지극한 모순이다. 누가 금수강산을 동강내었는가? 이 땅에 살고 있는 인간들이다. 진리 자체는 공존, 자유, 일체, 하나 됨을 본질로 한다. 진리를 구분 짓고 논리라는 틀 속에 가두어 판가름한 것은 인간이며, 그럴 수밖에 없는 논리를 인간들이 세웠다.

하나와 열이 있는 것은 열 가지가 이미 존재한 때문이다. 하지만 다 파악하기 위해서는 일일이 끄집어내야 한다. 모두 갖추었지만 현상계 위에서는 하나로부터 열이 어김없이 나열된다. 그러나 원상태는 동시에 존재한다. 삼라만상도 동시에 공존한다. 道는 一을 낳았으며, 一은 二를 낳고, 二는 三을 낳았도다.[30] 어떻게 해서 그런가? 道는 전체를 지닌 하나이다. 道가 一을 낳고 一이 二를 낳고 二가 三을 낳은 과정에서는 무수한 생성 역사가 있었다. 하지만 道가 통합적인 한 숫

---

30) 『노자도덕경』, 42장.

자로서 지닌 의미는 중요하지 않다. 인식된 질서를 따른 것이므로, 무엇이 무엇을 낳았다 해도 상관없다. 二가 어떻게 三을 낳은 것인가는 이유를 댈 수 없다. 道는 일체를 구유한 통합체인 특징이 있다. 그런데도 이런 문제를 논리적으로 풀려고 한 데 현대 문명이 도달한 한계가 있다. 道가 만물 창생의 근원인 사실을 간과하고 건설한 현대 문명이 어떻게 문제가 없을 것인가? 道로서 구축한 것이 동양 문명이라면 서양은 논리와 합리성을 바탕으로 구축한 문명 형태이다. 라이프니츠는 "동일성(同一性)이라든가 모순·배중률(排中律)[31] 같은 직관적인 일반 논리의 여러 원칙, 그리고 삼단논법적인 연역법 같은 형식적인 논증 가운데 내포된 자명한 원리의 중요성과 유용성을 강력하게 옹호했다. 과학의 기초인 수학의 여러 정리와 형식 논리는 다 그와 같은 원리에 입각해서 도출한 것이다."[32] 논리적인 사고 법칙에 따른다면 두 가지 사건이 동시에 같은 장소에서 일어날 경우는 없다. 그렇게 되지도 않는다. 사건의 종류가 다를 때만 가능하다.[33] 그러나 이런 사건들은 사건으로서 표면화되어야 적용되는 법칙으로서, 그렇게 결정되기 이전의 공존 내지 통합성 상태는 볼 수 없다. 그런데 바로 그것을 엿본 것이 道로서 구축한 동양 문명이다. 동일률에서 있는 것은 무엇이든지 있다. 그러나 道의 상태에서는 있는 것이 현재 존재하지 않을 수도 있다. 모순율에서는 어떤 것이든지 있으면서 동시에 있지 않다는 것은 불가능하다. 그러나 道의 상태에서는 현재 있지만 동시에

---

31) 논리적인 사고 법칙의 예 ① 동일률(同一律): 있는 것은 무엇이든지 있다. ② 모순율(矛盾律): 어떤 것이든지 있으면서 동시에 있지 않는다는 것은 불가능하다. ③ 배중률(排中律): 어떤 것이든 있든가 있지 않든가 해야 한다. -『철학이란 무엇인가』, 버트란트 러셀 저, 유영진 역, 예지원, 1991, p.90.

32)『세계사상대계 3(인간의 발견)』, 박종홍·이종우·정석해 감수, 신태양사, 1965, p.131.

33)『과학철학』, R. 하레 저, 민찬홍·이병욱 역, 서광사, 1991, p.152.

없을 수도 있고, 없는데도 동시에 있을 수 있다. 배중률로서는 어떤 것이든 있든가 있지 않든가 해야 한다. 그러나 道의 상태에서는 있으면서 없을 수 있고 없으면서 있을 수 있다. 있음과 없음에 대한 기준이 판이하다.

불교의 기본 교리는 연기법(緣起法)이다. 연기는 이것이 있으면 저것이 있고, 이것이 없으면 저것이 없다. 홀로 존재하는 것은 아무것도 없으며, 모든 것이 서로의 관계 속에서 생멸한다.[34] 당연한 법칙이다. 문제는 모든 존재가 연기에 의해 의존한 실체로서 독자성이 없다고 한 부분인데, 대승불교에서는 이것을 空으로서 칭했다. 연기를 일으킨 뿌리가 空이라면 空은 뭇 연기를 일으킨 하나이다. 그래서 중관학파에서는 "모든 法은 空이며, 生함도 滅함도 없이 본래 고요하다고 했고, 유식학파에서는 '주관적 인식의 대상이 비록 空하지만 인식 자체는 없다고 할 수 없어 모든 法은 有와 無에 통한다'고 했다.[35] 양 학파 간에 입장 차는 있지만, 모든 法이 곧바로 空이라니? 生하든지 멸하든지 해야 하는데 이것도 저것도 아니라니? 有와 통하는 法이 어떻게 無와 통하겠는가? 그런데 두루 달통하다니? 화쟁의 논리에 따르면(원효), "일체법(一切法)은 有도 아니고 無도 아닌 것이 된다. 이율배반적인 견해가 각각 도리를 가지며, 도리가 있으므로 통하지 않는 바가 없다(비합리의 합리, 비논리의 논리).[36][37] 논리가 지닌 제한성도 타당한 법칙에 따른 것이고, 논리를 초월한 하나 됨도 그만한 결정을 따

---

34) 『한국전통 철학사상』, 김종문·장윤수 저, 소강, 1997, p.54.

35) 위의 책, p.54.

36) 위의 책, p.55.

37) 원효의 화쟁 사상 근거: 『금강삼매경론』, 『대승기신론소』.

른 것이다. 마음대로가 아니고 연유된 규칙성을 따랐다는 데 대해서, 규칙을 결정한 창조 원리에 이르면 법칙의 경계가 없어진다. 동양적 사고의 기본 논리 중 하나인 체용론(體用論)에서도 확인할 수 있듯, 體(본체)와 用(현상)은 대립(分, 二)되면서도 통일(合, 一)적인 관계이다. 體와 用은 이중성을 띤 구조 속에 있다(分의 논리). 그런데 어떻게 體의 구조 속에서 동일·하나가 될 수 있는가?(合의 논리)[38] 이중성을 띤 것은 논리일 수 없다. 그런데도 하나인 體는 이중성을 초월해 있다. 납득할 수 없는 창조 안에서의 초논리이다.

지눌(知訥)은 '진심(眞心)의 體와 用은 一이면서 二이다'라고 하였다.[39] 이즉사(理卽事) 사즉리(事卽理),[40] 色卽是空 空卽是色 등등 곳곳에서 논리의 비약성, 동시성, 초논리성과 대면한다. 一卽多 多卽一은 더욱 그렇다. 그런데도 이런 초논리를 설명할 수 있는 인식 메커니즘을 구축하지 못하다 보니 세계를 제한적으로 바라보게 된다. 개체가 아무리 완전해도 그것은 전체 안에서이고, 개체들이 아무리 대립되어도 그것은 우리가 지닌 한계성 안에서 그러한 것일 뿐이다. 有는 곧 無요, 無는 곧 有다(有卽無, 無卽有). 有와 無는 대립하는 동시에 의존한다.[41]

> "법성(法性)은 원융하니 두 모습이 없다. 제법(諸法)은 움직임이 없으니 본래부터 고요하다. 모든 것을 뛰어넘는다. 하나 가운데 모든 것이 있고 많은 것 가운데 하나가 있다. 하나는 곧 모든 것이고 많은 것은 곧 하나이다(의상의 『화엄일승법계도』)."[42]

---

38) 위의 책, p.15.

39) '眞心의 體는 甲이다. 眞心의 用은 乙이다. 眞心의 體와 用은 다르다(異). 그러나 體와 用은 하나이다. 같은 眞心의 다른 성질일 뿐이므로' - 『불교철학의 이해를 위하여』, 불교신문사 편, 대학문화사, 1984, pp.94~95.

40) 『중국불교의 사상』, 玉城康四郎 외 저, 정순일 역, 민족사, 1991, p.50.

41) 『한국철학사상사』, 김문용·이홍용·주홍성 저, 이홍순·주칠성 역, 예문서원, 1993, p.62.

道의 하나 됨과 초논리성을 이해하지 못한 것은 세계의 본질이 분열을 완료하지 못한 불가피성에 있다. 그러나 선천 섭리가 완수된 오늘날은 "원인과 결과가 함께한 자리에서 천지가 창조된 초논리성을 받아들여야 한다."[43] 그리해야 본체자로 강림한 하나님을 영접할 수 있다. 하나님은 창조로 인해 결정된 질서가 아니다. 일체 질서를 결정한 무한 본질자로 존재한다. 하나님은 어제에 계심과 동일하게 미래에도 존재한다. "하늘에 완전히 계시며 땅에도 완전히 계신다. 하늘과 땅에 번갈아 계시는 것이 아니다. 동시에, 양쪽에 완전히 계신다."[44] 이 같은 존재 상태를 알아야 그 같은 초논리로서 강림된 하나님을 뵈올 수 있다. '하나'인 하나님이 진리의 성령으로 강림하였다.

8. 세계의 창조 방식

태초에 천지가 어떻게 창조되었는가 하는 방식의 문제는 창조 방식이 지닌 본질이기 이전에 삼라만상이 현재 존재하고 있는 방식의 문제이기도 하다. 에밀레종은 어떻게 만들어졌는가? 종 틀에 주물을 부어 만들었다. 천지도 그와 같은 방식 틀이 있을 것인데, 그것은 곧 현재 존재하고 있는 방식 틀을 총합한 것이다. 그것이 천지를 창조한 방식이다. 길이 있다면 길을 이룬 길이 있는 것처럼, 만물은 만물을 있게 한 존재 방식이 있다. 이치와 법칙과 돌아가는 원리성이 천지를 이룬 요소들이다. 우주 가운데 편만된 이치와 처처에서 인출한 진리

---

42) 위의 책, p.63.
43) 『세계통합론』, 앞의 책, p.62.
44) 『신국론』, 앞의 책, p.1,126.

가 만상을 구축한 존재 원리이고 방식이다. 존재 이면에는 원리가 있는데, 이 원리가 창조의 비밀을 담고 있다. 창조 법칙이 창조 이법이고 이것은 그대로 세상을 이룬 원리이다. 그렇다면 세상 원리는 어떤 방식을 시사하는가? 뭇 진리를 망라한 방식, 창조된 본의를 따른 방식이기도 한데, 有함이 有함을 낳은 방식, 곧 有함을 有되게 한 존재 시스템이다. 진리, 원리, 법칙, 진화라 하더라도 없었던 것이 존재할 수는 없다. 그들은 이미 있고 결정되었는데, 그 시점은 창조가 있기 이전이다. 원리 없이 만물은 창조될 수 없다. 존재를 성립시킨 원리가 만물보다 앞서 구축되었다. 이 말은 無로부터는 아무것도 창조될 수 없다는 뜻이고, 有함 방식은 이치적으로 따져 창조를 실현시킨 전체성을 상정하게 한다. 삼라만상이 피할 수 없는 법칙으로서, 부인하면 無로부터는 아무것도 생겨날 수 없다는 이치를 깨뜨리게 된다. 有한 근거로부터 새로운 有를 창출한다. 인과법칙과 유기체성도 이치와 연관된다. 단지 부분으로서는 전체를 이해할 수 없다는 것이 문제이다. 개체가 전체를 이룬 존재 방식이 그것이다. 그렇다면 취할 수 있는 유일한 방식은 태초 이전에 전체가 있어서 전체가 개체를 창조한 것인데, 여기에는 이해하기 어려운 곤혹이 있다. 창조도 되지 않았는데 창조 시스템이 구축되어 있다니! 완전한 전체성이 건재하다니! 이해는 물론이고 인식이 아예 불가능하다.[45] 그러나 정작 한계성에 도달하면 본질적인 구조가 드러난다. 有함이 有를 낳는 법칙에 따라 창조된 방식을 인출할 수 있다.

최초의 생명체는 어떻게 하여 생겨난 것인가? 물질적 규합에 의해? 이 같은 의문은 스팔란차니나 파스퇴르(Louis Pasteur, 1822~1895) 등

---

45) 창조의 상태 인식에서 그렇게 규정했음.

에 의해 부정되고 말았다.[46] 선행된 생명체는 전체성을 구축한 시스템이다. 창조는 진화가 아니다. 처음부터 완전한 존재 상태이다. 보다 완전한 전체자가 완전성을 실현하게 된 것이 창조이다. 돌멩이는 바위로부터 갈라져 나온 파편이다. 지구, 태양계, 우주는 전체로부터 파생된 개체이다. 전체는 무한정 확대된다. 현상계 안에서는 끝이 없지만 분명한 것은 태초에 '전체가 있었다'는 사실이다.[47] 진화론은 이치상 성립될 수 없는 가설이다. 개체는 전체를 낳을 수 없다. "만물은 세계를 총망라한 전체 시스템이 구축되어 있어야 존재한다."[48] "더한 바탕 세계가 선재되어 있어야 한다."[49] 데카르트는 모든 사물의 일반 원리 또는 제1 원인을 찾으려고 노력했는데, 세계를 창조한 神에 의존하려는 것도 아니고, 영혼 속에 내재되어 있는 진리의 씨앗으로부터 찾아내려는 것도 아니었다.[50] 神이 우주를 한순간에 창조하였을 것이라는 생각으로 궁극적인 원인을 파고든 것이겠지만 결국 발견한 것은? 처음부터 운동이 영구하게 보존되어 있는 창조는 어떻게 가능한가? 완전한 전체(神)가 선재해야 한다. 데카르트가 궁구한 제일 원인 자리에 '전체'가 있었다. 하지만 전체는 볼 수 있는가? 데카르트는 전체를 보았는가? 전체를 상정한 순간 전체는 인식 세계로부터 사라져버린다. 방식상 이것이 있어야 저것이 있고, 이것이 없으면 저것도 없다(緣起法). 하지만 궁금하게 여긴 알파는, 이것이 있는 것은 저것

---

46) 선행되는 생명체의 존재가 없이는 생명의 탄생은 절대 불가능하다는 결론 ―『원불교사상 논고』, 김홍철 저, 원광대학교 출판국, 1980, p.124.

47)『종교현상의 이해』, 김용환 편저, 나무, 1986, p.287.

48)『세계창조론 서설』, 앞의 책, p.75.

49)『세계창조론』, 제3편 조물론, 앞의 책, p.7.

50)『과학철학의 역사』, 존 로제 저, 최종덕·정병훈 역, 1992, p.101.

(전체)이 있기 때문이고 저것이 없으면 이것(세상)이 없는 것이므로, 만물이 존재하게 된 필연적 근거 자리인 저것, 혹은 그 무엇은(전체) 반드시 있어야 하는데, 아무리 찾아도 오리무중이다. 누구도 찾지 못했다. 있어야 하는데 없다면 그것은 숨어 있다는 뜻이다.

창조 이전에 창조를 있게 한 전체는 인식할 수 없다. 궁극적으로 파악할 수 있는 가능한 범위는 창조된 것까지이다. 이런 조건을 기준으로 하면 인식은 할 수 없더라도 관계된 구조를 살피면 필요한 답을 구할 수 있다. 삼각형의 성질을 이용한 측량처럼 전체가 지닌 구조도 같은 조건이다. 일체가 전체로부터 비롯된 것이라면 나는 나 하나만으로 존재할 수 없다. 개체가 전체와 연관되고 천지가 알파를 필요로 한 것은 천지가 창조된 결과 세워진 인과법칙이다. 제 현상이 인과와 알파를 필요로 하는데, 문제는 세상이 자존하고 있는 것처럼 보인다는 데 있다. 천지는 독자적으로 존재할 수 없는 방식인데 현실적으로는 독자적으로 운행되고 있는 것처럼 보인다. 왜 그런가? 선재된 전체를 보지 못해서이다. 창조는 완전한 것이다. 영원히 有한 생성 시스템으로 구축되었다. 완전한 것은 영원히 독자적인 것이므로, 독립된 자존성을 지녔다. 우리는 창조로서 실현된 자동 시스템 상황을 벗어날 수 없다. 알파와 오메가가 맞물려 '因이 緣을 낳는 보이지 않는 끈'[51]이 팽창하였고, 원인과 결과가 공존하는 상황에서는 누구도 창조된 범위를 벗어날 수 없었다. 영원한 세계, 영원한 생성, 영원한 창조……. 영원하다 보니 알파가 있는데도 자동 시스템에 가려 분별할 수 없었고, 만물은 필연적인 법칙을 따르게 되었다.

---

51) 『세계창조론 서설』, 앞의 책, p.93.

인식에 제한은 있지만 전체가 있어 개체가 존재한 방식이 창조를 실현시킨 것을 부인할 수 없다. 전체성이 존재한다는 사실만 인정하면 세상을 파악하는 데 있어 보다 높은 관점을 확보할 수 있다. 궁극적인 원인 세계를 간파한 다음에는 파생된 세계를 이해하지 못할 것이 없다. 전체가 개체를 낳은 방식은 뭇 존재가 지닌 법칙이고 삼라만상을 낳은 법칙이다. 그 전체가 총체적인 시스템을 갖춘 하나님이다. 사물들이 무엇을 알겠는가? 심원한 비밀을 간직한 채 천만 년 동안 존재하였다. 하지만 인간은 다르다. 인간은 물을 포도주로 변화시킬 수는 없지만 하나님이 전체자로서 천지를 창조한 사실을 알 수 있다. 시스템을 창조한 전체는 나를 포괄한 완전성 자체이다. 내가 인격을 가졌다면 전체자는 더한 인격을 갖추었다. 돌멩이는 더 작은 돌멩이로 쪼개질 수는 있지만 바위가 될 수 없는 것처럼 우주도 마찬가지이다. 만물을 창조한 전체로서의 인격체이기 때문에 그런 대상을 일컬어 神이라 했고, 만물을 낳은 부모로서 '하나님'이라고 불렀다. 뭇 운명과 생살여탈을 관장하고 천지 운행을 주재한 분, 만유를 포괄한 전체자로서 우리의 생각을 알고 기도를 듣고 교감한다. 인간은 하나님의 뜻을 감지하도록 구성된, 일체를 본받은 실체이다. 전체가 지닌 존재 방식은 그대로 천지를 낳은 창조 방식, 우주의 존재 원리, 생성 법칙이다. 그래서 하나님은 우리의 아버지이다. 발가락이 닮았고 얼굴 모양을 닮았고 피의 유전자를 이었다. 왜 개별자는 전체를 떠나지 못하는가? '하나가 일체를 이루고 일체가 하나를 이룬 것은'[52] 전체가 포용하고 있는 시스템 범위 안에서이다. 개체와 개체 간의 작용

---

52) 화엄오교장의 십현문 중 제법상즉자재문에서는, 제법이 체성이(전체) 있어 一卽一切, 一切卽一이 되어 자재무애인 것을 말하였다.

방식을 보면 개체가 전체 안에서 이루어진 것을 알 수 있다. 하나인 전체는 일체를 포괄할 수 있는 시스템이다. 그래서 가동된 것이 곧 전체 속에서의 개체 창조이다.

그러나 역시 문제가 되는 것은 전체가 개체를 창조한 방식에 의해 있게 된 전체가 지닌 존재 방식인데, 궁극성을 보고자 해도 창조된 우주 공간 내에서는 끝이 없다. 하지만 아무리 거대한 우주도 결국은 창조된 영역이다. 우주를 있게 한 전체는 무한하고 끝이 없지만 끝내 神으로까지 확대될 수는 없다. 神은 神을 창조하지 않았기 때문에 창조가 확대 인식을 막는 최종 한계선이다. 창조는 궁극성을 낳은 원천이다. 창조는 궁극성이 맞닿아 있는 존재의 테두리 벽이다. 그 벽이 창조를 기준으로 했을 때 나뉘는 有無선이다. 하나님이 창조하였기 때문에 우리는 전체자인 하나님이 필요하지만 하나님은 피조체가 아니므로 전체가 필요 없다. 전체를 필요로 하는 것은 삼라만상이 지닌 존재 방식이며, 창조되었기 때문에 전체가 있어야 한다. 하지만 有無란 경계선상에서는 무한 확대에 대한 요구가 사라진다.[53] 이것이 창조를 낳는 有한 시스템이다. 그러나 그 시스템이 자존적이라 하여 하나님이 개입할 여지가 전혀 없는 독립체는 아니다. 하나님의 의지를 따르도록 창조된 생성체이기 때문에 제반 원리 현상과 주어진 결과에는 어떤 경우도 뜻이 포함된다. 그것을 우리는 섭리(攝理)라고 한다. 결과를 두고 뜻을 간파하지 못하는 것은 문제이지만, 이것은 개체가 전체를 파악하지 못한 것이 원인이다. 우리가 겪는 삶은 전체 인생 가운데서 일부분이다. 그래서 자기 인생이지만 주어진 인생 본질은

---

53) 오직 有함만이 有한 세계를 구축하고 있는 경계선상에서는 동시 창조와 출현이 무한 확대 고리를 끊어버림.

모른다. 개체는 전체의 총화가 낳은 결과이고 전체적인 존재 방식(시스템)의 반영이다. 하나가 있는 것은 열이 있기 때문이고(전체), 현재가 있는 것은 삼세가 있기 때문이며, 내가 있는 것은 세계가 있기 때문이다. 이와 같은 방식이 삼라만상을 있게 한 창조 방식이다. 현재 존재한 충족 조건을 근거로 창조방정식을 성립시켰다.

삼라만상은 전체로부터 창조된 것이 분명한데 지난날에는 이것을 진리로서 이해하는 데 어려움이 있었다. 그러나 오늘날은 본의가 밝혀짐으로써 현재 존재하고 있는 것을 근거로 판단할 수 있게 된 것이 전체가 지닌 창조 방식이다. 곧 개체는 전체가 분열하여 낳은 씨앗이다. 이런 과정을 통해 개체가 전체의 本을 각인했다. 자신은 몰라도 몸은 창조를 경험하였고, 하나님은 전체자로서 속속 일체를 알고 있다. 그래서 하나님을 일컬어 全知·全能·全善한 분이라고 했다. 전체자인 하나님이 강림하였기 때문에 진리가 밝혀진다.[54)55)] 천상의 지혜가 하해와 같이 쏟아지나니, 그 지혜를 쓸어 담을 준비를 해야 한다. 창고에 가득 채워야 하리라.

9. 세계의 창조 원리

천지간에는 원리가 있고 법칙이 있다. 무엇이든지 절로 운행되는 것은 없다. 창조는 그냥 이루어지지 않았다. 창조처럼 완전하고 완벽한 계획에 따른 시스템적 구현도 없다. 원칙과 원리성을 따랐다. 이것

---

54) 개체의 모든 것을 속속들이 아는 전체로서의 하나님이기 때문에 우리는 천지를 창조한 분이 하나님이라는 것을 안다(개체의 모든 것과 속속들이 통하고 있는 전체를 통해 우리는 그 전체가 천지를 지은 창조주라는 것을 앎).

55) 인류를 모든 진리 가운데로 인도할 보혜사 진리의 성령이 강림함.

은 세상 가운데서 이치·진리·道로서도 확인할 수 있다. 창조에 따른 이법이 세상을 운행하기 위한 기본 틀을 구축했다. 그래서 진리가 세상을 이룬 구성 요소로서 표출된다. 원리는 진리를 규정한 원인력으로서 차원성의 저편에 있다. 하나님도 볼 수 없는데 하나님이 이룬 원리는 볼 수 있겠는가? 그러나 하나님이 창조주인 한 지음의 근거인 창조 원리는 하나님이 작정한 의지력으로 결정된 것이다. "하나님이 결정하므로 천지가 원리로서 존재할 수 있게 되었다."[56] 결정 과정에서는 무한성을 규정한 특별한 선별 작업이 있다고 했다. 창조를 위한 의지 규정이 법칙을 이루었듯, 창조를 위해서 작용된 뜻의 결정이 원리화되었다. 이것이 창조를 이룬 원리이다.[57][58] 뜻의 결정화가 창조와 동시에 세상 원리가 되었다. 어떻게 창조가 실현되었는가? 온갖 지혜를 동원했다. 계획을 입안하는 과정에서는 역시 무수한 시행착오가 있었지만 그런 과정 끝에 실현시킨 것이 창조이다. 창조는 하나님의 뜻과 고민과 의지를 최종적으로 결집시킨 위대한 시스템이다. 창조 원리는 도대체 무엇인가? '아르키메데스의 원리'는 이치를 따지면 이해할 수 있다. 마찬가지로 창조 원리도 전개된 본의를 결집시키면 윤곽을 잡을 수 있다. 세계는 영원한 생성체인 것을 판단하는 데 어려움이 있다. 하물며 생성이 창조력에 의하여 시스템화된 작품이라는 데 대해서는 곤혹이 있다. 세계가 완전한 것은 완전한 창조 시스템이 가동되어서이다. 창조를 실현시킨 원리, 곧 어떻게 존재하게 하였는가?(창조 원리) 어떻게 유지할 수(존재 상태) 있게 하였는가?(생장 원

---

56) 『세계창조론』, 제3편 조물론, 앞의 책, p.126.

57) '하나님의 뜻이 발동됨으로써 그것이 창조로 결정된 것이 세상 법칙임'-『세계창조론 서설』, 앞의 책, p.94.

58) 하나님이 창조를 결심하자 이로부터(뜻이 결정화됨) 창조를 위한 온갖 법칙이 구축됨-『세계창조론』, 제3편 조물론, 앞의 책, p.87.

리) 어떻게 영원하게(생멸의 극복) 하였는가?(생성 원리) 어떻게 無한 것을 有하게 하였는가? 여기에 대한 답이 창조 원리이다.

창조 전에는 아무것도 없었다. 세상 법칙으로서는 無로부터 有를 창조할 수 없다.[59] 창조 법칙으로서 보아도 근거 없는 無로부터 천지를 창조하였다는 것은 불가능하다는 사실! 無로부터 천지가 창조되었다는 것은 처음에는 아무것도 없었는데 생겨났다는 뜻이고, 없던 것이 생겨난 데는 그만한 근거가 있다. 창조되기 이전에는 아무것도 없었는데, 그렇다면 무슨 근거가 있었겠는가? 하나님이 존재한 것이다. 하나님이 있은 사실이 삼라만상을 있게 한 일체 근거이다. 그래서 내가 존재하는 것은 하나님이 존재한 것과 같다. 만물을 있게 한 창조 원리는? 내가 존재한 방식과 같다. 하나님은 창조를 위해서 사전에 조건을 완비하였다. 구족한 하나님이 선재한 그것이 창조 원리이다.[60] 하나님이 존재한 원리가 그대로 창조 원리를 낳았고, 만물을 있게 한 창조 원리가 그대로 천지를 있게 한 존재 원리가 되었다.

사물을 인식하기 위해서는 의식을 분열시켜야 하는데, 인식 면에서는 원리의 동시 공존 상태가 불가능하다. 원리를 도출한 과정과 연유된 개념을 붙들어야 하므로, 가능한 방식은 창조 원리가 하나님의 존재 원리와 같다는 등식 세움이다. 하나님이 존재하기 때문에 창조도 가능했다. 하나님이 존재한 것은 그 같은 방식이 그대로 창조를 실현한 능력이고 시스템이다. 삼라만상은 충만된 원리로서 결집된 결과물이다. 하나님은 창조 원리이고 창조 원리는 창조물이며 창조물은

---

59) "존재하지 않는 것을 창조할 수는 없으며, 또 존재하는 것을 無로 돌려버릴 수도 없다." - 『21세기 과학은 어떻게 오는가』, 아서 S. 그레고르 저, 과학세대 역, 1996, p.155.

60) 사전 존재자가 있기 때문에 뭇 존재가 있게 됨.

삼라만상 우주이다. 그런데도 이와 같은 동시 공존 상태를 인식상으로는 합당하게 표현할 수 없다. 그래서 '무엇=무엇'이라는 등식을 사용하였다. 동시 표현은 안 되더라도 실상은 하나인 통합성 상태로 있다. 하나님은 無로부터 有를 실현시킨 창조 원리 자체이다. 근거도 하나님이고 원리도 하나님이고 말미암게 된 세상도 하나님이다. 창조 원리는 하나님이고 하나님은 창조 원리이다. 웬 선문답인가? 무수한 분열 과정을 제한다면 정말 하나님=창조 원리이다. 色卽空이고 空卽色이다. 色空은 하나이고 전체이고 통합체이다. 창조 원리와 존재 법칙과 삼라만상이 하나님 안에 있어 어떻게 해도 성립되지 않는 등식은 없다. 창조 원리는 無를 有할 수 있게 한 실현 원리이다.

통체 인식적인 바탕 위에 서야 우리는 비로소 대 창조의 원리성에 대한 인식을 세분화시킬 수 있다. 창조된 결과와 운행되고 있는 작용성을 근거로 원리성을 인출한다. 동시 창조 문제만 짚어보더라도 그럴 수밖에 없는 존재 방식을 확인할 수 있다. 원인과 결과가 함께하고 알파와 오메가가 맞물린 시스템이 동시 창조를 낳았다. 완전하게 창조된 세계와 영원한 생성 시스템을 근거로 하나님의 존재 원리를 반영시켰다. 세계도 여건은 같다. 어떻게 완전할 수 있는가? 완전해야 창조가 실현되고 그런 완전함을 하나님이 뒷받침하였다. 완전한 형상을 본 떠 구현한 것이 세계의 완전함이다. 완전하게 되었기 때문에 만사가 거침없이 연결된다. 통함을 구조화시킨 것이 창조 원리이다. 완전한 질서 바탕은 완전한 질서 원리에 근거했다. 인체는 대칭을 이룸으로 균형을 이룬다. 알파와 오메가가 함께할 수 있어 영원히 존재할 수 있는 창조물이 되었다. 세상 원리의 원형은 창조에 있고 창조 원리의 원형은 하나님에게 있다. 완전한 상태로 존재한 하나님이 동일한 존재 체제로 천지를 창조했다. 그래서 세계가 정연한 질서와 치밀한 이법으로 채워졌다.

실로 천지를 낳은 창조란? 순수한 창조가 아니고 본뜸이다.[61] 창조 원리는 곧 본뜸의 원리이다. 선재한 하나님을 원형으로 해서 존재한 방식을 본떠 실현시킨 것이 태초의 창조이다.[62] 생명체의 유전 방식, 개체가 분열을 통해 지속되는 존재 방식 등등 有함이 有함을 낳는 조직적인 반영 체제이다.[63] 창조가 창조가 아니고 본뜸인 것은 하나님이 심혈을 기울인 역작 시스템이다. 하나님은 자존자인데 그와 같은 방식을 본뜬 그것이 위대한 창조 권능이다. 하나님은 창조와 무관하게 존재할 수 있지만 우리는 창조가 아니면 존재할 수 없다. 하나님과 지닌 분명한 차이이다. 하나님이 본뜸을 실현한 것은 새로운 창조 역사이다. 그 결과 사랑하는 분신(分身)을 얻었다. 본뜸은 하나님의 행위 목적이며, 그 실현은 참으로 위대하나니, 그 위대함의 중심 표적에 인간이 있다.

인간은 세상의 어떤 존재보다 위대한 창조 가치를 알아야 한다. 그래서 간파해야 하는 세 번째 창조 원리가 생장 원리이다. 천지는 구족된 상태로 창조되었다. 그렇다면 현재 모습은 당연히 천지가 창조된 최초 상태와 다를 수밖에 없다. 그래서 씨가 거목이 된 것이 생장의 원리이다. 무한한 우주도 처음부터 거대한 시공 영역을 가진 것은 아니다. 그런데도 대 우주가 겨자씨보다 작은 씨알로부터 시작되었다는 것은 실감하기 어렵다. 생장은 창조된 세계를 유지하기 위하여 끊

---

61) 선행된 有의 시스템 실현.

62) 위의 책, p.130.

63) "하나님이 자신의 형상대로 사람을 창조하시니라(창세기, 1장 27절)." 즉, "창조 원리는 이미 구유된 것을 그대로 본뜬 것의 원리 자체이다." -『세계창조론』, 제3편 조물론, 앞의 책, p.130.

임없이 생성하는 데 목적이 있다. 생성하고 분열하므로 생장하지 않을 수 없다. 생멸이 있기는 하지만 우주의 생장은 쉽게 가늠할 수 없다. 도상에서는 모습이 다른데도 판단하는 것은 현재가 기점이 된다. 생성 주기가 너무 길다 보니 전체 모습을 대관할 수 없는 어려움은 있지만 언젠가는 끝을 가늠할 수 있다. 천지가 창조된 시점, 그 점은 거의 無에 가까울지 모른다. 無로부터 창조되었다고 해도 좋다. 천지는 어떤 시점으로부터 출발하여 지금의 모습을 이룬 것이므로, 여기에 생장 원리가 지닌 창조의 대 비밀이 있다. 그것은 눈가림된 마법이 아니다. 유구한 세월 속에 파묻혀 있은 창조 원리이다. 이 원리가 대 우주를 구축하였다.

10. 세계의 창조 근거

"태초에 하나님이 천지를 창조하시니라."[64] 이것은 성경이 밝힌 천지가 생겨나게 된 제일 근거이다. 근거는 창조에 있고 원인자는 하나님이다.[65] 사실이라면 세계가 존재한 이유에 대해 정답을 말한 것이다. 그런데 문제는? 근원과 원인자는 흔적이 없고 성경 어디에도 '어떻게'에 대해 언급이 없다. 사실 창조 역사는 현 세계가 요구한 필연적인 법칙이다. 神도 원시 유기체도 근거는 있고, 절로 생겼다 하더라도 설명은 있어야 한다. 그래서 창조설이 세워진 것이지만, 이런 설이 아니더라도 천지는 반드시 근거를 바탕으로 했다. 세계는 모종의 있음을 바탕으로 한다. 이러한 요청에 부응해서 선현들은 다양한 창조

---

64) 창세기, 1장 1절.
65) 『세계창조론』, 제3편 조물론, 앞의 책, p.46.

설을 내세웠다. 기독교에서 세운 교리는 '神의 절대적 초월성에 근거한 無로부터의 우주 창조이다. 존재하고 있는 어떤 물질의 상태를 재조정하거나 변형시킨 것이 아니라 절대적인 無로부터 有를 가능하게 했다'는 설이다.[66] 하지만 이것은 문제의 핵심을 벗어나 있다. 창조는 무슨 뜻인가? 없던 것을 있게 한 것이다. 이런 틀에 맞추어 無로부터의 창조를 무조건 하나님께 귀속시켜 버렸다. 그런데도 계속 궁금한 것은 無에서 有하게 된 상태가 아니고 근거이다. 세상과 근거가 차단된 상태라면 남아 있는 것은 하나님밖에 없다. 여기서 천지를 창조한 주체는 분명 하나님이지만, 그 근거가 정말 하나님이라면 문제가 복잡하다. 창조를 실현시킨 시스템에 대한 무수한 소프트웨어를 제시해야하는데, 성경에서는 발견할 수 없다 보니 핵심을 회피하고 말았다.[67]

無한 것을 有하게 한 근거가 하나님에게 있다면(창조) 우리는 그 근거를 어디서 찾아야 하는가? 누가 알고 있는가? 근거를 밝힐 수 있다면 그대로 입증하는 것이기도 하다. 그래서 無로부터의 창조 문제는 풀기가 어렵다. 현재 처한 시공간을 넘어서야 한다. 유한과 무한 차원을 넘나들어야 해결할 수 있다. 주장대로 천지가 無로부터 창조된 것이라면 라이프니츠의 견해처럼 '단자(單子)는 갑자기 창조되었다'는 말과 같다.[68] 갑자기도 창조의 전용어이다. 그런 작용 자체가 근거이다. 존재하는 모든 것은 그렇게 해서 창조된 것이다. 빛·공기·물·에너지…… 온갖 법칙이 근거를 필요로 하듯, 창조도 예외는 없다. 전능한 능력이 있어 실현되었다고 곡해해서는 안 된다. 이에 존재한 하나

---

66) 『인간과 우주의 기원』, 인터넷자료.
67) 사실은 세계의 핵심 본질이 밝혀져야 하는 문제임.
68) 『세계사상대계 3(인간의 발견)』, 앞의 책, p.266.

님의 본체가 창조를 위한 근거로 동원된다. 창조는 갑자기 출현한 것처럼 보이지만, 사실은 하나님이 바탕이 되었다. 그런데도 창조 전의 하나님은 실체를 파악할 수 없다. 관객은 무대 위에서 펼치는 장면만 볼 수 있다. 만물이 갑자기 출현된 것이 아니라면 창조도 이루어진 과정이 있다. 그것을 보여줄 수 있는 자는? 공연을 준비한 자이다. 관객이 아니다. 그런데 부딪히는 문제는? 세상에는 배정된 관객들만 있다. 우리는 보이는 대로 판단하므로 근원을 찾지 못했다. 제한적인 위치에서 표면화된 有를 근거로 창조된 실상을 보았다.

한편 하나님이 근거가 된 것은 선재된 하나님을 기준으로 有가 有를 창조한 체제이다. 있음이 있음을 낳은 이것이 창조를 실현시킨 실상이다. 그런 있음의 총합적인 체제가 바로 하나님의 본체이라 신즉자연[69]으로까지 비화되었다. 有함 자체가 有함을 낳은 근거이다. 그런데도 부딪히는 어려움이 있다면? 有의 최초 근거를 찾을 수 없다. 재삼 원론으로 돌아가 버리는데, 이것이 有한 근거만 볼 수밖에 없는 관객이 지닌 한계이다. 그래도 시사하는바 최초 근거는 추적할 수 없지만 有적 근거가 존재하는 세상에서 최초에 필요한 근거를 포기할 수는 없다. 물음으로서라도 남겨두어야 한다. 근거는 있는데 그 형태가 무형이므로, 여기에 하나님이 구축한 창조 메커니즘이 있다. 세계의 근거를 추적할진대, 또 한 가지 추출되는 사례는 아예 무형의 실체까지도 없애버린 상태이다. 강력하게 내세우거나 혹은 포기해버리기도 했지만, 한편에서는 아예 안중에도 없었다는 것, "만물은 만물이 스스로 만물이 되는 것이지 天主와는 아무 관계가 없는 것 같아 보

---

69) "우주는 원래부터 하나님의 몸이다." - 『태초의 원음』, 허상탁 저, 송하, 1994, p.57.

입니다(『천주실의』)."70) 소이연(所以然)은 무엇을 무엇이게끔 만들어 주는 근거이다. 소이연이 존재한 사실은 부인할 수 없지만 그 소이연이 무엇인가에 대해서 서양의 선비는 "자기 외적, 또는 자기 초월적인 운동의 힘이 밖으로부터 부여된다고 보았고(神), 중국 선비는 그런 주장에 대해 정곡을 찔렀다. 동양적 사유로서는 모든 존재는 자체에 내재된 자기의 氣 또는 氣의 음양 대립적인 자체 운동에 의해 저절로 생장·소멸해간다."71) 어떤 주장이 옳고 그르다 할 것인가? 창조된 근거를 찾고 있는데, 사실 세계는 절로 운행되고 홀로 영원무궁한 것처럼 보인다. 세상적으로는 최초의 작용, 최초의 운동, 최초의 물질, 최초의 생명, 최초의 인간, 최초의 神이 존재한 근거를 찾지만,72) 실상은 시작과 마침이 없게 창조되었다. 창조는 영원한 것이고 그 형태는 원이며 그 상태는 있음(有함)이다. 이것이 창조를 실현시킨 본질적, 구조적, 지혜 시스템이다. 동양적 사고도 역시 생성이 지닌 순환성을 인정하였다.73) 인식, 질서, 가치 체계가 '절로 세계관'이다. 天도 道도 法도 도달한 인식적 한계란 동일하다. 그렇게 해서 구축된 것이 동양적 우주론이다.

영원무궁하도록 한 것이 창조이고, 그런 창조를 실현시킨 것이 하나님이라면 그와 같은 시스템을 있게 한 최초 근거를 단도직입적으로 하나님이라고 말할 수도 있다. 하지만 그래도 문제는 있다. 영원한

---

70) 『천주실의』, 앞의 책, p.57.

71) 위의 책, p.57.

72) 중국 선비가 말한다. "일단 만물을 만들어낸 시조가 天主라고 한다면, 이 天主는 누구에 의해 생겨난 것입니까?" - 위의 책, p.56.

73) "모든 존재는 무한히 변동·변화하는 氣의 임시적인 형체이며, 이런 氣로 이루어진 모든 존재는 자체에 내재된 대립적인 힘, 즉 陰과 陽의 상호 대립·의존적 작용에 의하여 자체적으로 자연스럽게 변화·발전해 나간다." - 위의 책, p.50.

생성은 인식하기 어려운 전체로서의 무대이다(깨달아야 볼 수 있음). 우리가 제한된 그런 궤도를 벗어나지 못하는 것은 자체 지닌 존재 특성 때문이다. 최초 근거는 有한 궤도를 벗어나 有를 규정한 무한성이다. 만물이 자체로서 생성될 수 없는 것이라면 그렇게 된 이유를 밝혀야 한다. 이치상으로는 필요한데 어떤 이치로도 설명을 할 수 없는 이것이 문제이다. 이것은 무한을 규정한 근거와 유한을 결정한 근거 사이에 있는 차원성 때문이다. 부분성이 지닌 한계, 그런데도 부분은 한계가 있다는 사실을 모른다. 자체가 전부인 것으로 안다. 유한이 무한을 가늠할 수 있겠는가? 최초 알파를 찾지 못할 것은 실로 당연하다. 근거가 없어서가 아니라 有한 세계가 지닌 한계성 때문이다.

> "참으로 어리석구나! 어떻게 조그만 그릇으로 큰 바닷물을 다 퍼내어 작은 웅덩이에 부을 수 있기를 바라느냐?"74)

최초를 규정할 근거가 세상에서는 없다. 정말 없다. 창조된 세계 안에서는 궁극성을 헤아릴 수 없다. 시작과 끝(근거)을 볼 수 없다. 神이 모습을 드러낼 수 없다. 창조로 인해 구분된 有無란 차원의 강 때문이다. 하지만 방법이 전혀 없는 것은 아니다. 有한 세계 질서를 통하면 무한한 근거를 추적할 수 있다. 조건은 부분이 지닌 한계성을 극복할 수 있도록 생성의 분열 경과를 완료하는 것이다. 그런 연후라면 가능하다. 생성의 전모는 전부이며 전부는 전체이고 전체는 神이다. 개미라도 본성은 헤아리기 어렵지만, 전체를 보고 나면(생성의 완료) 우주도 안다. 차원의 세계에 도달하면 부분으로서 지닌 한계를 확

---

74) 『천주실의』의 내용 중, 아우구스티누스의 저술 계획에 대해서 동자가 질책한 말, 즉 "사람의 힘으로 알 수 없는 天主의 큰 뜻(大義)을 미미한 책자에 다 담아내려고 하십니까?" - 위의 책, p.66.

인할 수 있다.[75] 우리가 有한 질서 위에서 끝없이 요구한 최초 근거! 그것은 천지가 창조되었기 때문에 생긴 조건이었던 것일 뿐, 창조주 차원에서는 아무 조건이 필요 없다.

> "만물은 天主로 말미암아 생겨난 것이며, 天主는 말미암아 생겨난 바가 없습니다."[76]

이것은 창조된 피조체와 창조주가 양립된 데서 생긴 상대 관점이다. 天主는 시작도 끝도 없다. 창조도 마찬가지이다. 최초 근거는 필요하지만 창조를 실현한 직접적인 원인 단계에 이르면 일체의 필요성이 소실되어 버린다. 입장이 역전된다. 세상 이치를 기준으로 하면 모두 어긋나버린다. 시원이 필요한 현상계에서 세계가 시작도 없고 끝도 없다고 한다면 그것은 궤변이다. 그래도 정답은 결국 그것뿐이다. 아무리 타당한 이치를 동원해도 有한 질서 안에서는 창조를 설명할 수 없다. 마테오리치는 天主를 이해시키기 위해 온갖 이치를 동원했지만 결국 실패했다.

> "보라, 활자를 명철한 지식인이(하나님) 배열하지 않았다면 어떻게 스스로 그렇게 우연하게 배열할 수 있겠습니까? 높은 누대(樓臺)나 가옥들은 저절로 세워질 수 없으며 언제나 목수들의(하나님) 손에 의해 완성됩니다."[77]

---

75) 부분도 전체성이 드러나야 부분으로서 확인됨.

76) 위의 책, p.57.

77) 위의 책, p.52, 50.

　문제는 항상 핵심이 빠진 것이다. 이런 문제는 누구라도 더 이상 어찌할 수 없다. 원인은 현상적인 질서를 근거로 天主를 설명하려 한 데 있다. 세상 질서로서 창조 질서를 설명하려 드니까 한계가 있는 것인데, 그렇게 부딪힌 것이 사실은 정상이다. 이치가 닿지 않는 것은 차원적이기 때문이며, 天主는 모든 사실을 알고 있다. 창조의 근거로 존재한 하나님은 우리와는 차원이 다른 세계, 그러니까 원인이란 조건을 필요로 하지 않는 세계 속에 있다. 이것을 다시 정리하면, 천지는 본래 有한 하나님을 근거로 하였다. 이를 통해 우리는 새로운 사실을 하나 더 발견한다. 천지에 시작과 끝이 없는 것은 원래 존재한 하나님이 세계를 감싸고 있어서이다. 有한 하나님이 세계를 온전히 내포하고 있어 원래 有한 존재로부터 출발된 세계 안에서는 아무리 노력해도 알파의 흔적을 찾을 수 없다. 有가 有를 낳아 시작을 찾을 수 없고, 有가 有 속에서 멸함으로 어디서도 끝을 볼 수 없다.[78] 곧 영원한 생성을 시사한다. 개체는 생멸하지만 전체인 존재 안으로 귀일한다. 그래서 천지는 온통 有함 뿐이다. 온통 有뿐인데 어디서 끝을 찾을 수 있겠는가?[79] 일체를 구족한 하나님이 존재했기 때문에 有를 본질로 한 창조가 실현되었다.[80] 하나님은 참으로 근접하기 어려운 세계 속에 있지만, 본의가 밝혀지게 된 것은 하나님이 이 땅에 강림한 때문이다. 강림된 실체는 세계가 有한 근거를 밝힌 진리 전체이다. 이전에는 불가능했지만 지금은 이해할 수 있게 되었다.

---

78) 전체가 존재하고, 전체 안이기 때문에 개체의 생과 멸이 파묻혀버림.

79) 『세계창조론』, 제2편 창조성론, 앞의 책, p.87.

80) 『세계유신론』, 졸저, 인쇄본, 2000, p.77.

11. 세계의 창조 바탕

　창조는 무형의 形而上學的인 본질에 근거한 것이지만 다분히 질료적인 근원을 추적하고자 한 성향도 있다. 無로부터의 창조는 창조된 대상을 기준으로 한 판단이며, 창조를 이룬 주체적인 관점에서는 무엇이라도 반드시 선재해 있어야 이것을 바탕으로 창조를 이룬다.[81] 말씀이든 콧김이든 무엇이라도 있어야 한다. 그런 요구에 일체 有함을 초월한 하나님이 있다. 창조 전에 하나님이 존재했기 때문에 하나님이 최초의 근원이 된다. 창조 전에 하나님이 있었다면 대두되는 것은 하나님은 과연 무엇을 바탕으로 천지를 창조하였는가 하는 것이다. 창조 이전에는 무엇이 있었는가? 아무리 찾아도 하나님밖에 없다. 추출할 수 있는 것은 하나님이 지닌 그 무엇일 수밖에 없다. 일체 근원에 하나님이 있다.[82] 하나님이라는 존재를 면밀히 분석해야 한다. 나에게는 육체적인 질료 기관과 정신적인 작용 기능이 있는 것처럼 하나님도 그런 특성을 지녔는데, 그중에서도 성경에서는 말씀이 주된 역할을 이룬 것으로 기록되었다. 그래서 하나님의 존재 구성체로서 표면화된 것 중에는 말씀에 보태어 계시로서 드러난 뜻이 있고, 하나님의 형상대로 인간을 창조하므로 그런 형태로서의 어떤 존재가 있다. 말씀, 뜻, 계시, 인간을 닮은 형상, 섭리 등등 그중 바탕성 문제에 대해 합당한 조건을 갖춘 구성체는? 인간은 뭇 세포로 구성되었지만 유독 생식세포를 통해서만 자식을 잉태한다. 하나님도 하나님이 지닌 무엇을(생식기관) 근거로 천지를 잉태한 것인가? 이에 하나님의 존재

---

81) 『세계창조론 서설』, 앞의 책, p.169.
82) 『세계창조론』, 제3편 조물론, 앞의 책, p.47.

속성인 '본질'이란 실체를 대두시켜 본다. 본질은 참으로 묘연하다. 존재도 묘연하고, 가능하도록 한 시스템도 묘연하고, 하나님도 묘연한데, 하나님이 지닌 본질에 있어서랴? 하지만 본질은 하나님과 구분된 어떤 구성체가 아니다. 본질 그것이 곧 하나님이다. 하나님은 본질로 구성된 존재자이다. 그래서 본질이 지닌 바탕 작용을 근거로 천지를 창조하였다. 體用은 원래 하나인데 體를 통해 用이란 작용 현상을 분리시키고, 분화된 用을 통해 體에 대한 실체 근거를 자리매김시키듯, 하나님의 존재 본질과 하나님을 이룬 구성체는 하나이나, 창조를 위해 삼라만상을 분리시킨 이후로는 하나님을 구성한 바탕인 동시에 천지를 창조한 근간이다. 정말 하나님의 본질은 창조를 성사시킨 바탕이며, 창조는 하나님의 본체를 근거로 했다.[83] 단지 하나님의 본질을 바탕으로 했다고 해서 만물이 그대로 하나님인 것은 아닌데, 이것은 우주가 하나님인가에 대한 대답이다.

그렇다면 하나님은 어떻게 자체 본질을 만물로서 변모시켰는가? 세세한 설명이 있어야 하는데, 핵심은 창조의 근간이 된 본질이 도대체 무엇인가 하는 점이다. 하나님이 만약 천지를 창조하지 않았다면 본질도 드러나지 못했을 테지만 창조하였기 때문에 작용된 본질도 밝혀야 한다. 이를 위해 총체적인 속성들이 관여되었다. 뜻, 마음, 의지력 등등 무형의 요소들이 본질을 응결시켰다.[84] 정신력이 강하면 만난을 이기듯, 창조를 실현하고자 한 의지 작용이 있어 존재하는 본질이 특성화되었다. 이것이 창조를 실현시킨 본질적 바탕이다. 무형의 형질이(뜻, 계획, 의지력) 바탕을 이룸으로써, 그것이 창조를 이룬

---

83) 위의 책, p.68.
84) 위의 책, p.48.

기반이 되었다. 본질이 어떻게 물질화, 만물화, 생명화되었는가 하는 것은 창조의 메커니즘 설정 과정에서 밝혀야 할 요목이지만, 본질이 근거인 한에서는 본질이 물질을 가진 실체이거나 만물과 같을 수 없다. 본질은 영원히 본질로서 존재한다. 그렇다고 하여 근거를 확인할 수 없는 것은 아니다. 정신을 차린다는 것은 물건을 보듯 확인할 수 있는 것은 아니지만 행위가 변화된 것을 보면 알 수 있다. 본질은 묘연한 실체이지만 창조 문제를 풀기 위해서는 반드시 밝혀야 한 노정이다.

　창조를 실현하기 위해 하나님이 자체 본질을 변모시켰다면 그 상태는 과연 어떠한가? 창조가 구유된 통합성을 근거로 한 것은 사전에 모든 것을 갖춘 하나님이 존재해서이다.[85] 구족하였다는 것은 알파와 오메가가 구조적으로 맞물린 상태이다. 이것을 이 연구는 하나님이 창조를 뜻하기 이전의 순수 상태와 구분하여 '통체 본질'이라고 지칭한다. 천지를 창조하기 직전까지 준비를 완료한 바탕 본질이다.[86] 존재한 본질이 천지를 창조할 수 있는 바탕체로 준비된 상태이다. 근간이기 때문에 창조에 대한 비밀을 빠짐없이 함축하였고,[87] 밝힌 본질을 규명한 성과는 하나님의 창조 사실을 증명한 성업이다. 본질은 만유에 공통적이다. 어떤 미미한 개체도 진리와 창조성을 함축했다. 하지만 부분적인 진리만으로서는 하나님이 편만해 있는지 알 수 없다. 본질 스스로는 만물화될 수 없다. 이런 한계를 알아야 만물의 피조성을 낱낱이 해명할 수 있다. 창조는 본질의 작용력 때문이지만, 정작 작용을 일으킨 것은 본질이 아니다. 그렇다면 원동력은? 이

---

85) 『세계창조론』, 제2편 창조성론, 앞의 책, p.129.
86) 『세계창조론』, 제3편 조물론, 앞의 책, p.56.
87) 『세계창조론 서설』, 앞의 책, p.4.

것을 밝히는 것이 피조성과 창조성을 구분하는 관점이다. 원동력은 하나님의 창조 주권이며 주재 권능이다. 그래서 편재된 존재 본질을 밝히는 것은 하나님의 창조 주권을 확립하는 것이다. 본질도 밝히지 못했는데 작용력에 대한 소재를 찾기는 어렵다. 그래서 이 연구는 천지를 창조한 바탕이 하나님의 존재 속성인 본질로부터 비롯되었다고 주장했다. 천지는 창조 이전에 본질이란 바탕을 가졌다. 내가 태어난 것은 아버지와 어머니가 있기 때문인 것처럼, 하나님은 천지가 창조될 수 있도록 씨를 심어주었고, 본질은 그 씨를 받아 만물이 될 수 있게 키웠다(통체 본질). "본질은 천지 만상을 이룬 질료 바탕으로서 대지의 어머니이며, 뜻을 가지고 의지를 담은 하나님은 만유의 아버지이다."[88] 하늘의 아버지와 땅의 어머니가 화합하면 새 예루살렘, 새 하늘, 새 역사를 창조한다. 主의 날이 임하리라.

12. 세계의 창조 과정

존재의 이면에는 본질이 있다. 본질을 인정하지 않는 부류도 있지만(유물론) 제반 현상은 形而上學적인 작용력에 근거하고 있고, 법칙과 원리가 결정적인 것은 본질이 작용해서이다. 사물이 주어진 데 원인이 있는 것은 그 이면에 있는 본질의 실재성을 감지한 것이다. 본질은 무엇인가? 이것을 아는 것은 천지가 창조된 과정에서 하나님이 관여한 역사를 아는 것이다. 만물이 본질에 바탕 됨으로써 궁극적인 원인이 있게 되었다. 세계의 본질은 有함 자체로서, 有하게 된 것은

---

88) 『세계유신론』, 앞의 책, p.72.

창조 때문이고 창조는 통합성(통체 본질)에 기인했다.[89] 태초에 풂으로부터 시작되었는데 그 풂은 이전에 엮음 과정이 있었다는 뜻이다. 과정이 있기 때문에 결과가 있다(창조).[90] 만물 형성의 근거 바탕으로서 편만되어 있는 것이 본질이라고 한다면 그것은 각설된 道의 개념을 넘어서지 못한 상태이다. 어떻게 만물을 형성할 수 있게 된 것인지 과정을 밝혀야 한다.[91] 道는 창조된 세계 안에서 편만된 본질의 작용 특성을 覺한 것이다. 반면 창조는 시간이 있기 이전(창조 이전)에 준비된 작업이다. 차원이 다른 벽이 있기는 하지만 둘러치고 메쳐도 결과는 같다. 창조 이전에 엮어놓은 것은 창조 이후에 푼 것이며, 푼 것을 보면 엮은 과정을 알 수 있다. 道가 만물의 궁극적인 실재성을 직시한 것이라면 그것은 창조된 과정에서도 그대로 적용된다. 본질이 지닌 특성은 만물을 형성한 근본이기 때문에 고스란히 천지를 창조한 판단 기준이 된다. 편재된 본질은 창조와 만물을 연결시키는 가교 역할이다. 그래서 儒者들은 본질이 변화한 데 대해 중요한 개념을 도출했다. 동양의 우주론으로서 본질의 생성 특성을 인식한 理氣論이 그것이다. 만물의 궁극 본질은 창조를 통해 각자에게 안긴 선물과 같다. 편만, 편재되어 있기 때문에 언제 어디서도 표출된다. 창조된 과정을 재구성하는 과정에 있어 지혜를 안긴다. 섭리된 뜻도 모른 채…… 儒者들이 전개한 理와 氣는 무엇인가? 창조를 이룬 본질이 그

---

89) 만물(창조)은 과정적이지 않으며 결과적인 산물임.

90) 창조는 창조된 시간이 있기 전의 선재된 작업에 의한 결과임 - 『세계창조론』, 제4편 창조증거론, 앞의 책, p.103.

91) 노자는 천하 만물의 근원으로 道라는 개념을 제시하였다. 『노자도덕경』에서 道는 만물의 宗이며("道…… 似萬物之宗." - 4장), 두루 편재하며 모든 만물에 앞서 존재("先天之性", "周行而不殆." - 25장)하는 것으로 묘사했다. 宋·明 代의 유학자들은 太極을 우주 만물의 생성 근거(만물의 근원인 太極을 有로 봄)로 보고 太極을 기초로 한 우주론과 形而上學적 이론을 전개하였다. - 『천주실의』, 앞의 책, pp.72~73.

러하듯 理氣는 창조 이전의 그 무엇이고 궁극적인 바탕이다. 질료와 근원을 이룬 바탕이다. 과정이 과정이니만큼 창조된 과정을 순차적으로 밟아가면 理氣란 개념을 이해할 수 있다.

태초 이전, 창조 이전, 시공이 생성되기 이전에 하나님은 홀로 존재했고, 창조조차 생각되지 않은 시점이 있었다. 뜻을 가지지 않았을 때는 일체가 잠재된 상태이다. 하지만 뜻을 가진 이후로 발원된 것은 어떤 형태로든 창조에 반영된다. 하나님이 지닌 존재 본질이 변화되었다. 변화로 바탕을 이루었고, 창조로서 결정된 것이 세상 이법이고 법칙이다. 그래서 세상 이법은 뜻이 발동된 시점이 근간이다. 뜻이 세상을 조직한 이법의 바탕이다. 理는 곧 뜻으로서 하나님이 창조를 마음에 둔 원초적 상태이고 하나님이 본질을 통해 부각된 최초 시점이다. 그로부터 어떤 변화가 일어났는가? 본질이 창조를 위해 뜻이 응결된 상태가 氣이다. 그래서 理와 氣는 창조를 뜻하기 이전과 이후가 구분된다. 그렇다고 이원화된 상태는 아니다. 理는 氣이고 氣는 理이다. 理氣는 하나님의 본질로서 동승, 일체이다. 理(하나님의 뜻)가 하나님의 존재 구성체인 본질을 氣로서(창조를 가능하게 한 바탕 상태) 발동시켰고, 계획과 목적까지 편승시켰다. 총합된 理氣로 창조를 실현하고 만물을 구축한 바탕을 이루었다. 본질을 구축했다는 것은 氣를 응결시켰다는 것으로, 창조를 실현할 근원 바탕을 마련한 것이다.[92] "만물의 근본이 본질의 응결로(氣) 형성되었다."[93] 뜻의 발동으로 근본을 형성하고 근본이 바탕을 이룬 것은 창조를 위한 시초 작업

---

92) 본질이 근본을 형성한 의지력의 작용을 통하여 온갖 이치와 원리가 결정됨-『세계본질론』, 앞의 책, p.338.
93) 위의 책, p.338.

이다. 하나님의 뜻, 그 사랑이 얼마나 근원적인 것인가 하는 것을 알 수 있다.[94] 마음을 다잡는 것처럼 氣가 하나님의 뜻을 응집시켰다. 뜻을 응집시키면 생성된 의지력이 축적된다. "하나님이 창조를 뜻하고 의지력을 생성시킴으로써 본질이 뜻한 대로 氣로서 축적되었다."[95] 본질이 지닌 주된 작용은 축적이다. 뜻, 계획, 목적, 의지력이 동조했다. 이것이 창조 과정을 구성하였고 만물로까지 연결된다. 순수 본질 → 뜻의 발동(理) → 목적, 계획, 의지력의 생성 → 축적 작용 → 통체 본질(氣의 응결 상태) → 통합성으로까지 이어졌다. 창조 의지가 창조 에너지를 생성시켜 근본을 형성하였고, 근본은 만물의 근간을 이루었다. 물론 창조로부터 만물까지(물질 → 생명 → 인간 → 사고 시스템) 연결되기 위해서는[96] 핵심 된 작용을 더해야 하지만, 빠지더라도 본질의 작용과 만물의 생성 특성이 드러난 전도 변화는 구분할 수 있다.

지금은 창조로 인해서 바탕 된 본질의 작용 상태(만유와 개개 사물의 본질)를 말하고 있는 것이 아니다. 창조된 과정에서 하나님의 본질이 어떻게 변화된 것인지 설명하고 있다. 하지만 道의 경우는 근원된 본질에 근거하여 우주의 생성을 말한 것이라고 보아도 큰 무리가 없다. 창조 본질까지는 파고들지 못했지만 생성된 측면에서 보면 道가 창조된 상태를 얼마나 가까이서 엿본 것인가 하는 것을 알 수 있다. 중국의 철학자 장횡거는 太虛의 氣는 '모여서 만물을 이루지 않음이 없고, 만물은 흩어져 太虛가 되지 않는 것이 없다'고 하였다.[97] 太虛는

---

94) '氣란 창조를 위해 응결된 본질의 규합 상태' – 『세계창조론』, 제3편 조물론, 앞의 책, p.81.

95) 위의 책, p.75.

96) 위의 책, p.107.

97) "太虛不能無氣, 氣不能不聚而爲萬物, 萬物不能不散爲太虛." – 『正夢』, 태화편.

'공허함'이지만 충만함일 따름이라, 천지 우주의 다른 이름이다. 공허함을 氣로서 가득 채웠다는 뜻인데, 이런 부류를 일컬어 氣의 철학이라고 한다. 理라는 개념이 있는데도 불구하고 다시 氣를 통해 우주론을 전개한 것을 보고 후세인들은 이것이 유물론적인 철학 부류라는 견해도 가졌지만, 氣의 본질은 실로 심오하기만 하다. 창조된 과정에서의 氣는 하나님의 본질이 변용된 상태(통체 본질)이다. 氣는 만물을 이룬 밑바탕으로서 물질의 바탕에 가깝다고도 할 수 있다. 하지만 정말 중요한 것은 무엇인가? 太虛가 氣로서 가득 찼다는 것은 본질이 변용된 형태이다. 만물은 이 같은 과정, 즉 氣가 응집되었고 氣가 우주를 구성하였다. 사람도 만물도 '氣의 바다'에 떠 있다.[98] 물론 氣는 자체만으로 변용되지 않았다. 理가 동승했다. 하지만 理도 본질로서 지닌 작용 범주를 벗어나지 못했다는 것은 이미 지적하였다. 理氣가 일으킨 작용 중 드러난 것은 氣뿐이다 보니 氣를 주시했다. 氣가 이합취산(離合聚散)해서[99] 만물이 되고 만물이 흩어진다고 본 운동은 어느 모로 보나 창조를 실현시킨 바탕 본질의 특성을 엿본 시각이다. 太虛가 곧 實이고 氣라고 한 것은[100] 하나님의 존재 본질이 통체 본질(氣)로 변용된 것이고, 만물의 바탕을 이룬 질료성을 구축한 과정을 말한 것이다.

> "太虛는 텅 비고 넓은데 가득 차 있는 것은 氣이다. 그것은 안과 바깥이 따로 없으며, 시작과 종말이 없다. 그 넓은 곳에서 氣가 왕성하게 쌓이고, 그것이 응결하여 재질을 이루며, 허공에 널리 퍼뜨려

---

98) 『주자학과 양명학』, 시마다 겐지 저, 김석근·이근우 역, 까치, 1993, p.81.
99) 『한국전통 철학사상』, 앞의 책, p.63.
100) 『중국의 유가와 도교』, 임계유 편자, 권덕주 역, 동아출판사, 1993, p.107.

져 돌기도 하고 멈추기도 하는데, 이른바 땅·해·달·별 등이 그
것이다(홍대용)."[101]

太虛나 氣라는 존재, 그리고 응결된 작용이 있어 만물이 생성되었
다는 것은 지극히 形而上學적이다. 과정을 추적하면 太虛 → 氣(원래
가득 참) → 氣가 모여 재질을 이룸 → 부단한 운동으로 만물이 되었
다.[102] 성경에서 주장한 창조설과 다른 것이 무엇인가? 묘연한 것은
마찬가지이다. 설은 있지만 호소력이 없다. 기독교가 받아들이겠는
가? 과학자가 인정하겠는가? 하지만 보혜사가 하나님으로서 밝힌 본
의에 근거하면 성경의 창조설을 그대로 뒷받침한다. 창조 문제를 해
결하기 위해서는 인류의 지혜를 총동원해야 한다. 동양의 우주론도
예외일 수 없다. 하나님이 섭리한 세계 완성을 위한 뜻이다. 동양의
선현들이 밝힌 우주생성론은 결코 헛되지 않다. 자체로서는 아무짝에
도 쓸모없는 한쪽 신발인지도 모른다. 그런 측면에서 본다면 성경의
창조론도 짝 없는 창조설인 것은 마찬가지이다. 하지만 하나님의 본
질을 변용시켜 창조를 위해 사전에 준비한 바탕 본질이란 시각을 가
지면 창조론 안에서 흡수하지 못할 道는 하나도 없다.

본질의 형성 과정(창조 과정)에서 만물과 만법의 바탕을 마련했다
는 것은 창조 섭리가 완수됨으로써 부각된, 세계를 하나 되게 할 통
합 관점이다. 선천 문명은 분열이 극에 달하여 통합되지 않으면 구원
될 수 없는 종말에 처하였다. 바로 이런 요구의 제일 선두에 창조론
이 있기 때문에 인류는 이때, 이 시기에 밝힌 메시지에 주목해야 한

---

101) 『담헌서』, 내집, 권 4, 의산문답.
102) 『한국철학사상사』, 앞의 책, p.359.

다. 강림한 하나님은 창조와 함께하였고, 이 연구가 이룬 역사와 함께하며, 오늘날 밝힌 통합 관점과 함께한다. 숙원의 고뇌인 창조의 비밀을 밝힘으로써 진리의 대혼으로 승화되었다.

13. 세계의 창조 작용

하나님을 구성한 본질은(太虛) 창조를 위한 준비 과정을 통하여 유형화되었다(氣의 응결). 통체 본질(통합성)을 이루기까지는 뜻과 사랑과 목적・계획・창조 의지가 존재 속성으로서 함께하였다. 제반 의지 활동의 관여로 본질이 변화되었다. 창조가 실현되기 이전에는 마음 작용처럼 표면화되지 않은 의지력을 결집시켰다. 이렇게 되면 창조 전부터 그 구성이 形而上과 形而下로 나뉘어버리는 것 같지만 이것은 인식상일 뿐이고, 실상은 한 본질체 안에서의 변화이다. 본질과 의지 작용은 둘이 아니다. 뜻을 가지고 행동하는 것처럼, 뜻은 본질이고 본질은 뜻의 규합 상태이다. 하나님의 존재 본질은 하나님의 뜻을 따라 작용하는 의지 체제이다. 뜻과 본질은 일체이다. 하나님을 구성한 더 이상의 요소는 없다.[103] 하나님의 뜻을 즉각 따를 수 있도록(창조) 준비가 완료된 본질체가 통체 본질이다. 통체 본질(통합성)은 그 이전의 순수 본질과 구분되는 것처럼, 통체 본질을 변모시킨 작용 요인도 구분해야 한다. 본질로서 지닌 한계성을 밝혀야 할 시점이다. 본질이 지닌 속성은 만물을 이룬 바탕성에도 반영되었지만 본질만으로서는 그 무엇도 창조할 수 없다는 점이 그것이다. 본질을 변모시킨 작용 요인

---

103) 통체 본질은 하나님의 뜻을 따라 작용하고 뜻을 따르는 속성을 지님.

은 따로 있다. 편재된 본질이 다 그러하다. 근원을 이룬 것일 뿐, 자체로서 창조 작업은 가당찮다. 창조는 본질과 달리 주체적인 작용이 있어 실현되었다. 이것이 성경에서 밝힌 '말씀에 의한 천지창조'이다. 이전까지는 마음과 뜻이 머무는 것처럼 잠재된 의지가 생성된 단계였다면 말씀은 직접 표출시켰다. 창조를 위해 응결된 뜻을 최종적으로 결정했다. 마음에 품고 있는 상태로서는 이렇게도 저렇게도 할 수 있다. 하지만 최종적인 '命'은 모든 것을 결정한 상태로서 지체 없이 이루어야 한다. 부하들이 상관의 명령을 따르는 것처럼 빛이 있어라 하니까 빛이 있고 빛과 어둠을 나누라 하므로 나누어졌다. 칭하니 이름이 생겼고, 존재 가치와 특성이 부여되었다.[104][105] 이해하기 어려운 곤혹이 있지만 준비된 과정을 대입하면 말씀에 의한 결정성이 부각된다. 창조론으로서 완성된다. 만상을 창조한 주체 요인과 결정 요인을 말씀 가운데서 발견할 수 있다. 시동을 거는 행위라고 할까? 심지에 불을 붙이는 것이라 할까? 命에는 찾고자 한 작용력이 있다.[106] 命은 창조 과정에 있어서 총화 된 꽃이다.[107]

이러한 작용력을 『세계창조론』에서 '命化'로 지칭했다. 命化는 진화(進化)에 대비된 개념이 아니다. 진화가 지닌 제한 관점까지 극복했다. 창조가 진화일 수 없는 차원성은 다시 밝힐 것이지만, 말씀에 의한 창조는 만물의 속성과 구분된 하나님의 고유 본성이다. 氣가 응결 취산한 것은 의지 활동으로 주어진 상태이지만, 命化 없이는 창조될 수

---

104) 창세기, 1장 1절~5절.

105) 天命이 세상 법칙을 이룸.

106) 『세계창조론』, 제3편 조물론, 앞의 책, p.12.

107) 위의 책, p.81.

없다. 통체 본질과 만물 사이에 남아 있었던 X가 곧 命化이다. 의지력이 결집된(총화 된) 작용 요인을 찾기 위해서 지성들은 더 넓은 진리의 바다를 표류하였다. 근원된 바탕은 편만되어 있지만 작용된 원동력을 찾지 못해 覺者는 神을 볼 수 없었고, 신앙인은 창조론을 완성하지 못했다.[108] 작용된 요인(命化 요인)마저 창조와 동시에 결정되어 버렸다. 법칙·원리·규정화되었다.[109] 지적한 대로 생성 시스템은 창조 시스템이 아니다. 변화를 통해 有할 수 있게 한 지속 시스템이며, 부여된 결정성을 벗어나지 못하도록 된 존재 시스템이다. 이 같은 시스템이 化로서 만물을 구축하였다. 命을 벗어날 수 없기 때문에 만물이 존재성을 유지할 수 있다. 본질과 함께 작용력을 부각시킨 것은 세계의 이원화를 조장시킨 것이 아니다. 작용력이 命化에 의해서 결정되어 버려 근거를 좀체 찾지 못하게 된 사실을 밝히기 위해서이다. 命化는 하나님이 발한 작용력으로서의 힘이다. 대 창조력이다. 그런데 이 창조력이 化되다 보니 요청은 되었지만 찾을 수 없었다. 본의를 밝히기 전까지는 말이다. 천지간에 절로 메커니즘은 어디에도 없다. 법칙, 규칙, 이치로 존재한다. 命, 神이 필요하다. 命을 받아 化되었기 때문에 命으로서 결집된 창조 속성을 만물이 간직했다. 세상에 빛이 있는 것은 빛이 될 바탕 본질을 마련하고 命이 존재하게 했다. 만물의 총체적인 구조성을 결정했다.[110]

마테오리치는 命에 의한 天主의 작용 요인을 부각시키기 위해 논리를 펼쳤다. '높은 누대(樓臺)나 가옥들은 저절로 세워질 수 없으며 언

---

108) 진화론도 유물론도 기존의 어떤 이론도 작용 요인의 핵심을 구하지 못해 진리를 완성시키지 못함.

109) 하나님의 주체적인 의지성이 만상 가운데서는 결정적인 피조성으로 전환됨. 化됨.

110) 창조 전 완료된 통체 본질은 무엇이든지 창조될 가능성을 지닌 유동 본질이지만 하나님의 命, 바로 그 命이 있어 빛이 빛으로서의 특성과 본질을 부여받고 삼라만상과 일월성신도 그렇게 창조됨.

제나 목수들의 손에 의해 완성됩니다. 이 점을 이해한다면 천지는 스스로 이루어질 수 없으며 창제하신 이, 즉 天主가 계심을 인식할 수 있다. 무릇 모든 개체는 스스로 완성될 수 없고, 반드시(그 개체에 초월적인) 외재적인 운동인 때문에 이루어지는 것'이라고 했다.111) 만물은 스스로 되는 것처럼 보이므로 天主와는 아무 관계가 없는 것으로 보이기도 한다.112) 그러나 그것은 착각이다. 절로에는 어떤 이치도 없다. 마테오리치는 만물의 근원으로서 주장된 道에는 만물을 창조한 작용인이 없다는 사실을 비판하였다.

> "모든 사물은 원래 처음에 비어 있다(空)가 나중에 채워지게(實) 되며, 처음에는 없다(無)가 나중에 있게(有) 되므로 空과 無를 만물의 근원으로 삼는 것은 그럴듯해 보입니다."113)

空과 無는 아무것도 갖고 있지 않은 것처럼 보이는데, 어떻게 형상과 질료를 가지고 만물이 되게 할 수 있었는가?114) 작용인이 없다면 근원이 될 수 없다. 그러니까 마테오리치는 창조 역사를 심정으로서 믿은 것뿐이다. 無나 空은 절대적인 근거가 될 수 없다고 했지만, 사실은 그 같은 실체 형태가 핵심에 근접한 상태이다. 마테오리치는 다시 空과 無가 인격성이 없다는 이유를 들어 '만물의 근본이라는 것이 참으로 그리되어서야 되겠는가'라고 했다. 인격성이 없는 道가 어떻게 인간을 창조할 수 있는가? "하찮은 풀잎과도 대비될 수 없는 것이

---

111) 『천주실의』, 앞의 책. pp.49~50.

112) 위의 책. p.57.

113) 위의 책. p.76.

114) 위의 책. pp.76~77.

거늘, 그 뜻은 참으로 이치에 어긋나는 것이다."[115]

한편 太極, 理에 대해서도 만물을 창조한 근원이자 궁극자가 될 수 없는 것을 증명하기 위해서 마테오리치는 아리스토텔레스가 말한 만물의 존재 양식에 있어서 '실체'와 '속성' 개념을 도입하였다.[116] 理는 마음 속에도 있고 사물 속에도 있다.[117] 이 말은 필경 본질(사물이 그렇게 된 소이, 뜻)의 소재를 물은 것인데(창조의 작용 소재가 아님), 그는 여기도 있고 저기도 있는 것은 속성을 드러낸 것이라고 오해했다. 속성은 실체가 소멸하면 함께 사라지는 가변성인데, 속성인 "理가 어떻게 스스로 움직였다고 하겠는가?"[118] 아무것도 없었던 원초에 스스로 존립할 수 없는 理는 필연적으로 존재했다고 말할 수 없다. 理 속에는 명백히 命化를 실현시킨 작용력이 없다는 사실을 간파했다. 하나님의 창조 뜻, 곧 理는 창조 과정에서는 본질을 통체화시킨 발동 요인으로서 참여하였지만, 命化된 구조 속에서는 사물을 이룬 이법으로서 결정되어 버렸다. 창조에 참여한 작용인으로서의 理가 아니다. 사물의 바탕으로서 본질화되어 버렸다. 그렇다면 사물 속에서 실재하고 있는 理가 사물을 만들 수 없다고 한 마테오리치의 말은 옳다.[119] 그러니까 '理는 있지 않는 것이 없으면서도 일단 자율적으로 선택할 수 있는 의지가 없기 때문에, 본성상 반드시 곧바로 나아가기만 하고 작동되는 대로 자신을 맡기고 스스로 멈출 수가 없을 것입니다'라고 보았다.[120]

---

115) 위의 책, p.80.

116) 위의 책, p.84.

117) 육구연(1139~1192)과 양수인(1472~1528)의 입장임 - 위의 책, p.87.

118) "지금 사물 속에 실재하는 理(實理)도 사물을 만들어내지 못하는데, 먼저의 사물 속에 존재하지 않는 관념적인 理(虛理)가 어찌 사물을 만들어낼 수 있겠습니까?" - 위의 책, p.90.

119) 위의 책, p.91.

120) 위의 책, p.80.

마테오리치가 생각한 것과 이 연구가 지닌 차이점이 여기에 있다. 만물의 근원이고 궁극성인 理와 太極은[121] 만물 안에 내재한 본질이다. 속성 범주이기 때문에 이들은 지각 능력을 가진 실체 범주(天主)가 될 자격이 없다.[122] 동일한 조건으로 天主가 지닌 작용력으로서도 天主의 실체는 증거될 수 없다. 理는 천지가 창조된 바탕 근원을 드러낸 것인데, 마테오리치는 그것과 동등한 天主의 작용력을 주장했다. 작용력은 강조했지만 바탕성은 부인하고 말았기 때문에 이것을 이 연구가 보완하고자 한다. 하나님이 보혜사로서 대 창조론을 완성할 수 있게 된 분명한 근거이다.

14. 창조의 차원 본질

만물의 존재적인 특성을 결정한 命은 본질만으로서는 이룰 수 없는 원동력으로서 주체적인 작용 요인이다. 통체 본질은 창조 에너지가 결집된 상태로서 실로 빅뱅(대폭발)을 일으킬 만한 총합체이다. 천지를 창조할 바탕 본질을 마련한 것이다. 그중 최종 단계로서 命, 즉 말씀에 의한 창조를 따로 구분한 것은, 命이 창조의 핵심 된 원동력인 때문이다. 이에 命은 독립된 창조 능력인 것을 구분할 필요가 있으며, 차원적인 권능인 것을 확증해야 한다. 유교식으로 말하면 理→氣→X→만물화 과정에서 X 자리에 해당되는데, 命은 命이거니와, 命으로 인해 일어난 命化 작용도 규명해야 한다. 주체적인 뜻의 발동(작용 요인)이 필요하다는 점에서, 하나님의 역할이 확실하게 요청된다. 일체가 스

---

121) 위의 책, p.104.
122) 위의 책, p.96.

탠바이 된 상태인데도(질료와 소프트웨어가 완비됨) 최종 命은 필요한 것이며, 그 命은 외부에서 구해온 성냥이 아니고 자체 본질을 변모시킨 작용력의 총화이다. 命은 다름 아닌 無를 有되게 한 가능성이다.[123]

無한 것을 有하게 한 無 → 有의 변화가 의미하는 것은 하나님이 차원을 달리한 것이고, 化된 것은 하나님의 뜻을 따른 속성 본질인 때문이다.[124] 命은 가속화된 가능성의 최고 절정이다. 命化 창조가 그것이다.[125] 결집된 작용성의 총화이고 '가능성의 실현 능력'이다. 無한 것을 有되게 한 창조력이다. 하나님의 자체 본질을(無形) 만물화시킨(有形) 작용성이다(命). 본질은 수단이요, 주체는 命이다. 통체 본질은 하나님의 뜻을 실현한 무궁한 바탕성이다. 창조력을 현실화시킨 命이 만물이 지닌 본성이 되었다. 化된 차원성을 결정했다. 인간도 의지를 지녔지만 뜻대로 되지 않는다는 점에서 命에 대한 특성이 두드러진다. 命은 무엇도 벗어날 수 없는 결정력이다. 그래서 우리는 命대로 살고 알든 모르든 命을 따른다. 만사가 법칙을 따른다는 것은 천지가 창조된 사실을 명백히 한다. 하지만 그 같은 명백함도 존재 시스템 안에서는 구분할 수 없다. 차원적이기 때문에 命化로 규정했다. 본질이 만물화된 것이므로, 그것은 일시적인 변화이다.

命化를 알면 창조가 차원적이라는 사실을 즉각 이해할 수 있다. 물이 얼음이 되고 수증기가 되는 것을 일컬어 창조라고는 하지 않는다.

---

123) 命은 無한 것을 有할 수 있게 한 권능임.

124) 그리해야 하나님의 자체 본질이라고 할 수 있음←세계의 神的 본질화.

125) 아리스토텔레스가 제시한 철학 가운데서 마테오리치는 '天主가 사물의 소이연이라는 뜻은 다만 운동인과 목적인을 말한 것이고, 형상인과 질료인을 말한 것이 아닙니다'고 하였다(위의 책, p.60). 질료성(본질)과 작용성(하나님)에 차이가 있다는 뜻인데, 그렇다면 하나님은 본래 주어져 있는 질료인 우주를 재료로 해서 천지를 창조한 것인가? 아니다. 결국은 네 가지 요인이 다 하나님으로부터 비롯되었다. 그래서 '하나'를 존칭한 님인 하나님이다.

창조는 이루어지고 나면 영원히 결정적이다. 어떤 기적을 기대해보지만 물은 끝내 포도주가 되지 않는다. 물은 물로서, 포도주는 포도주로서 유지하게 한 그것이 창조이다. 차원화시킨 것이 命이고 化됨이다. 본질은 스스로 물질화될 수 없고, 물질은 스스로 생명화될 수 없다. 각자는 각자가 존재한 차원에서 무궁하게 생성할 뿐이다. 無한 것을 有하게 했다는 주장은 합리적인 방도일 수 없다. 그런데도 실현시킨 것이 창조이며 차원성을 넘나든 命化의 대 본질력이다. "찰스 다윈은 어찌하여 원숭이로부터 사람이 진화할 수 있다고 보았는가? 세계는 차원성을 넘나든 色卽空이고 空卽色인 본질이 아니다. 물질은 물질이고 생명은 생명인 결정성 앞에서 진화론자들은 물질이 생명이 될 수 있다고 한 기적을 기대했다."[126] 만상은 결정된 차원 안이기 때문에 확실하게 존재할 수 있다.[127] 그래서 창조는 生이 아니고 化이다.[128] 말미암았지만 고리가 끊겨버렸다(차원성). 가능한 이해 방식은 본질, 즉 물질이고 물질, 즉 본질이란 동시 인식이다. 본질이 化된 관계로 물질은 곧 본질이다. 본질이 무엇이냐고 묻는다면 본질, 그것이 물질이라고 할 수밖에 없다. 무수한 생성 경과를 제한다면 본질이 곧 물질이라고 해도 상관없다. 세계 안에서 바탕 된 본질과 만물은 동시 존재 방식을 취할 수밖에 없다. 분리될 수 없다. 궁극성은 합일된 방식으로 존재하고 있다. 뭇 존재가 化된 것은 이데아가 실체의 원형이라고 한 주장(플라톤)과 연관된다. 뭇 존재의 실상은 가변되었다. 그

---

126) 『세계창조론』, 제3편 조물론, 앞의 책, p.45.

127) 본질은 스스로 물질이 될 수 없다. 물질은 저절로 생명이 될 수 없다. 원시 생명체는 언감생심 고도의 조직체를 구축한 고등동물이 될 수 있을 것인가? 각자는 각자의 존재 차원에서 무궁한 자기 존재상을 구축하고 있을 뿐이다. 그런데도 과학자들은 밑도 끝도 없는 도전으로 어떤 무기 물질로부터의 생명 탄생을 기대하고 있다. ─위의 책, p.41.

128) 위의 책, p.36.

래서 존재가 생성을 극하면 소멸되는 것이 아니라 본래의 원형인 본질 세계로 되돌아간다. 대승 불교에서는 제법 실상이 연기에 의한 것으로 보고, 개별로부터는 독자성을 구할 수 없어 무자성(無自性＝空)하다고 했다. 뭇 존재의 공변된 근거를 化에 둔 관계로 궁극적인 실재를 空으로서 파악하였다. 실상을 스크린(인식상)에 나타낸 것은 化된 것이다. 존재한 버전이 다르다. 차원성을 인식으로서는 가늠할 수 없지만,[129] 주어진 결과를 통하면 사실을 가늠할 수 있다.

化된 본질은 차원에 가린 격차에도 불구하고 만물에 대해 결정적인 영향을 끼쳤다. 차원이 다른데도 불구하고 실상은 하나이다. 본질이 化된 차원적 실상이다. 그래서 태초 이래 무수한 존재가 생멸했지만 세계는 영원하다. 化된 존재는 실체가 아니라는 말이 아니다. 본질이 가변됨으로써 모습을 달리한 것이고, 이곳에 化된 메커니즘이 작용하였다. 우리는 어쩔 수 없이 만물은 독자적인 것이라 여기고 당연시한 세상 가운데 있지만, 본질은 하나이며 만유에 공통된다. 작용성이 극과 극을 통하게 해 일체 과정을 연결시켜 놓았다. 그러니까 무궁한 생성성을 벗어날 수 없어 차원화되어 버렸다. 너무 무량하여 경계가 없다. 무궁성을 창출한 생성 메커니즘이고 命化로서 구축된 차원 본질이다.[130]

우리는 불가능하지만 하나님은 가능하게 한 것이 창조이며, 우리는 이해할 수 없지만 이해할 수 있게 한 것이 化된 차원성 관점이다. 이 장의 대요는 이와 같은 창조의 주체적인 작용 근거를 밝히는 데 있다. 창조는 차원적인 것이며, 차원성은 절대적인 결정성이다. 우리

---

129) 有한 질서 메커니즘으로서 무한 메커니즘은 수용할 수 없음.
130) 창조=차원성=궁극의 합일=차원을 벗어날 수 없게 구조화됨.

가 시공을 초월하는 것이 불가능한 것처럼, 본질은 더더욱 불가능한 것처럼 보이지만 실상은 그렇지 않다. 이 놀라운 사실을 지성들은 주목해야 한다. 차원적인 본질은 아무도 벗어날 수 없는 세계인데, 그런 본질이 바로 나라는 존재를 이룬 바탕체라는 것은 역설이다. 벗어날 수 없는 세계 속에서 존재하고 있는데도 우리는 정말 무한한 차원 세계를 여행할 수 있는 소지를 지녔다. 그러나 결코 쉬운 일은 아니기 때문에 역사상 그런 세계(본질 세계)를 넘나든 사람은 손가락으로 꼽을 정도이다. 창조 본질을 覺하다 보니 이해하지 못하였다. 하지만 보혜사가 강림된 지금은 상황이 다르다. 본의가 밝혀진 만큼 누구나 본질 세계를 엿볼 수 있는 메커니즘을 제공받게 되었다. 창조된 실상을 통해 하나님의 존재 구조를 부각시킬 것인데, 이것이 곧 밝혀진 본의에 입각한 통찰 관점이라는 사실을 사전에 밝힌다.

본질은 만상이 지닌 결정성을 넘어선 초월 세계이다. 본질 세계는 시간 개념이 아예 없다. 이것이 하나님이 지닌 본체 차원이고 삼라만상을 주재한 존재 차원이다.[131] 실로 무궁한 본질 세계, 진리 세계, 존재 세계가 눈앞에 펼쳐져 있나니, 이 가슴 벅찬 초월 세계, 통합 세계, 창조 세계를 강림한 하나님이 밝혀주리라. 인류를 영원한 진리 세계로 인도하리라.

---

131) 차원성은 하나님의 존재 자체를 규정하는 본질 특성임.

15. 세계의 존립 근거

천지가 창조된 것은 하나님이 구축한 지혜 시스템 때문이다. 어떻게 창조했는가 묻는다면 태초에 하나님이 자체 본체를 근거로 삼았다. 하나님이 지닌 제반 요인을 동원하였는데, 주된 요인은 파묻혀버리고 세상에는 결정된 요인만 남게 되어 이것을 우리가 궁극적인 상태로서 파악하고 있다. 본질은 어떻게 만물화되었는가? 앞에서는 化된 차원성을 다루었지만 지금부터는 하나인 하나님이 어떻게 통체 본질을 구축하여 만물을 창조할 수 있었는가 한 점을 밝혀야 한다. 하나님에게 근거되지 않은 만물은 하나도 없을진대, 하나님의 유일성은 그로써 이미 결정적이다. 어떻게 하나가 萬을 창조하였는가?[132] 그 하나가 바로 전체이고 통합성이다. 그리고 본질을 만물화시킨 과정에서는 중요한 작용이 있게 되는데, 그것이 다름 아닌 분열과 분화 작용이다. 서양 선비가 天主는 오직 하나라고 하는 주장에 대해 중국 선비가 질문했던 요지도 이것이다(『천주실의』).

> "우주 안의 존재는 수적으로 엄청나게 많고 또한 다양합니다. 저는 그것들이 생겨난 곳이 반드시 하나가 아닌 것은 마치 큰 강물들의 발원지가 각기 다른 몇 개의 샘물들인 것과 같다고 생각합니다."[133]

창조는 총화 된 창조 에너지의 규합체인 하나님으로부터 분열, 분화하여 만물이 형태를 이루었다. 바탕 된 본질이 命에 따라 형상을 이루었지만 다시 통합되리라는 데 대해서는 다시 거론할 기회를 가지

---

132) 『세계창조론』, 제3편 조물론, 앞의 책, p.2.
133) 『천주실의』, 앞의 책, p.61.

리라. 그런데 문제는 통체 본질 상태로서는 어느 모로 보나 존립할 수 없다는 사실이다. 본질이 만물화된 극점(창조)은 규합된 통합성이 분열을 시작한 전환점이기도 하다. 제본이 끝난 책도 펼치지 않으면 내용을 알 수 없듯, 천지는 창조되었지만 분열하지 않으면 드러날 수 없다. 분열이 시작되면 끝이 없고 분열이 분열을 낳아 통합되기 때문에 통합조차 일종의 분열 작용 안에 포함된다. 분열은 만상을 있게 한 작용 근거이다. 따라서 세상은 분열이 다하지 않았기 때문에 목적이 실현되지 않았고, 천국이 세워져도 이 땅에서 아직 이루어지지 않았다. 무수한 별들과 개체와 생명체도 분열하므로 생성되었다.

성경에서 펼친 창조 과정에서도 분열은 중요한 역할을 한다. 태초에 혼돈과 무질서 상태에서(땅이 혼돈하고 공허하며 흑암이 깊음) 하나님의 살아 계신 숨소리가 있었다(수면 위를 운행하심). 그런 어떤 시점에서 하나님이 단호하게 일어서 가라사대, '빛이 있어라' 하였다. 이것은 혼돈 가운데서 천지를 유형화시킨 의지의 첫 발동인 동시에 목적을 구체화시킨 시발 행동이다. 命이 발동이고 빛이 결과이다. 그리고는 된 결과를 평가하였다(하나님의 보시기에 좋았더라). 다음은 존재하게 된 것들을 나누는 작업을 행하고 개체들에 대해 각각 이름을 지었다(빛을 낮이라 칭하고 어둠을 밤이라 칭함). 이름을 붙인 것은 개개의 존재 가치를 드높인 것이고, 행위를 매듭지은 것도 창조 과정의 일환이다. 첫째 날이 지나갔다고 한 것은 창조에 있어 그만한 과정을 거쳤다는 뜻이다. 성경의 창조론은 창조된 과정을 인식상으로 질서 지은 것이다. 삼라만상은 한꺼번에, 동시에 창조된 것이지만, 인식상으로는 분열 개념으로 이해해야 한다. 다 있었지만 그중에서 빛이 있으라고 命한 결과 비로소 빛이 존재하게 되었다. 빛이 천지간에서 존립할 필연성을 얻었다. 빛날 수 있도록 하나님이 허락하였다. 둘째 날은 혼돈된 물과 궁창을 나누고 이것을 다시 구분함으로써 존재의 구조 상태를 세분화시켰다. 통체성을 나눈 작업이랄까? 만상을 구축한 작업이다. 셋째 날부터는 바다·땅·식물, 넷째 날은 해·달·별, 다섯째 날은 조류와 어류, 여섯째 날은 뭇 동물, 사람에 이르기까지 형상을 세세하게 조각하였다. 그리고 일곱째 날에 안식을 취한 것이 성경에서 밝힌 창조 과정의 대략이다.[134]

노자는 『도덕경』에서 道가 하나를 낳고, 하나가 둘, 둘이 셋, 셋이 만물을 낳았다고 했다. 道로부터의 창생 시각이 성경의 창조 과정과 무엇이 다른가? 분열성에 입각한 시각은 동서를 막론하고 공통적이다. 창생을 통한 근거 추적은 오히려 동양적 사고방식이 더 구체적이다. 太極을 근거로 한 陰陽의 상호작용과 창생 원리 등이 그러하다.[135] 陰陽은 상대적인 개념으로서 보기도 하지만, 실상은 역시 양분됨으로써만 존립할 수 있다. 有는 無라는 개념이 있기 때문에 有일 수 있다. 善惡·虛實, 빛과 어둠 등등[136] 창조는 분열과 분화로 구체화되었다. "세계에 흐르고 있는 지배·지축 원리는 근본만 一道이고 분열된 개체는 반드시 극성을 달리한다."[137] 창조로 인해 불가피하게 된 존재 양태이다. 창조된 세계가 영원할 수 있게 하기 위한 본질적 뒷받침이

---

134) 창세기 1장, 2장 1절~4절.

135) "중국 선비가 말한다. 제가 이해하기로 理는 먼저 陰陽과 五行을 낳고, 그런 후에 천지 만물을 조화, 생성합니다(『천주실의』, 앞의 책, p.91)." 그러니까 본질의 그러한 양극 규정이 천지 만물을 조화, 생성시킨 근거임.

136) 하나님은 "첫째 날에 빛을 창조하셔서 빛과 어둠을 구분하시고, 둘째 날에도 궁창, 즉 하늘을 창조하셔서 天과 地를 구분하셨다. 셋째 날에는 바다와 육지, 넷째 날에는 해와 달, 다섯째와 여섯째 날에는 생물 창조에 있어서 모든 생물을 암컷과 수컷의 양성으로, 인간도 남자와 여자로 지으셨다."―『묵시록의 대예언』, 강봉수 저, 민성사, 1999, p.68.

137) 『세계본질론』, 앞의 책, p.303.

다. 극성이 양분화됨으로써 만물이 무수하게 교호되고 창생할 수 있
는 근거를 이룬다. 생명체가 대개 암수로 구분된 것은 극성의 분화로
인한 구조이다. 혼자로서는 천 년을 살아도 자식을 낳을 수 없다. 존
재로서는 나뉘었지만 본질로서는 통합체로서 통하고 합치된다. 하나
가 나뉘었기 때문에 다시 하나 되기 위해 생성한다.138) 분화된 양극
성이 교감하면 위대한 창조 역사가 있다. 분화된 것이 통합되면 문명
역사가 새로운 창조력을 발휘하리라.

　만물은 항상 자존하기 위해서 의존하는 형태를 취한다. '모든 존재
는 자체가 보유한 힘인 陰陽의 상호 대립적인 의존 작용으로 자연스
럽게 변화・발전하는' 것처럼 보이지만,139) 이것은 창조로서 결정된
구조적 시스템에 따른 존립 형태이다. 하나님이 창안한 일종의 지혜
시스템이다. 뭇 존재가 영원히 생성할 수 있도록 한 에너지 공급 체
제이다. 양극성이 교합함으로써 만상이 변화되고 만물이 조화된 결과
를 낳는다.140) 철철이 피어나는 기화요초・무수한 생명체・인물・성
격・모습 등등 만물상이 그렇게 형상화되었다. 통체 본질이 분열, 분
화함으로써 세계가 필연적인 법칙과 완성과 변화를 낳았다. 그 연면
한 창조 방식과 비밀을 누가 감추었는가? 아무도 숨기지 않았고 태고
로부터 다 드러나 있었지만, 하나님이 강림하지 못해 보지 못했다. 이
것이 하나님이 강림된 현실적 근거이다. 천만 년 동안 가려 있었던
창조 세계를 보게 한 것은 하나님이 진리의 성령으로서 강림해서이
다. 세계의 神적 본질을 밝힐 일단의 자리매김 작업이며, 얽히고 설킨

---

138) 세계의 양극성은 천지가 창조됨으로써 만물이 존재하기 위한 분열 양태이다. 통합성이 양극으로 존재해
　　야 세계가 새로운 통합성을 지향한 생성력을 획득함-『세계유신론』, 앞의 책, p.223.

139) 『천주실의』, 앞의 책, p.50.

140) 一道는 균일・획일화되어 세계의 다양화를 저해함.

정신적 고뇌를 풀 실마리이다. 온갖 진리를 판단할 틀이고 기준으로 서 세계를 하나 되게 할 수 있는 근거이다. 이 땅에 강림한 하나님이 발휘할 통합 권능의 든든한 기반이다.

1. 세계 통합의 가능 관점

창조는 참으로 신비로운 최초의 원인 세계이며 한계성으로 거리가 있는 세계이다. 이로써 마련된 것이 통체 본질이고, 규합한 작용력의 총합이 통합 본질이며, 바탕 되고 작용된 창조 본질의 제반 성향을 일컬어 '통합성'이라고 했다. 하나님으로부터 창조→본질→만물에 이르기까지 아무런 걸림이 없었는데, 이것은 이 연구를 충실하게 따라온 한에서의 조건일 뿐이고, 세상이 구축한 질서 무대에서는 송두리째 가려져 있다. 그러니까 천지를 하나님이 창조하고 하나인 근원에서 말미암았다고 해도 이해하지 못한다. 안타깝지만 창조가 이룬 생성 관점을 제공받지 못해서이다. 信心이 세계적 진실을 보전하였는데 지금은 그 같은 마음마저 점멸되고 있다. 근본은 하나이고 진리 또한 하나란 사실을 믿고 싶지만 세상의 가치관은 천 갈래 만 갈래 분열되었고, 상존한 진리도 서로 융화될 기미가 없다. "세계관이 난립되어 서야 할 마땅한 초점을 잃어버렸다."[141] 종말에 처하였다. 세계는 하나이고 하나 될 수 있다는 주장이 고고하게만 느껴진다. 세계

---

141) 『세계통합론』, 졸저, 다짐, 1995, p.472.

는 정말 한 하나님으로부터 비롯된 것이 사실이고 하나 될 수 있는가? 覺者를 통해 하나란 주장은 들었다. 그러나 누구도 그렇게 된 연유에 대해서는 설명하지 못했다. 분리되어 있는데 통합이 가능한가? 불가능하리라고 본 시각이 온당하다. 이 같은 처지인데 강림한 하나님의 진리력은 어떤 선까지 끌어올릴 수 있는가? 여기에 바로 하나님이 마련한 통합 본질이 있다. 만물을 이룬 바탕성이 존재하기 때문에 세계를 통합할 작용력을 발휘할 수 있다. "인류를 창조된 바탕 세계로 인도하고 분파된 진리를 하나 되게 할 길을 연다."142) 창조의 역력함을 진리로서 목도하리라. '창조는 여태껏 무수한 존재를 양산하고 무수한 목적을 실현하고 제 현상을 운위시켰는데,'143) 세상이 다양함의 늪에 빠져 헤어나지 못하고 있는 연유를 밝혀야 한다.

일체 근원은 바탕을 이룬 본질의 통합성에 기인한다. 창조를 위해 마련된 통합 본질이 오늘날은 세계를 통합할 수 있는 에너지로 동원된다. 진리를 꿰뚫고 통하게 하고 귀일시키리라. 세상은 천파만파 되었지만 바탕과 통한다면 삼라만상이 한 근원이란 사실을 확인할 수 있다.144) 가능성은 확고하다. 천지가 지어진 바도 그렇고 하나님이 뜻한 바도 그러한데, 미처 제대로 된 관점을 제공받지 못한 것이다. 만 가지 형상으로 갈라져 있는 현실이 문제될 것은 없다. 때가 되면 창조 목적 안에서 하나 될 수 있다.145) 만물이 다양하게 된 것은 그것이 바로 창조를 위한 목적이었던 만큼 분열된 양상 뒤에는 또 다른

---

142) 『세계본질론』, 졸저, 청학사, 1997. p.5.
143) 『세계통합론』, 앞의 책. p.485.
144) 위의 책. p.327.
145) 위의 책. p.307.

섭리 목적이 있다. 천지가 어떻게 창조되었는가? 한 근원, 한 본질, 한 원리성에 바탕 된 것이 아닌가? 세상이 한 본질과 원리와 뜻 안에서 하나 될 것은 당연하다.[146] 만물이 만상으로 갈라진 것은 천지가 구축된 과정에서의 모습이고, 원래는 분열을 통해 하나 되기 위해서이다. 일월의 운행이 그러하고 천지의 기운이 그러하며 종말을 맞이한 현대 문명이 그러하다. 천지는 한 근원으로부터 창조되었기 때문에 분열을 다하면 도래하고야 말 통합 역사를 의심할 수 없다. 그래서 오늘날 강림한 하나님이 그 가능성과 원리를 제시하려 한다. 설정된 공동 사회와 이타주의를 바람직한 목표로 삼은 것은 인류가 하나 되기 위한 가치 기반 구축 역사이다. 그런데도 통합이 불가능한 것처럼 여겨진 것은 세상 경험이 적은 어린아이의 안목과도 같다. 통합은 지난날 역사된 인류의 사상적·문화적 자산을 꿰뚫어 융화시키는 것이다. 하지만 현실적으로는 유물론과 관념론이 끝없이 대립되었고, 불교와 기독교 등 제 종교가 분파되었다. 동양과 서양은 어떻게 통합될 수 있는가? 그런 분야가 천지를 구성하기 위해 펼쳐진 뜻이란 사실을 알면 동서양 문화는 융화될 길이 있다. 만개된 것이 하나님의 뜻이라면 통합 역시 하나님이 이룬 가능한 능력 안에 있다. 창조가 하나님의 권능이듯, 세계를 품안에 모으는 것도 하나님이 지닌 권능이다. 앞에서는 창조된 본의를 밝혔다면 이제는 통합 원리를 제시해야 한다.

　　종래 대륙의 합리론과 영국의 경험론을 종합한 칸트가 독일 관념론을 출발시킨 것은 진정한 통합인가 타협된 결합인가? 이후의 관념론이 유물론과 대치된 형국을 맞게 된 것은 어찌 된 일인가? 아무리

---

146) 위의 책, p.594.

통합하고 싶어도 합당한 본질을 갖추지 못하면 세계를 분열시키는 역할밖에 안 된다. '공자와 노자의 道는 외견상 불일치하는 것 같으면서도 근원적인 목적이 동일하다'고 하는데,[147] 마땅한 근거는 제시하지 못했다. '남자의 젖꼭지나 수염은 유용해서가 아니라 아름다움을 위해서 있는 것'[148]이라고 비웃어도 달리 대응할 말이 없다. 왜 존재하게 된 것인지 원초적인 목적을 모르는 한……. 이것이 현 진리가 처한 형편이다. 주장은 되었지만 비판할 근거와 대책이 없다. 파고들어가 보면 나름대로 진리성을 확보하고 있다. 삶과 세계에 대해 통일된 세계관을 제시하고 싶어도 세계 자체가 분열 중이므로 '통일된 생활 형태와 삶의 방식과'[149] 원리를 도출할 수 없다. 이 시대가 통합적 요구를 외면한 상황은 아니지만 의도와 달리 대립을 조장한 것은 그 이유가 분명하다. 분열된 도상에서는 어떤 경우도 통합이 불가능하다. 개체들이 자체의 정체성을 정립하는 데 급급해 통합에 눈을 돌릴 겨를이 없다.

반면 전체는 통합 본질로서 개체가 지닌 특성과 차원을 달리한다. 개체로서는 불가능하지만 전체는 통합 원리와 논리와 차원 관점을 제시할 수 있다. 이것이 강림한 하나님이 지닌 대 통합 권능이다. 천지를 창조한 하나님은 만상을 통합할 수 있는 통활자이다. 전체가 지닌 본질적 성향은 통활, 융화, 하나이며, 이것은 하나님이 지닌 본성 원리이다. 통합 원리를 제시해야 하나님으로서의 창조 권능을 드러내고, 진리가 하나님을 구성한 요소가 된다. 통합 본질은 천지가 하나인

---

147) 『공자의 천관에 관한 연구』, 유필종 저, 동국대학교 대학원 철학과, 석사학위논문, 1986, p.23.
148) 『신국론』, 아우구스티누스 저, 조호연·김종흡 역, 현대지성사, 1997, p.1,117.
149) 『비교철학이란 무엇인가』, P. T. 라슈 저, 최홍순 역, 서광사, 1989, p.18.

하나님으로부터 비롯된 것을 증거하고, 실질적으로 세계를 규합할 수 있는 권능으로 드러난다. 이전까지는 천지가 분열된 힘으로 구축되었지만 이제는 하나 되기 위해 주력해야 한다. 통합 역사를 완수하는 것은 강림된 하나님의 존재 사실을 뒷받침하는 성업이다.

2. 창조 본질의 통합성

천지는 모든 것을 구유한 통합성 상태에서 하나님이 발한 최종 命에 의해 창조되었다. 일체를 구유하였을 뿐 아니라 즉시 창조를 실현할 수 있는 상태이므로, 이런 존재를 제한된 인식 능력으로서는 가늠할 수 없다. 만상의 알파가 통합성으로부터 출발된 것은 세계의 법칙·질서·존재·에너지·시공간이 태동되기 이전이다. 그런데도 일체를 구유하였다는 것은 하나님이 사전에 모든 것을 준비한 작업 때문이다. 완비된 통합성 상태는 가늠할 수 없지만, 돌연하게 구축된 것이 아닌 것은 분명하다. 실현할 수 있게 한 그것이 창조이다. 통합 본질은 창조된 세계와는 질서 차원이 다르기 때문에 창조 이전에 이룬 바탕 본질의 응축 과정과 창조 이후의 분열 과정 역시 다르다. 창조를 이룬 근간인데도 현상적인 질서와는 차이가 커 원인과 결과가 결합되어 있다, 혹은 한꺼번에 출현하였다. 어떻게 통합성으로 만상이 구축된 사실을 알 수 있는가? 건드리는 문제마다 상식을 벗어나지만 이제부터는 조금씩 통합성 상태를 이해할 수 있는 걸음을 내디뎌야 한다. 통합성은 창조를 목적으로 구축된 바탕 본질인 관계로 현상 질서를 초월해 있고, 그렇게 해서 세계 질서를 결정하였다. 질서를 세웠기 때문에 현 질서를 초월할 수 있다. 실체 요인·분열 요인·시간 요인

등등 일체를 초월한 것이 통합 본질이다. 통합성만 그러하고 만물을 이룬 바탕 본질은 그렇지 않다는 것이 아니다. 하나님이 완전하듯 우리는 피조체로서 완전하다. 창조는 완전함을 실현시킨 것으로서 만물은 독자적인 운위체인데도 별개가 아니다. 각구 太極이지만 체제는 완전하다. 통체 우주가 무궁한 만큼 소립자인 각구 太極도 무궁하다. 통합성의 무한 太極性을 인간이 지닌 존재 기준으로서는 가늠할 수 없다. 바탕 된 太極性은 각자 완전한 운위 체제를 갖추고 있고, 그렇게 해야 존재할 수 있다. 어떻게 무한대의 수가 제로로(영) 인해 한꺼번에 나타나는가? 반대로 무한한 수가 제로가 지닌 영향으로 일시에 사라져버리는가? 유한수를 보태면 증감이 있을 뿐이지만 0을 곱하면 차원이 달라진다.[150] 이것이 통합성이 지닌 절대 창조력이다. 0은 통체성이고 太極이고 바탕 된 본질이다.[151] 하나님이 만개시킨 절대 창조력이다. 통합성이 동시 창조와 동시 존재를 실현시켰다. 이에 천지가 한 체성인 구조를 통하면 통합성 상태를 확인할 수 있다. 연유된 과정이 하나님=창조=통합성=만물로서 뚜렷하다. 기인, 연유, 관계되었다. 만물이 창조된 결과물이란 사실을 확인할 수 있는 근거가 통합적 본질이다.

그렇다면 이런 통합 본질이 드러난 종국의 실유 형태는? 천지가 일체된 사실을 파악하고 나면, 그 같은 존재 상태로 나타날 것은? 총화된 구조 상태는 바로 하나님의 모습을 그려낸다. 그것이 진리적 형상으로 강림된 보혜사 하나님이다. 창조 섭리를 완수한 창조주이다. 따

---

150) 아라비아 숫자의 좋은 점은 모양이 아니라 숫자의 구조에 있었는데, 바로 0을 사용했다는 점이다. 이 새로운 숫자 체계에서는 모든 숫자가 그 위치에 따라 숫자의 값이 정해지도록 된 것이다. -『21세기 과학 어떻게 오는가』, S. 그레고르 저, 과학세대, 1996, p.51.
151) 창조 본질은 만물을 일시에 생하고 멸하게 하는 절대 권능임.

라서 우리는 진리를 통해 하나님을 뵈올 수 있고, 만물의 궁극적인 근원을 찾게 된다. 어려움은 있지만 이전처럼 불가능한 일은 아니다. 하나님이 강림하였기 때문에 세계를 통해 하나님을 볼 수 있다. 만물이 어김없이 갖춘 太極성, 곧 바탕 본질은 하나님과 연결된 고리이다. 현상계에서는 무수한 과정이 있지만 통합 본질은 일체 경과를 초월해 있다. 그래서 그곳에 하나님이 존재할 수 있고 만물의 궁극적인 근원이 있다. 통합성은 하나님을 진리로서 드러낸 최상의 본체 형상이다. 이것을 선각들이 道로서 표현했다.

3. 만물의 일체성

천지간에는 삼라만상이 있다. 세상에 펼쳐져 있는 존재가 어디 한두 가지겠는가? 만상(萬狀－많고 많은 여러 가지의 모양), 만상(萬象)이 있다. 만유(萬有)란 우주 간에 존재하는 온갖 물건을 뜻한다. 만물과 만상과 만유를 찾아서 헤아린다면 어떻게 되겠는가? 일생을 바쳐도 파악할 수 없다. 인류가 지금까지 찾았지만 해결하지 못했다. 그것이 천지 사이에 존재한 만물이다. 하나님이 창조하였다고 하지만 간단한 문제가 아니다. 이치를 밝혀야 하는데, 성경에서는 천지를 창조하였다는 선언과 과정에 대한 언급만 있고 연유는 없다. 무엇을 보아야 사실을 확인할 수 있는가? 그래서 지성들이 바탕 된 근원을 찾아 나섰고 이치, 이법, 원리, 법칙, 본질, 궁극적인 실체를 추적했다. 만물과 만상이 일정한 규칙과 반복되는 현상과 연관성이 있다는 사실을 발견하였다. 만유가 제멋대로 존재한다면 법칙과 원리가 성립될 수 없지만, 너와 내가 생각이 다른 개체인데도 팔다리가 두 개씩이고 눈을 가진 사실을 예사롭게 넘겨서는 안 된다. 일심동체(一心同體)란 말이 있다. 사람은 뜻과 행동 습성이 다른데도 합심해서 행동을 같이 한 상태를 의미한다. 일심불란(一心不亂), 일심전력(一心全力), 일심정념(一心正念)을 이룬다. 달라도 뜻을 합치면 한 몸처럼 될 수 있는데 하물며 한 본체 안에서랴? 一心은 한 몸 안이기 때문에 이룰 수 있는 가능한 의지 형태이다. 일체가 一體이다. 온갖 것이 한 몸, 한 덩어리, 하나이다. 일심동체는 한 몸 안에서 이룰 수 있는 통합 능력이다. 남의 팔다리는 자기 뜻대로 움직일 수 없다.

이 연구가 一心과 一體를 말한 것은 천지가 이룬 통합체를 뜻한다. 세상 가운데서 발견되는 일정한 규칙성·공통성·일사불란한 질서·조절력·유기체성은 어떻게 생긴 것인가? 몸으로 치면 一心·一體인 때문이고, 천지로서는 만유가 하나인 근원과 본질로 되어 있어서이다. 한 본질 안에서 발생된 통제력이므로 만유를 공통된 기반 위에 세우고, 만법을 귀일시킬 수 있다. 萬法一體란 천지를 一體로 한 하나님의 창조력과 본체 안에서 발휘되는 통제력이다. 만물의 모습을 만상으로 본 것은 범인들의 안목이고 一體性은 覺性된 안목이다. 그리고 오늘날은 더 나아가 전체자로 강림한 하나님까지 보아야 한다. 覺者는 道가 바탕 된 본질 차원에서 만물을 있게 한 것을 보았지만, 이제는 세계가 존재자로서 一體된 실상까지 보아야 한다. 만상은 존재된 본질성을 내포하며, 그것이 바로 하나님이다. 창조된 결과로 만상이 한 근원·한 본질·일체성을 이루었다. 만유가 통함도, 만물이 공통성을 지닌 것도 일체성에 근거한다. 하나인 일체 원리 안에서 하나님은 시공을 초월한 주재 권능을 발휘한다. 결정된 법칙은 법칙이거니와(원리·이법·운행 질서 등), 하나님은 이들 법칙을 본체로 하여 천지를 운행하였다. 그래서 만유가 만상을 이루어도 흩어져 파멸하지 않고 조절·주재된다. 조절은 컨트롤이며, 컨트롤은 일체인 한 몸 안에서 발휘된다. 하나님은 만유를 一體로 하였을 뿐 아니라 삼세간도 장악하였기 때문에 과거와 미래를 알고 全知하다. 통합 관점은 선각들이 통각한 만물일체 사상을 포괄하고도 남음이 있다. 道는 한 본체 안에서 운위된 본질적 특성을 인식한 지적 성과물이다.

세계를 통합체로 본 만법 일체와 만물 동근 사상이 곳곳에서 발견된다. 만물은 어떻게 만상화되었는가? 천지는 다양한데 '천지가 한 근원이고 만물이 동체(백용성)'152)153)란 종지는 인류가 기대한 이상적인 꿈인 것만은 아니다. 창조된 세계가 일체인데 따른 통찰이다. 중국의 승조 법사는154) '천지는 나와 뿌리가 같고 만물은 나와 일체'라 하였다. 장자는 '천지는 나와 나란히 살고 만물은 나와 하나'라 하였다.155) 孟子는 '만물이 모두 내게 갖추어져 있다'156)고 보고 학문의 궁극적인 목적을 만물일체를 실현하는 데 두었다.157) 인내천(人乃天) 사상은 만물은 서로 다르면서도 궁극적으로는 동일하다고 본 것이다 (동학). 실로 만법은 귀일하며, 萬物統體一太極이요 一物各具一太極이다.158) 천지는 하나인 생명체이다. 무엇은 무엇이다란 등식은 일체성

---

152) 『한국의 사상』, 윤사순·고익진 편, 열음사, 1992, p.340.

153) 白龍城(1864~1940): 전북 남원 출생, 이름은 相奎, 법명은 震鐘, 용성은 법호. 16세에 출가하고 77세에 입적. 대각교 운동을 전개함.

154) 僧肇法師: 374년경~414.

155) 『주자학과 양명학』, 시마다 겐지 저, 김석근·이근우 역, 까치, 1993, p.57.

156) "孟子曰, 萬物皆備於我矣……." - 『맹자』, 진심 상.

157) 위의 책, p.62.

158) "만물에서 보면 만물이 각기 자신의 性을 하나씩 가지고 있지만 만물은 하나의 太極이다. 合해서 말하면 萬物統體一太極이고, 分해서 말하면 一物各具一太極이다." - 『주렴계집』, 권 1(『헤겔연구(7)』, 한국 헤겔학회 편, 청아출판사, 1997, p.92).

에 근거한 것이다. 무엇을 대입해도 일체 안에서는 성립되지 않는 등
식이 없다.159) "범아일여(梵我一如), 즉 아트만(Atman: 개인적 본체)과
브라만(Brahman: 우주 최고의 실재)은 다른 두 개의 실재가 아니다.
내외적으로 변화한 현상계의 기저에 놓인 변화하지 않는 단일 실재
의 두 가지 측면이다."160) 天人合一 사상도 일체된 본질성을 갈파한
것이다(유교). 天과 인간이 본래 둘이 아닌 관계로 뜻이 일치되며, 天·
地·人은 合一할 수 있다. 우주와 인간은 본래부터 하나이고161) 일체
이다. 만유가 하나님의 본질 안에 있다. 이 몸이 合一이고 우주가 合一
이다. 神과도 合一할 수 있다. 뜻, 정신, 물질, 만유가 合一되어 우주 의
식에 이른다.162) "일체 有無가 모두 空이다."163) 空은 일체인 본질 공
간(통체성) 안이다. 단절되지 않은 본질로 이루어진 거대한 구성체이
다(불교). 원불교에서는 '생멸 없는 道가 한 體性을 이루고 있다'고 했
다.164) 만유와 만법이 일체인 존재 속성(통체)에 대한 통찰이다. 실로
"모든 경계는 무한하지만 다 一心 안에 들어간다. 세움과 깨뜨림, 줌
과 빼앗음, 같음과 다름, 있음과 없음, 가운데와 가장자리가 둘이 아
니다(원효)."165) 만물의 一體性을 일갈한 것은 한결같이 근거가 명백
하다. 단지 안타까운 것은 경계가 무한한 관계로 一心이 지닌 경계 테

---

159) 일체가 동일할 수 있는 등식 성립은 일체의 一體性에 있다.

160) 『인도철학사』, 조수동 저(우파니샤드의 철학사상) - 『증산사상중심의 인류갱생철학개론』, 배용덕·황정
용 공저, 태광문화사, 1995, p.83.

161) 『불교철학의 이해를 위하여』, 불교신문사 편, 대학문화사, 1984, p.237.

162) 『세계통합론』, 앞의 책, p.102.

163) 『세계본질론』, 앞의 책, p.152.

164) "만유가 한 체성이며 만법이 한 근원이로다."

165) 『無量壽經宗要』, 제3 約人分別: "모든 경계가 무한하지만 다 一心 안에 들어가는 것이다. 부처의 지혜
는 모양을 떠나 마음의 원천으로 돌아가고, 지혜와 一心은 완전히 같아서 둘이 없는 것이다." - 『삼국통
일과 한국통일(上)』, 김용옥 엮은이, 통나무, 1994, p.214.

두리를 보지 못한 것이다. 분열을 다하지 못한다면 경계의 끝도 볼수 없다. 손오공이 부처님 손바닥 안을 헤맨 것은 손바닥을 벗어나지 못해서이다. 물고기는 유유자적한 물속이 세계(전부)이다. 만유를 포괄한 우주가 하나님에 의해 뒷받침되고 있다는 사실을 몰랐다. 창조섭리를 완수해야 한 문제이다.

4. 만물의 생성과 분열

만물은 一體이고 하나로 되어 있다. 하지만 온통 분열 중인 세상 안에서는 이런 상태를 확인할 수 없다. 생성 중이기 때문이고, 분열을 다하지 못해서이다. 진리, 道, 法, 존재, 현상이 모두 그러하다. 통합성은 생성을 완료했을 때 본 모습이 드러난다. 우리는 통체적인 의식을 지니고 있어 일체인 바탕성은 직시할 수 있지만 직접 드러낼 수는 없다. 아무리 만법이 귀일한다 해도 생성된 본질을 밝혀내지 못하면 일체된 상태를 알 수 없다.[166] 생성된 대요를 파악해야 한다. 일체인데도 현재는 그렇지 못하다. 양산된 진리가 다 그러하다. 진리는 영원하지만 분열은 끝나지 않았다. 道는 통각된 인식으로서, 만물은 생성된 본질로서, 이 연구에 의해 확인될 운명 위에 있다. 생성 그것이 전부를 뒷받침하였고, 생성이 끝나면 전체인 神의 형체가 드러난다. 이전에는 아무리 하나라고 주장해도 실감할 수 있는 것이 없다. 그래서 인류는 때를 기다려야 했고, 세계가 완성되기 위해서는 하나님의 현현이 요청되었다.[167] 만물의 생성과 분열은 창조로 인해 결정된 본성이다.

---

166) 『세계본질론』, 앞의 책, p.52.

167) 세계는 한꺼번에 완성될 수 없다. 어떤 종교, 진리, 학문, 철학, 神의 약속도 마찬가지이다. 하나님의 창

생성은 온갖 것(사물)을 생기게 하고 자라게 하고 변화시킨다. 생성하지 않는 것은 죽음을 뜻한다. 그렇다면 우주는? 생성을 일으킨 알파가 창조이고 맨 끝은 본질이다. 생겨남이 창조인데 어떻게 소멸이 있겠는가? 여기에 진의를 밝혀야 하는 이유가 있다. 만물은 본질의 응결체인 통합성으로부터 생성되었다. 통합성은 일체를 구비한 바탕체이다. 그런데도 현상계에서는 존재하기 위해 생성해야 한다. 완료된 창조 역사가 세상 가운데서는 진행 중인 상태이다. 현재 나타난 세계적 양상들은 창조된 전부가 아니다. 아직도 무수하게 생겨날 수 있다. 사물·현상·인생·역사가 그러하다. "통합성은 생성함을 통해 드러날 수밖에 없는 법칙선상에 놓여 있다."[168] 그런데도 우리는 이런 사실 앞에서 원인과 이유를 알지 못해 역사의 분수령 앞에서 전전긍긍하였다. 풀리지 않은 역사를 미래로부터 맞이한다. 창조는 이미 결정된 상태라고 하지 않았던가? 그러나 그 결정성은 아직도 풀리고 있는 중이므로 결정된 미래도 전환될 수 있는 요인을 지닌다. 생성과 분열 작용이 지금의 현실을 결정하고 있다는 사실에 주목해야 한다. 현재를 결정한 요인이 미래에 이미 결정된 요인으로부터 기인했다. 그래서 생성은 항상 새롭고, 새로운 것은 곧 창조이다.

현재를 결정짓는 것은 알고 보면 현상계의 분열이다. 세계는 생성함을 통해 분열하고 분열함을 통해 생성한다. 생성은 지금까지 없었던 새로운 드라마를 엮어내는 것이며 분열은 그런 드라마를 통해 세계를 엮는다. 엮을 뿐 아니라 형태를 이룬다.[169] 분열은 만물을 구축

조 본체가 드러나야 했음.

168) 『세계창조론』, 제4편 창조증거론, 졸저, 엮음본, 1995, p.6.

169) 『세계본질론』, 앞의 책, p.233.

한 요인이다. 만물을 귀일시킨 통합 요인도 분열을 통해 발견할 수 있다. 세계는 생성만이 대사일 수 없다. 만물을 구체화시킨 것은 분열 작용이다. 통합성을 풀어 헤친 세공 작업이다. 그렇게 해서 하나가 多를 이루고 多가 하나를 이룬다. 생성과 분열이 합작하여 통합성이 무수한 세월 속에서 펼쳐졌다. 만물은 통합성이 분열을 통해 나뉜 것으로, 나뉜 개체는 다시 통합된다.[170] 나뉜 개체는 개체로서 독립하고자 한 것이 목적이 아니다. 생성을 통해 완성을 지향했다. 개체는 도상에서의 일시적인 모습이다. 궁극적으로는 하나이다. 통합성이 본래 지닌 모습이다.[171] 그런데도 만물의 귀결 상황은 눈으로 볼 수 없었다. '제법(諸法)은 실상이 없고 공상(空相)'이란 사실을 누가 이해하였는가?[172] 생성 중인 만상은 어느 하나도 완결된 모습이 아니다. 色空이 하나이다. 無極而太極이다. 진상을 보기 위해서는 생성의 본질을 간파해야 한다. 어떻게 道가 一을 낳고 三이 만물을 낳았는가? 바탕된 통합성(一) 때문이다. 三을 낳고 만물을 낳았다면 무엇을 더 낳지 못하겠는가? 통합성은 만물을 생성시킬 수 있는 권능을 본유했다. 생성, 그것이 삼라만상을 존재하게 했다.

하나님의 뜻이라면 무슨 역사라도 생성시키지 못하겠는가? 하나님이 강림한 것은 이 민족을 통해 이룰 새로운 뜻을 위해서이다. 이스라엘로부터 발원된 하나님에 대한 신앙 역사가 뭇 이방인에게로 전파되었고, 오늘날은 한민족의 역사 위에 다다라 일찍이 약속한 시온의 영광을 이루지 못하리란 법이 없다. 통합과 계승 원리를 완수하게

---

170) 『세계유신론』, 졸저, 인쇄본, 2000, p.52.

171) 위의 책, p.102.

172) 『증산사상중심의 인류갱생철학개론』, 앞의 책, p.88.

되리라. 한민족은 미래에 다대한 역사를 창출시켜야 할 필연적인 사명을 지녔다. 믿음을 다져야만 만생을 구원할 수 있는 역사를 펼칠 수 있다. 통합성이 이룬 생성 원리로 뒷받침하리라. 통합성은 새로운 역사를 이룰 에너지의 총화일 뿐 아니라, 주도한 하나님의 뜻이다. 만물을 통해서도 나타나고 역사를 통해서도 나타나는 것이 생성력이다. 창조를 뒷받침하고 존재를 뒷받침하고 종말에 처한 인류를 구원할 역사를 뒷받침하리라. 생성도 분열도 목적은 일체, 귀일, 통합에 있다. 왜 그런가? 하나 되기 위해 몸부림친 데는 타당한 이유가 있다. 주어진 것만으로, 혹은 자체만으로는 완전할 수 없다. 세계가 하나 되어야 완전하고 완전해야 영원하다. 분열이 분열다운 것은 완성을 지향했을 때인데, 이것을 모르면 독자적인 개체로서 파멸되고 만다.[173] 통합되어야 구원된다. 만상이 분열한 것은 그것이 최종 목적이 아니다. 분열이 다하면 비로소 세계가 완성된다.[174] 창조된 바탕을 보지 못하면 도상에서는 그것이 전부인 것으로 오인한다. 천지가 분열 중이므로 쟁론이 분분했던 것이 사실이지만, 통합될 전환점인 지금은 일체 원인에 분열이 개입된 사실을 알 수 있다. 이것을 알아야 본원 세계를 지향하고 통합의 대열에 참여할 수 있다. 목적 없이 회귀, 순환, 원시 반본한 역사는 없다.[175] 통합 역사에 일익을 담당했다. 합리주의자들은 통합성의 진리적 표현인 道의 작용 상태를 끝내 이해하지 못하였지만, 이제는 진상을 알아야 할 때이다. 그리해야 하나님이 장차 이루고자 한 미래 역사에 대한 예고를 받아들일 수 있다. 통합성은 하나

---

173) 통합은 최대의 구원 동력임.
174) 『세계본질론』, 앞의 책, p.237.
175) 『증산도의 진리』, 안경전 저, 대원출판사, 1985, p.190.

님이 거한 존재의 뿌리이자 인류가 바라보아야 할 진리의 태양이다.
만상이 일체인 구조를 파악하면 그곳에 천지를 창조한 하나님이 있
다는 사실을 알 수 있다.

5. 만물의 통합 상태

만물이 일체라든지 하나가 만개이고 만개가 하나란 것은 바탕 된
본질이 생성 중이므로 확인하기 어렵다. 그렇다고 영원히 확인할 수
없는 그 무엇인가 하면 그런 것은 아니다. 전기는 눈으로 볼 수 없지
만 기계장치를 통하면 확인할 수 있듯, 만물의 통합성 상태도 생성이
완료되면 드러난다. 그래서 이 연구에서는 그렇게 확인한 상태를 『세
계본질론』에서, '세계는 한통속의 본질로 되어 있다'고 결론내린 바
있다.[176] 통체 본질은 본질의 순수한 작용 면을 부각시킨 것으로서
형태를 직접 가늠할 수 없다. 그러나 작용 상태를 알 수 있는 통속이
란 개념을 도입하면 만물의 통합성은 물론이고 구조, 작용, 특성까지
도출할 수 있다. 그렇다면 통합성은 어떻게 한통속인 본질을 구축하
였는가? 만물이 일체인데 있다. 통합성은 경계가 없어 그 작용이 무
궁하다. 하지만 일체인 것이 하나님의 본질이란 사실을 알면 결국 존
재 안에서의 작용이 된다. 우리가 본질을 지닌 것처럼 하나님도 마찬
가지이다. 형상을 본받은 우리보다 하나님은 더한 원형 실체이다. 만
물은 化된 것이지만 하나님은 본질만으로 존재한 관계로, 자체만으로
존재한 상태를 가늠한다. 즉, 통속 본질을 통하면 존재로서의 윤곽을

---

176) 『세계본질론』, 앞의 책, p.279.

붙들 수 있다.

통속이란 속이 빈 대나무와 같은 개념인데, 본질이 바로 이런 상태라고 상정할 수 있다. 통속은 테두리를 지니므로 삼라만상 우주를 모두 포함한다. 형체는 없지만 뜻의 통제를 받는 본질체가 된다. 하나님은 삼라만상 전체를 본질로 한 존재자로서 따로 구분된 실체를 지닐 수 없다. 드넓은 우주와 지상의 뭇 운명까지 포함한 것이라면 통속 개념이 더욱 심화된다. 무형의 形而上學적인 요인도 해명할 수 있다. 어떻게 시공이 인과의 원인성과 결과성을 동시에 함유하였는가? 동시에 존재할 수 있는가? 만상과 시공이 한통속인 본질 공간으로 이루어진 때문이다. 시공이 한통속으로서 삼세간에 대한 구분이 없다. 컴퓨터에 저장된 자료를 모니터로 불러내는 것과 같다. 원인과 결과는 결정되어 있지만 생성이 완료되지 못해 현현되지 못한 상태이다. 원인과 결과가 함께한 통속 상태이다. 예언이 시사한 미래세에 대한 인식도 마찬가지이다. 결과와 원인이 함께한 통속 상태라면, 미래와 과거가 결정된 상태로 본체 안에 존재하지 말라는 법이 없다(통합성). 미래는 도래하지 않은 것일 뿐, 저만치 현 시공간 앞에서 대기 중이다. 생성상 현재보다 앞선 질서 부분이 있어 이것을 인식한 것이 예지이다. 존재가 있는 곳에 본질이 있고 본질이 있는 곳에 존재가 있다. 통속성은 전체자로 있는 하나님의 존재 속성이다. 일체인 존재 형태이다.

만물의 통속성은 분열적인 인식으로서는 이해할 수 없으므로 다른 각도에서 접근해볼 수도 있다. 하나님이 지닌 입장이라고 보아도 좋다. 통속은 어떤 대상을 통해서도 가능할 수 있는데, 그 대상이 바다라고 하면 항해하고 있는 배가 잘 대조된다. 배는 목적지에 도달하기까지 시간이 필요하다. 하지만 오대양은 구분 없는 한 바다이다. 시공간도 삼세는 통체적이다. 우리는 삼세간을 구분하지만 본질적인 시공마저 그러한 것은 아니다. 통속 본질은 동시, 선재, 초월되어 있다. 물고기는 여기 아니면 저기 있어야 하지만 바다는 그렇지 않다. 여기에도 있고 저기에도 있다. 동시에 존재하는 것은 전체 바다(본질)이다. 만물에 대해 하나님이 그러하다. 물고기는 지극히 제한적이지만 바다는 자유자재하다.[177] 통속은 존재에 대해 전체 본질이 감싼 형태이다. 그리고 통합성은 본질과 하나님이 정말 그와 같은 형태로 존재할 수 있게 하는 일종의 자리매김 역할이다. 실질적으로 편만됨과 동시에 내재되고, 현 질서를 초월해 선재한다. 밝힌바 통속을 이룬 통합성 안에서는 원인 속에 결과가 있고 결과 속에 원인이 있다. 이런 궁극적인 실상은 道를 통해서도 이해할 수 있다. 道는 분열된 원인과 결과를 동시에 함재한 통속적 실체이다. 창조된 원인과 결과를 모두 보유하여 천지창조의 비밀을 고스란히 간직하고 있다.[178] 지각된 道는 생성한 본질의 일부를 覺한 형태이지만 통속을 이룬 본질은 그런 구분이 없다. 이것이 저것이고 저것이 이것이다. 부분이 전체이고 전체가 부분이다. 나는 한 부분이지만 만유와 통하고, 창조 메커니즘이 작용하는 소우주이다. "부분은 전체의 상태를 반영했다."[179] 통찰된 一卽多의 문제도 다양한 각도에서 이해할 수 있다. 만물이 다 나에게 구비되어 있다. 一은 전체로서 상정될 수 없다. 어떻게 一이 多를 섭수할 수 있겠는가? 그런데도 多 속의 一은 多를 섭수한다.[180] 一이 한통속

<hr>

177) 『세계창조론 서설』, 졸저, 인쇄본, 1998, p.41.

178) 『세계본질론』, 앞의 책, p.285.

179) 『동양적 사고로 돌아오는 현대과학』, 이시카와 미츠오 저, 서상문 역, 인간사, 1990, p.34.

을 이룬 多이기 때문이다. 一이 多를 섭수하고 一이 多를 반영했기 때문에(창조) 일체를 알 수 있다. 부분인 一이 전체인 多의 정보를 가졌다. 우리는 몸을 아는 데 한계가 있지만 몸은 그렇지 않다. 세계는 완전한 앎의 체계로 구축되어 있다. 그래서 "나에 의해 일체를 알고, 하나에 의해 일체를 본다."181) 一과 多가 연출한 통속 논리는 다양하다. "개체 가운데 전체가 있고(一卽多), 전체 가운데 개체가 있다(多卽一)."182) 배열은 달라도 개체와 전체는 동일한 바탕체이다.

一이 多를 포함한 것이므로 개개는 일체를 갖춘 一이다.183) 만물은 개체로서(부분, 一) 완전하다. 하나님의 완전한 본질(전체, 多)이 반영된 것이다. 완전한 一太極이다. 만물은 완전하지 않고서는 존립할 수 없다. 이것이 창조가 이룬 특성을 반영한 '一卽多 多卽一' 세계관이다 (『화엄경』). 한 티끌 속에 일체가 들어 있다고 하지 않을 수 있겠으며 (一이 무한 세계를 포함함), 시간적으로는 일념이 과거와 현재와 미래를 구비하였다 하지 않을 수 있겠는가?184) 선현이 우주의 진원지를 일갈한 것은 참된 통각이다. 통속 본질의 생성 상태를 覺한 것이기 때문에 道의 생명성을 엿본 것이며, 선재 본질을 함유한 하나님의 실상도 목도하리라. 그런데도 갈파한 진언을 바르게 이해하지 못한 것은 본체로부터 떨어져 나온 사석(沙石)처럼 어떻게 그런 진언을 도출시킬 수 있게 된 것인지 과정을 보지 못해서이다. 진리가 파편화되어 있어 다시 복원하기 어렵다. 그래서 밝히게 된 것이 한통속인 존재

---

180) 『화엄사상론』, 중촌 원 외 저, 석원욱 역, 운단사, 1990, p.384.
181) 위의 책, p.135.
182) 『화엄의 사상』, 카마타 시게오 저, 한형조 역, 고려원, 1987, p.34.
183) 『화엄경 탐현기』, 권 1, 대정장 35 - 『화엄사상론』, 앞의 책, pp.362~363.
184) 『대승경전의 비밀』, 송지홍 엮음, 우리출판사, 1993, p.114.

본질이다. 통속적인 배경을 통해 삼세간에 걸쳐 결과를 구비한 道의 생명력을 실감할 수 있다. 부분으로서 일체를 지닌 본체 상태를 볼 수 있다. 직관된 道는 도래하지 않은 선재 본질을 내포한다. 눈을 감고서도 전체를 꿰뚫는다. 우주의 도도한 생명성을 느낀다.[185]

한통속 안에서 因과 果가 함께한 것은 세상만사가 서로 떨어질 수 없는 상호 연관성 내지 의존 상태에 있는 세계(화엄의 우주관)에 대한 인정이다. 알고 보면 강림된 하나님은 불교뿐만 아니라 선천에서 구축된 세계관 전체를 완성하기 위해 왔다. 제 분야가 한계성에 처하므로 다시 생명력을 불어넣었다. 세계를 통합하고 인류를 구원하는 길이다. 통속을 이룬 본질 안에서는 어디서도 통합적인 상태로 운위되지만, 현상계에서는 필연적인 인과를 낳았다. 함께하고 하나였기 때문에 분열로서 드러난 因과 果가 연결된다. 만상을 존재하게 한 근거이다. 천지 운행에 방향과 목적을 가지게 했다(법칙 성립의 근거). 실로 천지가 상호 의존할 수밖에 없다. 동일성과 상호 연기성(의존성)을 말한 화엄의 우주관은[186] 한통속인 본질 상태를 직시했다. '一 없는 多, 하나 없는 둘은 존재하지 않는다. 삼라만상은 전체와 단절될 수 없다. 하나는 무한대 수를 포함한다. 하나 없는 무한 수는 나올 수 없다.[187] 수는 무한대로 분열하지만 결국은 하나이다. "전체의 생명이 개체에 달렸고 개체의 생명이 전체에 매었다."[188] 책상은 4개의 다리를 가졌지만 하나가 부러지면 쓰러진다.

---

185) 위의 책, p.19.
186) 『화엄불교의 세계』, 프란시스 쿡 저, 문찬주 역, 불교시대사, 1994, p.188.
187) 『대승경전의 비밀』, 앞의 책, p.116.
188) 『중국철학 산고(Ⅰ)』, 김충열 저, 온누리, 1994, p.268.

순간을 통해 영원성을 보며 전체인 多가 있다는 것을 안다. 순간이 있어 영원이 있고 순간은 영원성을 포함했다. 시간은 영원성의 일부분으로서 통합성으로부터 생성된다. 시간과 생성, 순간과 영원은 순간이 영원이고 영원이 순간인 시공의 통속 상태를 나타낸다. 순간이 있기 때문에 영원성을 보장한다. 내가 전체 가운데서 일부분으로 태어난 것은 그것이 곧 영원성을 입증한다. 전체가 존재하기 때문에 너와 내가 태어날 수 있고, 존재성의 확인은 죽어도 존재할 수 있다는 보증이다. 하나가 모두를 있게 하였으며, 세계의 다양성을 추출했다. 하나를 근거로 일체를 판단한다. 제 현상을 보고 창조된 연유를 알며 하나님의 존재성을 인식한다. 인간은 우주의 일면이지만 한통속으로서 전체성을 반영하였기 때문에 존재성을 통하면 하나님을 뵈올 수 있다. 온갖 운명이 한통속인 본질 안에 있다. 순간을 통해 영원을 알 듯, 자신을 통해 하나님을 안다. 내가 있기 때문에 하나님이 있고 하나님이 있기 때문에 내가 있다.[189] 내가 존재하는 한 하나님의 존재 사실은 의심할 수 없다. 나는 일부분이지만 부분으로서 하나님과 함께한다.[190] 상호 의존되었고 연관되었고 인과란 법칙으로 일체이다. 강림된 하나님은 통속 본질을 통해 세계를 규합할 존재자로서의 가능성을 지녔다. 하나님이 강림하였다는 것은 하나님을 정말 확인할 수 있게 되었다는 뜻이다. 무엇을 통해서? 진리를 통해서……

---

189) 전체와 나는 하나이기 때문에 내가 있다는 것은 전체(하나님)가 있다는 뜻임.
190) 나는 하나님의 일부분이기 때문에 부분인 나를 통해서도 하나님을 알 수 있다.

6. 만물의 통합 구조

존재는 본질을 내포하고 본질은 존재를 전제한다고 했다. 사실 존재와 본질은 동시적인데 인식상으로 구분했다. 만물의 형상을 결정한 통합성은 형태로서는 무형이지만 존재와 같은 구조를 가지지 말라는 법이 없다. 물론 만상을 결정한 바탕체이므로 존재처럼 어떤 구조를 구체적으로 나타낼 수는 없다. 하지만 그렇다고 해서 구조가 없는 것은 아니다. 뭇 존재가 본질을 내포한 것처럼, 하나님도 동일한 바탕 위에서 하나인 존재 테두리를 지녔다. 일정한 구조를 가진 것은 존재로서 지녀야 하는 필수 조건이다. 구조가 없는 존재는 없다. 미물들의 구조가 정밀한 것을 근거로 창조를 주장한 자들도 있다. 고래를 비롯한 포유동물을 분류한 기준은 외관 상태가 아니며 구조이다. 구조가 존재를 판단하는 기준이다. 그래서 통합성 상태는 하나님이란 존재를 결정하는 요소이다. 예외 없이 만물은 존재하기 위해 엄밀한 구조를 갖추었다.

만상을 둘러보면 질서가 없는 것은 찾을 수 없으며, 그런 당위 질서를 자연이라고 하는 데 비해 구조물은 '꾸밈새'라고 할 수 있다. 일정한 목적과 계획을 가지고 꾸몄다. 그래서 구조를 가지지 않은 존재가 없다는 사실은 자연적이지 않다는 뜻이다. 왜 그런가? 곧바로 창조되었기 때문이라고 한다면 관심도가 떨어진다. 만상은 질서가 있고 바탕이 있고 공통된 구조가 있어 일단은 근거를 가지고 접근해야 한다. 만물이 통체성과 일체됨과 통속을 지닌 것은 그 자체가 바탕 된 본질로서 지닌 존재의 구조이다. 우리가 확인하는 존재의 모습은 다양하다. 그러나 바탕 된 본질은 구조가 동일하다. 전체로서도 개체로서도 통체적이다. 근본도 같고 구조도 같다. 동근 동체에 대한 진언은 만물이 지닌 본질적인 구조를 밝힌 것이다. 구조를 알기 위해서는 정밀한 해부 기술이 필요하다. 직접 헤치고 보아야 한다. 바탕 된 본질을 어떻게 해부할 것인가? 인내를 다한 추구 과정을 완수해야 한다. 내면의 생성 본질을 섭렵해 자신도 알고 세계도 알아야 한다. 직관된 진리의 칼을 들고 세계의 본질을 해부해야 한다. 직관은 통합성인 통체 본질을 직시한 것이다. 진리는 전체 본질의 일부분이므로 일군 진리를 종합하면 전체적인 윤곽과 구조를 알 수 있다.

　이 연구는 우주 생성의 대 주기를 통관한 추구 과정을 거쳤기 때문에 세계 위에 존재한 하나님을 분명하게 볼 수 있다. 세상 어디서 보아도 태양은 둥근 것처럼 시대와 장소를 달리하여 지성들이 궁극적인 실체를 찾아 나섰지만 그들이 본 것은 결국 동일한 실상이었다. 그들은 통속인 구조를 보지 못하여 각자의 관점에서 세계를 분파시켰지만, 오늘날 이 연구가 세계의 구조를 밝힌 것은 세계를 하나 되게 할 수 있는 근거이다. 覺人은 나름대로 세계의 진리성을 인식하였지만 어김없이 생성된 본질을 따랐고, 그것이 구분 없는 본질을 이루었다. 칸트는 물자체를 인식할 수 없다고 한 것처럼 覺者가 아무리 道의 세계에 달통했다고 해도, 세계 자체가 분열을 완료하지 못한 상태에서는 참모습을 볼 수 없다. 하지만 통체 구조를 드러낸 오늘날은 상황이 다르다. 선천에는 분열로서 결정된 질서를 판가름한 이성·논리·합리성이 기준이었다면, 지금은 만유에 공통된 동일 구조가 기준이다. 하나인 구조만 알면 세계는 정말 통합되리라. 만물이 일체라면 구조도 동일하다. 통일된 구조를 지녔다. 실상과 형체는 다르지만 한 본체로부터(하나님) 말미암은 동일 구조로 인하여 종국에는 다시 하

나 될 가능성을 지녔다. 같은 구조로 제작된 볼트와 너트는 어느 것과
도 결합될 수 있다. 그래서 좀 더 가능성을 부여한 것이 통속인 구조
로서 창출한 작용력이다. 이 힘으로 만인은 만물의 통체적인 통합 구
조를 알고 보다 실감나게 분파된 세계를 하나 되게 할 수 있도록 적극
적인 능동성을 발휘해야 한다. 그리해야 만 인류가 모두 구원된다.

7. 만물의 통합 작용

　　세상을 보면 그렇지 않은 것 같지만 一卽多가 시사한 것이라든지
동일 구조에 대한 통찰 등은 만물의 궁극성에 대한 논지를 다분하게
한다. '一과 多는 서로를 성립시킨다, 혹은 多{一}를 떠난 一{多}은 따
로 있지 않으므로 多 속에 一이 있음을 분명히 알라'고 지적한 것
은191) 만물의 통합 상태를 엿본 것이다. 그렇다면 만물이 한통속인
본질 상태는 어떤 성향을 드러낼 것인가? 통속은 만물이 지닌 구조이
지만, 그와 같은 상태를 직접 확인하기 위해서는 一卽多 상태로서 작
용되어야 한다. 그 같은 구조가 그 같은 작용을 낳는다. 에디슨은 수
많은 실패를 거듭한 끝에 전기를 빛으로 전환시킨 전구를 발명했다.
구조도 이치에 합당하기 때문에 그 같은 작용을 일으킨다. 형광등은
완제품이지만 불이 들어오는지의 여부는 스위치를 켜보아야 하는 것
처럼, 천지 만물도 일체됨과 통속 구조를 지녔지만 정말 세계를 통합
할 수 있기 위해서는 작용력을 일으켜야 한다. 그렇지 못하면 온갖
논지가 허사이다. 그래서 만사가 하나님의 본질 위에 있다고 한 사실

---

191) 『불교사상과 서양철학』, 에드워드 콘즈 외 저, 김종욱 편역, 민족사, 1994, p.249.

을 확증할 수 있는 것이 곧 통함 작용이다.

　세계가 하나인 것은 서로가 통하는지를 보면 곧바로 알 수 있다. 통속인 본질은 아무런 장벽과 걸림이 없다. 일시에 장악되고 달통한다. 만상이 막힘없이 두루 통한다는 것은 만유가 일체인 사실적 증거이다. 통하는 데는 어떤 매질을 염두에 두지만, 이 연구는 어떤 완성 과정이라든지 마음과 같은 대상도 포함시킨다. 예를 들면 내 몸은 일체이기 때문에 언행을 일치시킬 수 있다. 뻗어난 신경계는 손발을 의지대로 움직이게 한다. 통체·통합은 창조가 낳은 구조이고, 통함은 구조가 낳은 결과이다. 따라서 어떤 과정을 완성시킨 것이라면 완성된 결과 안에서는 자재함이 있다. 창조가 이미 완성되었다면 그런 세계 안에서는 어떤 작용이 일어나겠는가? 전류와 빛이 통하듯 만사의 원리도 형통하다. 상태→구조→작용이 통함으로써 하나님의 존재성을 확인할 수 있다. 만물은 동일한 본질 바탕과 구조로 통한다. 만물이 내 안에서 구비된 것은 서로 통하는 길이 있어서이다. 통함은 통체적인 구조로 인한 작용 결과이다. *法*은 삼세에 실유하며 *法體*는 항유한다(三世實有 法體恒有). 하지만 삼세의 *法*이 똑같은 방식으로 존재한다[192]는 것은 상식상 이해할 수 없다. 과거는 이미 사라져 버렸고 미래는 아직 도래하지 않았다. 그런데도 과거와 미래가 현재와 같은 방식으로 존재하다니! 그러나 그렇게 되어야만 소멸된 것 같은 업장이 소멸되지 않고 현재와 미래세에 영향을 미친다. 그리스도의 재림도 삼세간에 걸친 實有 방식으로 표현된다. 재림을 위해서는 죽음 이후의 實有性을 확보해야 한다. 그래서 부활하였고 현재의 역

---

192) 『존재론·시간론』, 三枝充惪 편, 김재천 역, 불교시대사, 1995, p.189, 193.

사와 함께하고 있다. 실유된 방식을 알아야 재림 역사를 도모할 수 있다. 재림을 실현시킬 원리성을 구축하는 것이 곧바로 재림을 예비하는 것이다.

삼세의 동일한 實有 방식을 확인할 수 있는 것은 오직 통함뿐이다. 삼세가 한통속인 한 통함은 항상 가능하다. 업·재림·영원회귀·윤회 작용은 삼세가 實有된 방식에 근거했다. 광통신이나 무선 전파만 통하는 것이 아니다. 삼세간에 걸친 시공간도 통한다. 그래서 선지자가 예언을 할 수 있다. 선재된 본질을 직시했다. 삼세간은 서로 통하고 공존한다. 우리는 삶을 통해 일체 가능성을 모색하지만, 현세는 그런 가능성을 실현시킬 果를 이미 갖추었다.[193] 因이 果를 낳는 것은 결과와 원인이 연결된 때문이다. 하나이기 때문에 연결되고, 연결되어 서로 통한다. 인과법칙이 효력을 발휘한다. '순간과 영원이 융합하고, 일체가 찰나 속에서 나타나고, 한순간으로 삼세를 볼 수 있는 것은'[194] 삼세가 함께하고, 한순간이 영원과 통함으로써이다. 부처와 중생, 삼세간에 걸친 사물이 한 찰나에 나타난다. 본질 안에서는 生하는 것도 滅하는 것도 없다(不生不滅). 더 이상 나지도 죽지도 않는다. 도래하지 않은 본질을 직시한 예언은 통합성이 존재한 근거이다. 동시 존재와 초월은 바탕 된 본질이 지닌 특성인 것만은 아니다. 통함을 통해서도 발견된다. 그래서 전지전능하다. 만상은 본질로 구성되어 있으므로 한꺼번에 깨달을 수 있다. 장자는, '道는 통하여 하나가 된다. 나누어지는가 하면 이루어지고, 이루어지는가 하면 허물어진다. 무릇 物은 이루어짐과 허물어짐이 없어서 다시 통하여 하나가 된다. 오직

---

193) 『화엄사상론』, 앞의 책, p.323.
194) 「華嚴經義海百門」, 대정장 45.

통달한 사람만 통하여 하나가 됨을 안다'고 했다.[195] 통달한 사람에게만 자격이 있다면 道를 누가 이해하겠는가? 일체인 존재 윤곽을 잡아야 한다. '동양 사상은 우주의 최고 본질과 합일하는 것을 수도의 목적으로 했다. 나도 없고 너도 없으며 주관도 객관도 없는 불이(不二), 불이(不異)인 無我가 근본 철학을 이룬 것은'[196] 전 우주가 통한 상태를 전제한 것이다. 통함이 道와 우주로 하여금 합일될 수 있는 이상을 꿈꾸게 했다. 우주는 하나이요, 너와 나는 둘이 아니다.

근거가 확실하기 때문에 통합 본질이 지닌 작용 메커니즘이 세계로 확대되었다. 진리면 진리, 창조면 창조, 하나님이면 하나님에 대해서도 작용이 가능했다. 세계와 진리는 통해서 꿰뚫을 수 있는 적격 대상이다.[197] "나의 道는 하나로 꿰뚫는다(공자)." "道는 하나일 뿐이다(맹자)."[198] '宇는 공간을 宙는 시간을 뜻하지만',[199] 시간도 공간도 꿰뚫어지는 것은 같다. 특히 태초에 천지가 창조된 시간대를 누가 상상이나 할 수 있겠는가만, 영겁이 흘렀더라도 한통속이라면 꿰뚫어진다.[200] 하나님이 만세전부터 주관한 창조 목적도 꿰뚫어진다. 어떻게 가능한가? 만사가 하나님의 뜻 안에서 이루어졌기 때문이다. 합당한 네트워크 체제를 갖추었기 때문에 하나님이 만사에 걸쳐 주재 의지를 발휘할 수 있었다.

---

195) 『老子翼』, 초횡, p.27.

196) 『21세기 문명 동양정신이 만든다』, 오국주 저, 살맛난 사람들, 1994, pp.66~67.

197) 진리는 한통속이라 모든 것이 일관되고 결국은 하나로 꿰뚫어짐.

198) 『양명철학의 연구』, 안재운 저, 사사연, 1991, p.81.

199) 위의 책, p.83.

200) 무한한 시공간대와 존재의 실존 의지까지도 한통속인 본질로 꿰뚫어짐 -『세계통합론』, 앞의 책, p.485.

8. 만물의 통합성 인식

　만물은 통합성이란 바탕 본질이 있어 분열의 극단에서 온갖 형상과 色을 장식했다. 인체의 말단에는 손가락과 발가락이 열 개씩 있다. 역할은 다르지만 태어날 때부터 갖춘 통체 조직이다. 일체를 동시에 갖춘 상태에서 출발했다. 본질은 통체이지만 말단은 극단으로 분화되어 있다. 어떤 형상, 존재, 인식도 마찬가지이다. 의식도 인식의 말단에서는 분열할 수밖에 없다. 시간이 흐르고 있는 질서 속에서 인식의 동시 성립은 불가능하다. 과정을 버리면 통체 상태를 표현할 방법이 없다. 지배한 법칙 안에 있다. 그래서 이 연구는 만물이 갖춘 통합성 상태를 인식한다는 관점에서 살피고자 한다. 본래 궁극적인 실상은 그렇지 않은데, 관점이 달리 판단하게 한다. 그렇게 보이는 것은 분열하는 현상계가 지닌 어쩔 수 없는 제약이다. 그래서 본질을 모르면 그것이 참 실상인 줄 안다. 인식의 한계를 알아야만 만물이 지닌 모습을 정확히 볼 수 있다. 그렇지 못하면 한계를 보탠 악순환만 반복된다. 부여된 각구 太極이 전부인 것으로 착각한다. 분열성을 극복해야 한다. 서양 철학이 제시한 物心二元論은 통합성 상태를 인식적으로 분리시킨 것이다. 物心은 분리될 수 없지만 이해하기 위해 분리했다. 이원성은 분열 메커니즘에 의해 도출된 관점이다. 그런 만큼 통합성 관점은 세계를 하나 되게 하기 위한 필수 조건이다. 대개는 일어난 결과에 대해서 원인을 찾는다. 원인과 결과는 필연적으로 연결되어 있다. 아니 원래부터 하나이다. 알고 보면 경과상에서 원인과 결과란 차이가 있을 뿐, 원인과 결과는 분리될 수 없다.

　그래서 선현들은 인식의 한계성을 극복하고 통합적인 본질 상태를 직시하였는데, 『법화경』에서 말한 '일승묘법(一乘妙法)' 사상이 그중 하나이다. 즉, "정신[心]에는 정신의 法이 있고 육체[色]에는 육체의 法이 있다. 그러나 근본에서는 색심불이(色心不二)이다. 모든 사물에는 각자를 떠받치고 있는 理法이 존재하며(일체법 또는 諸法), 그들은 독립 무관계한 것이 아니라 근본에서는 不二 일체로서 제법 통일의 대법인 우주의 통일적인 진리를 지닌다."201) 그래서 '일승묘법'을 곧바로 우주 만유의 근저에 놓아버린 것은 안타깝다. 바라만 본 관점은 제법을 통일할 수 없다. 직접 본체를 드러내어야 한다. 원리로서 제시된 일승묘법은 본체를 규명하지 못한 妙法(X)인데, 그 자리에 안주한 분이 만법의 본체자로 강림한 보혜사 하나님이다. 본체적인 바탕이 드러나지 못한 선천에서는 아무도 이원성을 넘어서지 못했고, 일승 대법도 생성된 질서와는 무관하다. 따라서 묘법인 본체가 분열을 다할 때까지 기다려야 한다. 묘법이 궁극적인 본체로서 드러난 상태, 즉 色이 있는 것은 空이 있기 때문이고, 空이 있는 것은 色이 있기 때문이다. 내가 나를 인식하는 것은 내가 그렇게 존재한 때문이다. "범아일여(梵我一如)이라, 브라만과 아트만은 본질적으로 같다."202)203) 분리될 수 없고, 하나이면서도 하나는 하나로서 성립되기 위한 조건을 필요로 한다. "色은 色만으로 인식할 수 없어 空이 필요하고, 空도 色과의 관계성 면에서 조건이 같다."204) "삼세도 시공의 분열 관점을 빼면 하나이다."205) 太極·梵·空·一圓相·통합성 등등206) 그러면서도 道,

---

201) 『대승경전의 비밀』, 앞의 책, p.86.

202) 『반야심경의 세계』, 정병조 저, 한국불교연구원, 1999, p.119.

203) "아트만=브라만: 개체적 자아는 보편적이며 영원한 자아와 동등하다." - 『현대물리학과 신비주의』, 켄윌버 편저, 박병철·공국진 역, 고려원미디어, 1991, p.115.

204) 『세계통합론』, 앞의 책, p.377.

法은 본체에 대한 통합적 인식 형태이다.[207] 一卽多 多卽一이다.

파르메니데스는[208] '세계의 참된 존재는 一者(The One)이며, 그것은 절대의 有이고, 有의 성질은 불생불멸(不生不滅), 무시무종(無始無終), 불가분(不可分), 불변(不變), 부동(不動)의 것'이라고 했다.[209] 통합성을 一者로 본 것인데, 그 부언한 속성을 보면 도무지 인식이 불가능하다. 생성 질서를 부정한 논리이다. 분리해서 인식하면 이해할 수 없고, 이해할 수 있는 방식으로 분리하면 말이 안 된다. 이율배반을 극복하기 위해서는 통체로 존재한 차원 세계로 진입해야 한다. 선각들은 이와 같은 차원성을 부각시키려고 하였지만 이루지 못하였다. 一者, 곧 절대 有는 神을 일컬은 것이지만, 一者만으로서는 통합적인 실상을 드러낼 수 없다. 이 같은 여건으로서는 儒家에서 세운 이일분수(二一分殊) 논리도 이해할 수 없다.

> "한 기운이 운행하고 조화하여 흩어져 만 가지 형상이 된다. 나누어 말하면 천지의 만 가지 형상이 각각 한 氣이며, 合하여 말하면 천지와 만 가지 형상이 똑같은 한 氣이다."[210]

통합성 상태를 풀어놓아도 이해하지 못하고, 가치가 인준되지 못한 것은 물론이고 진리로서도 참된 역할을 하지 못했다. 원효는 '우주 만물은 一心으로 말미암아 존재하고 생성하며 발전한다(一心說)'고

---

205) 『세계본질론』, 앞의 책, p.211.
206) 『세계창조론 서설』, 앞의 책, p.98.
207) 위의 책, p.104.
208) Parmenides: B.C. 544~501.
209) 『원불교사상 논고』, 김홍철 저, 원광대학교 출판국, 1980, p.187.
210) 『栗谷全書』, 권 14, 답성호원 - 『한국철학사상사』, 주홍성 · 이홍순 · 주칠성 저, 김문용 · 이홍용 역, 예문서원, 1993, p.259.

했다.[211] 물질과 정신적인 현상이 一心으로부터 파생된 것이란 뜻으로, 천지가 창조되기 이전부터 존재한 신비하고 초인간적인 절대정신이다(세계 본질).[212] 하지만 그런 실체(一心, 一者, 一氣)를 누가 보았는가? 설명하였는가? 인식의 눈꺼풀을 벗겨야 통합성 상태를 볼 수 있고, 통합적 기반 위에 서야 강림한 하나님을 볼 수 있다. 통합성 자체는 연면한 것이므로, 천만 년에 걸쳐 생성을 완료한 결과 보혜사란 이름으로 강림하였다.

9. 만물의 통합성 논리

논리를 펼치기 위해서는 합당한 이치를 동원해야 한다. 근거 자체가 참되지 못하면 그 위에 세워진 논리는 아무리 일목요연하더라도 허사이다. 세상이 통합성 상태를 이해하지 못하는 것은 세운 논리가 틀린 것이 아니라 전체 본질이 분열하는 도상에 있어 제한적인 상황을 벗어나지 못했다. 이 연구가 통합 논리를 펼친 것은 합당한 이치에 근거했기 때문이다. 통합성이 지닌 실체 작용을 당위 근거로 삼고, 그로부터 온갖 이치를 일구었다. '~하기 때문에 ~하다'란 등식이 그것이다. 당위성에 근거한 논리는 궁극적인 실체를 판단하는 데 있어서도 이치를 보다 본원적이게 할 수 있다. 문제점과 부딪히면 꼬리를 감추는 자기 합리화가 아니다. 심원한 것이므로 어떤 측면에서는 유일 절대적이기조차 하다. 근원된 본체로부터 창출된 논리는 만원리를 유도한다. 원리는 온갖 작용을 일으키는 시발력이다. 창조 본질은 통

---

211) 위의 책, p.18.
212) 위의 책, p.58.

합적으로 되어 있어 만개된 세계를 하나 될 수 있게 하고, 그렇게 하기 위해 생성 중이다. 근본·근거가 원래 그러해 회귀, 귀일, 순환, 합일, 일체, 윤회, 재림, 하나 된다. 하나인 본질이므로(하나님) 세계가 하나인 통합 의지 안에 있는 것은 당연하다. 하나이기 때문에 삼라만상이 하나로 통합된다. '이법도 하나인 이치로 귀일'할 것은 당연하다.[213] 사물의 개별적인 뿌리와 바탕{根原}은 제각각이다. 그러나 그것이 사물의 보편적인 본래 근원{本主}이라면 둘일 수 없다. 왜 그런가? 근원이라면 만물이 딸려 나온 곳이고, 만물의 모든 덕성을 갖춘 때문이다(『천주실의』).[214] 부분은 완전하지 못해 혼자로서는 존재할 수 없다. 통합이 필요하다. 분열을 통해 존재하게 된 것이 개체이다(실체). 그래서 통합은 삼라만상을 낳은 神이 이룰 수 있는 가능한 의지의 발현이다. "전체인 하나(神)가 만유를 통괄할 원리와 에너지를 지닌 것은 만유가 하나로부터 말미암아서이다."[215] 만사는 하나님과 통한다. 본의만 알면 온전하게 통하고 통합된 당위 인식 위에 선다. 다양성이 극한 지금은 만상을 규합할 통합 의지가 당연히 발현되어야 하고, 때가 되면 도래할 대세 섭리였다. 탈레스(고대 그리스의 자연철학자)가 일식을 예측할 수 있었던 것과 같은[216] 정확한 도달 루트이다. 분열이 극에 달한 다양성을 통합할 의지를 하나님이 지녔다. 다양성의 이면에서 통일성을 추구한 것인데,[217] 神은 다양성과 통일

---

213) 『화엄사상론』, 앞의 책, p.383.

214) 『천주실의』, 마테오리치 저, 송영배 외 5인 역, 서울대학교 출판부, 2000, p.62.

215) 『세계창조론』, 제3편 조물론, 앞의 책, p.132.

216) 서양철학은 그리스철학에서 시작, 탈레스는 원질을 물이라고 하여 자연철학을 열었다. 다양을 단순한 도식으로 이해하려고 했음.

217) 『인간과 신에 대한 파스칼과 노자의 이해』, 조명애 저, 서광사, 1994, p.89.

성을 동시에 함유하였다. 통일은 각자의 개체를 인정한 상태에서의 규합이지만 통합은 부정도 긍정도 모두 합해서 일체되게 한 것이다. 이것이 통합성에 대한 결론이다. 세계를 하나 되게 하는 것은 하나님이 본유한 능력으로서 반드시 실현시킬 성업이다.

10. 만물의 통합성 원리

만물을 하나 되게 할 통합성 원리는 어떤 모순과 대립도 즉각 녹여 낼 수 있는 만병통치약이 아니다. 정해진 원리를 따른다. 하나님은 천지를 낳은 모태이고 본체인 어버이로서 전체, 하나인 님, 太一=全, 太極=道=神이다. 누가 통합 원리를 제시할 수 있는가? 인간은 어렵지만 하나님은 천지를 창조한 당위성에 근거했다. 통합성 원리는 현실적인 조건으로서는 이해하기조차 어려운 차원성을 지녔다. 모순된다고 하는 주장에 대해서는 설명이 필요하다. 원리는 무엇에도 적용되는 객관성과 보편성을 지녀야 한다. 주관적인 것은 원리일 수 없다. 어떤 것이 참된 것인지를 구분하고자 할 때, 열 사람이 열 가지로 판단하였다면 그것은 원리가 아니다. 재림은 언제 어떻게 이루어질 것인가? 설명이 구구하다면 그것은 원리일 수 없다. 재림은 그와 같은 믿음을 통합했을 때 실현된다.

통합성 원리는 근원된 본질로부터 생성된 질서에 근거해야 만인과 만사에 대해 적용되는 원리가 된다. 당장은 모순과 대립된 상황에 처하였더라도 그런 조건을 일시에 해소시키는 것이 통합성 원리이다. 누가 누구의 사상 철학을 따랐다, 혹은 적용했다, 혹은 기초했다고 한 것은[218] 통합성 원리가 아니다. 조화는 각자의 이질성을 전제로 한 통일적 질서 부여책이며, 통일은 각자의 독립성을 분쇄시킨 바탕 위에서 세운 질서 의식이다. 모순이란 끝내 결합될 수 없는 원칙인데 무리하게 조절·조화라는 방식을 택한 것이다. 그래서 결국은 어느 한쪽이 한쪽의 질서를 따르거나 포기·정복하는 방식을 선택하게 된다. 융화는 서로 풀림이고 이해·소통시킨다는 뜻이기는 하지만 통합성 원리는 아니다. 선천에서는 분열 논리가 만사를 지배하다 보니 관점 면에서 상대화되었다. 조화, 조절, 융화, 통일은 통합성을 지향한 방식이기는 하나, 아퀴나스가 아리스토텔레스의 철학과 가톨릭 신학 사이에 서로 모순되는 것 없는 결합은 시도했더라도[219] 결국은 인위적인 생각일 뿐이다. 각자는 여전히 각자 지닌 기반이 있다. 이것이 지난날 이룬 통합 방식이다. 하나가 다른 하나를 이해하는 것조차 어려운데 전체를 통합할 수 있다니! 만유를 포괄할 수 없다면 하나님으로부터 창출된 통합성 원리로서 조건 미달이다. 포괄해야 통합 원리로서 인정된다. 통합성은 일반적인 원리와 대립될 수 없다. 통하고 규합할 수 있는 것은 기본 조건이다. 원리는 주장이 아니다. 만사에 적용 가능한 구조적 체계이다. "有와 無는 모순되지 않고, 만물은 걸림 없이 상호 관통한다."[220] "모든 대립, 즉 有形과 無形, 有狀과 無狀, 有物과 無物, 시간성과 무한성이 서로 관통하여 갈등할 수 없다(왕필)."[221] "道는 통하여 하나가 된다."[222] "하나가 되므로 차별이 없다."[223] 성

---

218) 아퀴나스의 목표는 '이성과 신앙, 철학과 신학, 아리스토텔레스와 가톨릭 교리와의 조화를 이루는 것이었다.' - 『복음주의 입장에서 본 기독교 사상사』, 토니 레인 저, 김응국 역, 나침반사, 1988, p.207.

219) 위의 책, p.207.

220) 『노자철학의 연구』, 김항배 저, 사사연, 1986, p.37.

221) 위의 책, p.57.

222) 『장자』, 제물론편

223) 『중국의 유가와 도교』, 임계유 편자, 권덕주 역, 동아출판사, 1993, p.417.

향으로 보면 곧바로 통합성 원리인 것처럼 보이지만 아직은 근거일 뿐 완성시킨 원리가 아니다. 통합을 지향한 성향은 세계가 걸어온 역사 위에서 역력하다. 칭기즈칸과 나폴레옹이 기도했던 무력적인 세계 정복, 종교계가 추진했던 이상화, 기독교의 세계 복음화, 사상적인 통일도 통합을 이루고자 했던 노력의 일환이다. 특히 사상적 영역은 지고하기조차 하다.

> "法性은 원융하니 두 모습이 없고, 諸法은 움직임이 없으니 본래부터 고요하며, 이름도 없고 모습도 없으니 모든 것을 뛰어넘는다. …… 하나 가운데 모든 것이 있고 많은 것 가운데 하나가 있다. 하나는 곧 모든 것이요, 많은 것은 곧 하나이다(『화엄일승법계도』-의상)."224)

세계의 본원 문제에 대해 의상은 세계란 보편적이고 절대적인 정신 실체, 즉 理로 말미암아 구성된 통일체로 보았다. 사물은 본체인 理가 현현하여 나온 것이므로 하나하나의 현상은 각각 본체인 理를 지닌다. 이에 갖가지 사물은 서로를 포용하며, 사물들 사이에는 어떤 차별도 대립도 없다. 이것이 세계가 하나 될 수 있는 사상적 근거이다. 하나인 理로부터 말미암아 만사가 원융(圓融)한다는 뜻으로, 이것은 기존의 창조설이 당면했던 문제의식과도 동일하다.225) 누가 고양이 목에 방울을 달 것인가?226) 누구도 사물의 본체인 理가 현현하여 나온 과정을 제시하지 못했다. 의상도 보기는 했지만 논리적으로는

---

224) "法性圓融無二相, 諸法不動本來菽, 無名無相絕一切. …… 一中一切多中一, 一即一切多即一." -『華嚴一乘法界圖』.

225) 화엄종의 理事說에 기초한 의상의 원융설(圓融說): 理는 중생이 성불할 수 있는 근거일 뿐 아니라 모든 사물이 존재하는 공통의 본질이고 존재의 근거이다. 이 理와 상응한 현상 세계 또는 개별 존재로 事가 있다. 현상 세계인 事는 본체 세계인 理의 현현이요, 본체 세계는 현상 세계의 근거이다. 이러한 관점에서 출발하여 의상은 원융설을 내놓았다. -『한국철학사상사』, 앞의 책, pp.62~63.

226) 描項懸鈴: 고양이 목에 방울 달기.

단정하였다. 事가 理로부터 말미암게 된 연결 라인, 즉 창조 원리와 이루어진 과정은 아무나 드러낼 수 없다. 세계의 생성이 완료되어야 하는 문제와 관련되어 있다. 理란 본체는? 理라고 상정한 상태에서는 어떤 원리도 붙들어둘 수 없는 뜬구름이다. 차별, 대립을 다 포용하더라도 얼굴 없는 본체이고 실감할 수 없는 논리이다. 진리로서 지닌 이상일 뿐이다. 심증은 있어도 확인할 수 없다. 理란 실체가 보혜사란 진리적 본체로 강림하기까지 인류는 모든 진리를 완성할 '님'의 도래를 기다려야 했다.

한편 북송의 철학자 정호(程顥＝明道)는 「識仁篇」에서 仁에 대해 말하길, 仁은 만물과 몸을 같이하며(同體), 안과 밖, 만물과 나(物我)를 나누지 않는다. 天人 合一을 곧 최고의 도덕 경계로 생각하였다. 왕수인{陽明}은, 大人이란 천지 만물을 일체로 삼은 자이다. 천하를 한집안처럼, 중심 되는 나라를 한사람으로 간주했다. 그런데도 形體를 사이에 두고 너와 나를 나눈 것은 小人들이다. 천지 만물을 한 몸으로 본 것은 마음의 仁이 본래 그와 같아서이다. 仁은 측은지심으로서 어린아이와도 한 몸이고 새, 짐승, 깨진 기왓장과도 한 몸이 되어 통한다.227) 공통된 작용으로 존재성을 제시한 통합 논리는 仁이 본래 만물과 통한 사실을 근거로 해서 천지 만물을 한 몸으로 간주했다. 그래서 仁은 정말 인격 형성의 이상화가 될 수 있다(大人). 하지만 인간이 어떻게 모두 그렇게 될 수 있는가? 천지 만물을 일체로 하여 안과밖, 만물과 나를 나누지 않아도 되는 분은 하나님밖에 없다. 마테오리치는 '천지 만물이 한 몸이라는 논의에 대해, 지나치게 집착하면 하

---

227) 『천주실의』, 앞의 책, p.225.

나님을 우습게보고, 상과 벌이 뒤섞여버리며, 사물 분류의 구별이 제거되어 仁과 義의 도덕이 없어지게 된다'고 하였다.[228] 하지만 과연 그러한가? 오히려 하나님이 만상의 主일 수 있는 근거와 세계를 통합할 수 있는 길을 차단해버린다. 왕수인은 仁의 본성을 통해 천지 만물이 일체라고 주장했지만, 일체인 하나님은 정말 만물을 하나 되게 할 수 있는 통합 원리를 창출한다.

세계를 통합할 원리가 분열 질서를 극복하고 지상 강림 역사와 함께 성큼 다가왔다. 인류가 지난날 고뇌한 것은 진실로 만상의 주인인 하나님을 어버이로서 받들지 못한 데 따른 대가이다. 중국의 선비인 풍응경(馮膺京, 1555~1606)은『천주실의』의 초판 서문에서, '이 책은 우리나라(중국) 六經의 말들을 두루 인용하여서 사실됨{實}을 증명하고(불교나 도교에서) 헛됨[空]을 논하는 잘못을 깊이 있게 비판하였다'라고 하였다.[229] 그렇다면 그 實되고 空된 차이와 기준은? 儒・佛・道・기독교가 기준인가? 어떻게 판단할 수 있는가? 각자 생성된 진리를 본체로 삼고 있어 상대성을 벗어날 수 없다. 實은 空에 대해서, 空은 實에 대해서 헛되고 實한 차이가 있을 뿐, 무엇도 절대 實하고 空하지 않다. 통의(統義)된 입장에서는 하나 된 實이 實되면서 空되고, 空되면서 實하다. 空이 일시에 實로 변하고 그렇게 된 實이 다시 空된다. 떨어져 있다고 생각했는데 붙어 있고, 틀렸다고 보았는데 맞다. 독자적이라고 보았는데 근원이 통합되어 있다. 분별을 있게 한 경계는 가변이며, 경계선인 實과 空은 사실상 한통속이다.

實과 空은 다르지 않다. 일시에, 동시에 공존한 통합성이다. 實과 空

---

228) 위의 책, p.221.
229) 위의 책, p.19.

이 實인 동시에 쏲이다. 화엄종의 교의가 시사한 "人과 法은 서로 대립하면서도 의존한다."[230] "통합성 원리는 개개 현상으로부터 발한 진리가 하나 된다는 뜻이 아니다. 한통속인 본질 안에서 호환되고 초월되어 너와 나, 원리와 道, 생명과 사물 간에 경계가 없는 것이다."[231][232] 본질 상태를 아우른 전체 세계 안에서의 통합이다. 하나님 차원에서 창출된 초월 의지이다. 어제까지는 남으로 알고 삿대질까지 한 사람인데, 갑자기 잃어버린 형제라는 사실을 알았다면? 선천에서는 개별적인 세계인데 이 순간 일시에, 동시에 만이면서 하나이다. 多卽一이다. 한통속으로 존재한 하나님은 대립과 경계를 초월한 메커니즘을 제시할 수 있다. '궁극적인 실재에 도달(실현)하기 위해서는 모든 형태의 이원론을 극복해야 한다'고 했는데(대승불교),[233] 그것은 현상계가 아닌 통합성인 본체계 안에서이다. 분열성으로부터 통합성으로 전환되는 것이 바로 경계를 허물고 대립을 벗어나는 길이다. 우리는 어떻게 보는가에 따라 세계관에 지대한 영향을 끼친다. 궁극적인 실재에 도달하려고 한(二元性 극복) 노력은 보혜사 하나님을 맞이하는 데 있어 중요한 역할을 하였다.

어렵기는 하지만 통합적인 관점 위에 서면 만사에 형통한 원리를 창출한다. 선각들이 그러했듯 만사에 통달했더라도 그것으로 세계를 통합할 수 있는 것은 아니다. 하나님의 뜻을 알아야 한다. 승자는 영원할 수 없다. 게임의 승패는 절대적이지 않다. 어제는 상대도 안 되

---

230) 『화엄사상론』, 앞의 책, p.384.
231) 『세계본질론』, 앞의 책, p.143.
232) 전체적인 본체자가 존재함=하나님.
233) 『선과 현대철학』, 아베 마사오 · 히사마츠 신이치 저, 변선환 엮음, 대원정사, 1996, p.323.

었는데 오늘은 설욕된다. 실패는 성공의 어머니이다. 실패자로서 겪은 좌절과 고뇌가 어느덧 승화된다. 역설이 오히려 진설이다. 버려진 돌이 쓰임돌이 된다. 부정되었던 평가가 찬양되기도 한 것이 어제까지의 역사이다. 우리는 필요하면 취하고 아니면 버리지만 하나님은 그렇지 않다. 세상에 놓인 어떤 것도 다 쓴다. 인간은 분란 짓고 다투지만 하나님은 일체 동요가 없다. 그러한 세계가 곧 불가분(不可分), 불변(不變), 부동(不動)한 본질 세계란 것을 누가 알았는가? 세계의 전체성을 밝혀야 했다. 一者가 불가분인 상태에서는 하나님도 드러날 수 없다. 불가분이란 차원성을 이해할 수 없다. 불가분은 전체가 개체에 대해서 가지는 통속성이다. 전체에서는 불가분이란 구분 자체가 없는데, 개체가 존재하다 보니 부각된 분별 의식이다.[234]

생성하는 세계에서의 판단은 생성을 완료하기까지는 일체가 미완이다. 믿음을 견지해야 할 뿐이다. 헤겔은 세계의 본질을 正·反·合이란 변증 논리로 펼쳤다. 어떻게 正이 反이 되고 反이 合이 될 수 있는가? 분열하는 세계에서는 마법의 논리이다. 正·反·合은 어디에도 연결된 고리가 없다. 그런데도 결국 合을 창출한다. 해명할 눈높이를 가져야 하는데, 그것이 곧 통속 안에서 이룬 작용 원리이다. 正·反·合은 본질 안에서 창출된 통합 원리이다. 正·反·合은 원래 구분이 없다. 하나인 본질이 긍정되기도 하고 부정되기도 한 것은 본질이 생성하는 과정에서 모습을 달리한 것이다.[235] 세계는 원래 하나이고 구분 없는 동질성이다. 陰과 陽은 대립될 수 없다. 때가 이르면 陰이 陽이 되고 陽이 陰이 된다. 삼차원에서는 사차원을 볼 수 있는 문이 없

---

234) 『원불교사상 논고』, 앞의 책, p.187.
235) 일체의 변화는 생성에 원인이 있음.

다. 모순이(대립된 양극성) 어떻게 세계를 발전시키는 원동력인가? 통속이 창출한 원리인데 제한된 관점으로 보니까 모순된 변증법이 되고 말았다. 하지만 실상은 부정이 긍정되고 어느덧 완성된 세계로 와 닿는다.

　현재까지는 어떤 진리가 완성되었고 절대적인가? 생성하고 있는 그것이 절대적이다. 어떤 것도 절대적일 수 없는 세계에서는 어떤 진리도 절대 기준이 될 수 없다. 절대적인 것이 없는데 절대 진리를 내세운 그것이 온갖 대립을 일으킨 원인이다. 생성을 본질로 한 세계에서는 아무것도 결정된 것이 없다. 세계는 이미 결정되었기 때문에 모든 것이 지금 결정되고 있다는 사실을 명심해야 한다. 생성 가운데 있기 때문에 사물 현상과 진리는 절대적인 기준으로 판단할 수 없다. 모순과 긍정은 생성 가운데서 형태를 달리한 실존 양식일 뿐, 종국에는 합일을 지향한다. 생성은 분열이 낳은 융합된 힘인 동시에 융합이 낳은 분열된 힘이다. 부정의 부정의 법칙이 있는 것처럼, 만사는 완성되기 위한 과정에 있어 절대 부정은 없다.236) 부정이 없으므로 당연히 절대 긍정도 자리를 붙일 곳이 없다. 그런데도 대립이 난무한 것은, 세계가 그런 것이 아니라 인간이 그렇게 한 것이다. 상호 교통, 관통, 전환, 역전이 가능하고 사랑에는 국경이 없다. 생명체의 암수 구별은 통체 안에서의 결정이다. 하나님은 하나인 통합체이다. 나는 남자 하나로서 존재하지만 하나님은 남자와 여자를 모두 품수했다. 正은 절대적인 긍정이 아닌 것처럼 反도 절대적인 부정이 아니다. 생성 과정에서 모든 상황이 결정되어 가는 것처럼 보이지만, 사실은 많은

부분이 미래로부터 다가온 것이다. 미래가 이제 막 결정되어 나타난 것이 현재이다. 현재는 참으로 결정되었다고 할 수도 없고 결정되지 않았다고 할 수도 없다. 그래서 인간은 이렇게도 저렇게도 할 수 있는 자유의지를 지녔다. 하나님이 허용한 위대한 창조 공간과 자유의 지로서 결정되었으면서도 아직 결정되지 않은 현실 속에서 인간은 새로운 운명을 개척하고 있다.

통합성 원리는 정교한 인식 원리는 아니지만 만사가 지닌 대립 상황을 풀 수 있는 키를 지녔다. 그것은 원리가 아니며 차원적인 관점이다. 원래 세계가 대립된 원인이 분파된 관점 때문이므로, 통합성 원리도 관점을 극복해야 확보된다. 관점은 부분이고(제한적) 본체는 전체이다(통합성). 분란과 이원성을 극복할 수 있는 것은 세계적 극점을 볼 수 있는 안목을 확보했을 때이다. 마테오리치는 중국 선비가 가진 중차대한 의문점에 대해 강림한 예수가 단지 사람이 아니라 실제의 天主인 것에 대한 징험의 문제를 다루었다. 기독교 문화가 팽배된 사회에서는 예수에 대한 예언과 전승된 신앙 역사가 깔려 있지만, 중국에서는 생소할 뿐이다. 이런 여건에서 내세울 수 있는 방식은? 스스로 말한 것을 전하는 것뿐이라면 믿기에 충족한 증거가 안 되므로 오직 天主께서 할 수 있는 일을 구분하는 방식을 통해 돌파구를 찾았다.

"약으로 다스릴 수 있는 병에 대해 올바른 처방으로 치료를 하였다면 의술을 배운 사람은 할 수 있는 일이다. 이런 부류의 일로 성인을 징험해서는 안 된다. 그러나 만약 하나님의 일이나 죽고 난 뒤의 미래의 일들을 가르치고 도리를 전수하려고 한다면? 어떤 이가 신묘한 공력과 뛰어난 덕을 가지고 造化를 함께 사용함으로써 투약이란 방법을 쓰지 않고서도 치료할 수 없는 병을 치료하고, 이미 죽은 자를 살려낼 수 있다면? 이와 같은 일들은 사람의 힘이 미치지 못하므로 반드시 天主로부터 오는 것이다. 天主께서 하시는 일이다. 그런데 중국에서 말한 성인들은 이런 능력에 못 미친다. 이에 예수라는 분이 있다. 그분은 두루 돌아다니며 백성을 가르치고……, 귀머거리는 들어라 명하자……, 죽은 자는 살아나라 명하자……, 하늘과 땅, 귀신이 다 그분을 두려워하고……, 대낮에 하늘로 되돌아……. 당시 네 명의 성인이 그분의 실제 행적과 말씀을 기록하였고(사복음서)……, 이로부터 서양의 여러 나라에서 교화가 크게 행해졌습니다(天主께서 서양에 강생하신 이유를 해석함)."237)

사람의 힘으로 미칠 수 없는 것을 통해 天主께서 하신 일을 구분하고, 사람의 힘으로 할 수 있는 일을 통해 天主로부터 오는 것을 구분한 것은 인간의 한계성을 전제한 상태에서 天主의 실체를 상정한 것이다. 그러니까 진실성은 보이지만 복음이 진리적인 측면에서는 한계에 처할 것이 명백하다. 바탕 된 색갈인238) 하나님을 배경으로 두지 못한 상태에서는 어떤 진리도 자기 색깔을 드러낼 수 없다.

비슷한 징험성을 근거로 이 연구에서도 하나님의 지상 강림 사실을 선언하였는데, 강림한 사실에 대한 징험 문제는 어떻게 해결하였는가? '만물의 통합성 원리'를 인출함으로써이다. 통합성 원리는 그야말로 하나님으로부터만 나올 수 있다. 원리를 창출할 수 있는 권능, 만사를 관철시킬 수 있는 관점, 세계를 주재한 통제력이 모두 하나님이다. 하나님이 전체자로서 존재해야 창출될 수 있는 것이 통합성 원리이다. 하나님을 뜻과 의지력과 진리로서 풀어놓았다. 세계 통합은 창조된 하늘이 결정한 천명이고, 부인할 수 없는 계시이다. 통합성 원리는 그대로 이 땅에 강림한 하나님의 진리적 실체인 것을 눈이 있는

---

237) 위의 책, p.427.

238) 나는 '색갈이' 하고 글자를 친 다음 띄어쓰기를 하였는데 컴퓨터가 소리를 내면서 '색깔이'로 바꾸어버림. 현실 존재가 결정된 것 같으면서도 결정되지 않은 미결정력과 창조의 원천 결정력에 대한 예.

자는 볼 수 있고 생각이 있는 자는 판단할 수 있다. 하나님이 강림한 사실이 확정되고, 본체적인 진리력이 태동되었다. 先天과 後天이 구분되고 종말 국면이 수습되어 문명 역사가 전환되리라. 天權을 확립하리라.

11. 존재 · 의식의 통합 과정 원리

통합적인 원리 인출은 하나님이 보혜사로서 강림된 존재자로서의 윤곽과 좌표를 어느 정도 설정한다. 그렇지만 이 같은 인출이 어떻게 해서 이루어진 것인지에 대한 경과는 아직 밝히지 못했다. 물론 과정만 밝힐 수 있다면 그것이 곧 섭리된 역사가 되겠지만, 여기서는 그 출발 디딤돌을 본인이 존재함으로써 확보한 인식으로부터 잡고자 한다. 아무리 거대한 통합체도 합당한 원리를 따라야 하며, 이것은 원리를 자각한 주체자의 인식으로부터 비롯된다. 통합성은 원리를 낳지만(잠재), 이것은 인식한 인간이 지닌 주체자로서의 관심 영역이기도 하다. 원리가 역사를 수놓았다면 그것을 직접 이루는 것은 인간이다. 통합성 원리를 인출한 것도 사실은 본인의 의식이 통합 작용을 일으킨 사실을 발견한 시점으로부터이다. 흐트러진 정신세계를 집중한 일련의 노력이 존재 의지를 발동시켰고, 이것이 의식을 통합하는 작용을 일으켰다. 이런 작용이 나아가 제반 사물 현상과 진리를 판단하는 데까지 확대되었다.[239] 인식적인 판단은 세계적인 여건상 대부분 소실되어 버리기 때문에 본인은 직관된 생각을 기록하는 습관을 가졌다. 그러니까 자각된 생각이 무형의 인자로서 의식 속에 축적되었다가

---

239) 『세계통합론』, 앞의 책, p.307.

표출되었다.[240] 어떤 경우도 생각을 거부하지 않았는데, 이것이 일정 기간 잠재되어 있다가 세계적인 성숙과 더불어 통합된 형태로 모습을 드러내었다. 무엇이라도 의식의 첨단에서 포착된 것은 통합 작용을 일으킨다. 이런 작용이 있어 진리 세계를 통합하고 원리를 인출한 것은 세계 통합까지 가능하게 하였다. 인식은 분열하지만 의식은 통합된다고 본 것이 의식 작용을 통한 정확한 판단이다. 그리고 이것은 세계에 가로놓인 일체 요인들, 그러니까 진리, 종교, 학문, 역사, 제도…… 세계도 통합할 수 있는 세계관적 바탕이다.

스크린에는 어떤 영상도 비출 수 있는 것처럼, 전 우주와 통하고 근원이 함께한 의식이 하나님과 한통속이라면, 삼라만상 우주와 진리와 道도 수용하지 못할 리 없다.[241] 통합성은 선각들의 표현처럼 기묘하기는 하지만 의식은 통체적인 본질답게 진상 본질을 투영, 반영, 관조해서 형상화시켰다. 통합된 道는 통합된 본질로서 존재하지만(무형, 잠재), 세상 위에서는 분열하지 않을 수 없으므로, 이 같은 과정 속에서 道는 더욱 큰 에너지로 통합되고, 발산된 의지력은 생성된 흔적을 남겼다. 그래서 지나온 과정을 추적하면 道의 통합성 여부를 확인할 수 있다. 본체는 직접 분열해야 드러나지만 직관을 통하면 볼 수 있고, 이것을 종합하는 것은 유효한 추적 방법이다. 분열된 과정을 섭렵하는 것은 통합된 모습을 재구성하는 길이다. 유구한 세월과 추구 정신과 세계에 대한 믿음을 견지해야 하는 것이 문제일 뿐이다. 존재하는 자는 모두 의식적인 기능을 지니지만 중요한 것은 통합에 대한 안목과 사명을 가지는 것이다. 이것은 잠재된 가능성에 대한 발

---

240) 위의 책, p.334.
241) 아무 이질성이 없음.

견이고 의식적으로 내린 신념적 결단이기도 하므로, 이런 과정을 거쳐 본격적으로 통합적인 안목을 틔웠다. 의식이 통합된 데 따른 세계적인 원리성의 자각이랄까? 제 세계의 통합과 원리 인식과 역사적인 융화는 어떤 관점에서 가능한가? 합일될 수 있는가? 관망하고 판단할 수 있는 일체 과정을 통해 정신과 세계적인 원리들을 거부하지 않았으며, 그것은 하나님이 창조한 세계 속에서 가능한 일이다. 있는 것은 이미 있는 것이므로, 이것이 어디서 왔는가 하는 것이 문제일 뿐……. 의식이 그러하듯 세계도 그러하리란 신념으로 통합 과정을 추진시켰다. 그리하여 의식이 통합된 구조는 물론 세계 통합과 하나님의 존재 구조까지 밝혀내었다. 만물은 통합된 형태로 생성되고 제반 개념과 현상과 존재 앞에서 통합된 형태로 의식된다. 개념이 뭇 사물을 규정하는 것처럼 보이지만 바탕 된 본질은 무엇으로도 단절될 수 없는, 의식은 하나의 통합된 형태로 존재하고 존재는 하나의 통합된 상태로 의식된다.

그러므로 알아야 할 핵심은 결국 이것이다. 통합성은 통속 본질이므로 드러남도 인식도 어렵다. 확인하기 위해서는 의지를 발현시킨 生의 투신이 필요하고, 애써 진리를 일구어야 한다. 하나님은 천지를 창조하였고 인류 역사를 추진하였으며 세계를 통합할 수 있는 원리를 창출하였다. 세계를 준비하지 않고 천지를 창조할 수 없는 것처럼, 세계를 통합하지 못하는 하나님은 존재할 수 없다. 그래서 하나님이 완전하게 드러나기 위해서는 세계가 분열을 완료해야 하는 조건이 필요했다. 세계 가운데 가로놓인 실상도 마찬가지이다. 원리를 창출하고 진리를 토해내어도 이것을 이해하는 데는 여지를 남기므로, 인류 구원은 끝까지 장담할 수 없다. 현실 역사는 유동적으로 결정권이 보류된 상태이다. 역사를 판단한 인자로서 열린 안목이 필요하다. 세계 통합은 하나님이 발휘한 뜻이지만 역사를 직접 이루는 것은 인간이다. 노력하고 또 노력하면 인류는 일찍이 약속된 장대한 역사를 가슴으로 맞이하리라.

12. 진리의 통합 과정 원리

사람이 태어나 살아가는 삶의 의지 분출 형태는 각양각색이지만 평생 진리를 추구하고자 한 구도 자세를 일관시키는 것은 쉽게 취할 수 있는 것이 아니다. 하지만 본인은 자아가 형성된 청소년 시절부터 그 같은 삶의 자세를 동경하였다. 모색 과정을 거쳤으며 지금은 어느 정도 결론까지 섰다. 본인이 추구한 길은 객관적인 지식을 파고든 학문 탐구와는 성격이 다르다. 道를 구하고자 한 수행행과도 거리가 있다. 본성이 갈구한바 사명을 지키고자 했다. 그런 신념이 하나님의 뜻이었다고 한다면 거부감이 크리라. 그렇다면 이 같은 길은 정말 어디로부터 주어진 것인가? 내면의 의식과 통합 작용이 있어 진리 세계를 섭렵할 수 있었다. 각성된 의식으로 세계의 제 사상, 철학, 학문 영역을 탐구한 절차를 거쳤다. 일련의 과정을 거친 연후에야 세계의 문을 열게 된 것이니, 그것이 곧 "진리 통합의 완수 위에 드러난 보혜사 성령의 실체이다."[242] 하나님을 진리적 실체로서 통찰한 대 개안 역사로서, 이것이 오늘날 지상 강림 역사를 있게 한 사상적 기반을 이루었다.

하나님은 역사 위에서 종종 나타났지만, 진리자로서의 모습은 구

---

242) 『길을 위하여(3)』, 졸저, 인쇄본, 1990. 이 책의 부제임.

축하지 못했다. 그래서 전후의 과정을 통해 총화를 이룬 것이 이 연구이다. 진리를 통합한 과정은 나아가 세계를 발판으로 통합을 실현할 수 있는 전조가 되었다. 주관된 역사가 있었기 때문에 가능한 일이다. 파고들수록 하나님의 모습이 명료하여졌고 지상 강림 역사도 기정사실화되었다. 진리는 사실적인 현상을 구조적으로 체계 지은 것이지만 그 본질은 초월·통합·선재적인 특성도 지녀 하나님의 존재 속성을 구체화시켰다. 창조에 근거한 진리의 개념은 모두 이런 통찰 관점에 힘입은 바이다. 천지는 창조되었기 때문에 진리도 창조된 과정을 통해 인출된다. 근원으로부터 분열되다 보니 진리는 바탕 된 본질 내에서 두루 통한다. 과학이 밝힌 진리나 종교가 내세운 진리도 예외가 없다. "진리가 하나님의 본질로부터 근원된 것이 확실하다면, 세계가 아무리 천차만별하더라도 결국은 하나인 창조 목적과 의지와 뜻 안에서 꿰뚫어진다."[243] 진리는 참인 것을 넘어 하나이고 생명성을 지녔고 하나님의 살아 있는 심장 박동소리이다.[244]

진리는 어디로부터 근원된 것인가? 알파와 오메가의 출처를 알았다면 세계를 통합할 원리 인출은 시간문제이다. 안목을 확보하였다면 진리는 북어를 한 줄로 꿰듯 할 수 있다. 儒·佛·道 三敎는 한 뿌리로부터 뻗어난 가지라고 하지만, 그렇게 통찰하였는데도 불구하고 모습이 그대로인 것은 어찌 된 일인가? 그래서 이런 문제들을 매듭짓고자 한 것이 강림한 하나님이 밝힌 세계 통합 의지이다. 분파된 진리 세계를 꿰뚫을 수 있다면 보혜사의 권능도 실증된다. 진리 생성의 근원에 창조가 있고 창조된 바탕에 하나님이 존재하므로, 바탕 본질인 통

---

243) 『세계통합론』, 앞의 책, p.307.
244) 『세계창조론 서설』, 앞의 책, p.17.

합성은 세계를 구축한 억겁 창생의 본질적 모습이 아닐 수 없다. 유구한 세월 가운데서 시대정신으로서, 혹은 역사 인식으로서, 혹은 세계 본질로서 갹출되었다. 어떤 형태이든 세계 본질에 대한 분파이고, 하나님의 본질을 구조화시킨 형태를 벗어날 수 없다. 그래서 본질을 드러내기 위해서는 분파된 진리를 종합해야 하는 절차가 요청되었고, 하나님을 드러내기 위해서는 동서 간을 융화시켜야 한 섭리 역사가 필요했다. 하나님이 통합된 모습으로 존재하므로 인류의 문화, 역사, 제도, 세계관도 통합할 수 있다. 진리를 통합하면 세계도 통합하고 진리가 하나 되면 세계도 하나 된다.

외롭게 믿음을 수호하고 어려운 여건 속에서도 세계를 지탱한 진리들은 참되지만 단지 절대적인 권위가 문제이다. 무엇을 통해서도 이 세대가 통합이 필요한 사실을 실감하지 못하였고, 대비책도 없다. 그래서 세계는 궁극 본체이자 主인 하나님이 강림하여 미완성된 본체를 완성시킬 때를 기다려야 했다. 종말을 맞이한 아우성에 부응하여 하나님이 보혜사란 지혜자로 강림하였다.

13. 종교의 통합 과정 원리

세계가 통합되기 위해서는 먼저 진리가 하나란 사실을 밝혀야 한다. 종교가 통합되기 위해서는 당연히 믿음부터 하나 되게 해야 한다. 진리 통합의 과정에서는 사상 면에서 개개인의 신념이 문제가 되고, 종교가 하나 되는 과정에서는 현실적인 이해타산과 맞물려 있다. 개개인의 인생 문제는 물론이고 거대한 문명적 전통도 함께 해결해야 한다. 각자 지닌 믿음을 전도시키는 데는 어려움이 있고 문화와 전통,

사고방식은 더욱 그러하다. 끝까지 노력해야 한다. 그중 우선적으로 필요한 것은 진리를 통하여 세계의식을 통합하는 절차이다. 그것을 이 연구는 진리 통합, 종교 통합, 세계 통합 과정이라고 지칭했다. 궁극적으로는 하나님 안에서 하나 되기 위한 사상적 준비 과정이다. 바탕이 마련되어야 목적을 이룬다. 이런 측면에서 보면 역사가 처한 다양성에 비해 종교 통합은 연면하게 갈구한 희망이다. 구체적인 방안을 제시한 것도 없는데 신념과 사상만큼은 벌써 태동되었다. 종교 통합이란 전대미문의 과제를 달성하기 위해서는 사상적인 영역부터 기반을 다져야 한다.

토인비는 말하길, "현재의 종교적 편협성이 한정 없이 계속될 것이라는 것은 어리석은 생각이다. 서로 다른 여러 가지의 교회와 종교가 으르렁거리며 싸우다 결국 다 망해버리든가 그렇지 않으면 종교적 통일 속에 구원을 발견하든가 양단간의 하나가 될 것이다."245) 문명 단위의 역사가 끊임없이 생성, 소멸한다고 본 그는 종교도 영겁의 시간대 위에서 예외가 될 수 없다고 보았다. 어떤 문명도 도전과 응전이라는 틀 안에서 규격화될 수 있고, 이런 과정에서 묘약으로 작용한다고 본 것이 고난(苦難)이다. 위기와 어려움이라고 하는 도전이 생기면 문명은 적절한 대책으로 응전하게 되는데, 각자의 구성원들에 의해 '지배적 소수 세력은 그들에게 봉사하는 철학 또는 이념을 강조하여 보편 국가를 세우려 하고, 내부 프롤레타리아트는 고등 종교를 창시하여 보편 교회를 세우려 하며, 외부 프롤레타리아트는 무력에 호소하여 영웅시대를 만들려고 한 양상'을 띤다.246) 그렇게 한 결과는?

---

245) 『역사의 연구(Ⅱ)』, 토인비 저, 노명식 역, 삼성출판사, 1983, p.112.
246) 『세계를 움직인 백 권의 책』, 신동아 1968년 1월호 별책부록, 동아일보사, p.116.

좌절과 흥기의 반복되는 발작을 몇 차례 거치는 동안 드디어 문명은
붕괴되어 버린다. 현대 문명과 종교도 같은 절차를 밟지 말라는 법이
없다. 여기에는 여러 가지 암시가 내포되어 있다. 보편 교회는 소멸해
가는 문명이 버린 껍데기라고도 볼 수 있어, 이런 도전에 대해 이 시
대를 살아가고 있는 우리는 어떤 응전을 해야 하는가? 모험정신이 필
요하다. 현 문명은 이런 위기를 조장시킨 장본인이 아닌가? 토인비는
전망하길, 끊임없이 생성하고 붕괴되었는데도 다시 생성되는 문명 과
정이 시사하는 것은? '역사는 수많은 문명의 발생으로부터 붕괴에 이
르는 과정만의 기록이 아니다. 문명이 순환·기계적인 규칙성인 면을
보이고자 하는 것도 아니다. 반복되는 과정에서 어떤 대 사업이 진행
되고 있는 것인지도 모른다. 그것을 그는 神의 계획으로 표현했다. 역
사에 어떤 의미가 있다면 그것은 세계가 바로 神의 나라가 실현되는
장소인 것으로 보아야 한다'고 했다.[247] 이것은 기독교 문명권 안에
있는 한 지식인이 바라본 의례적인 전망이 아니다. 토인비는 도전과
응전이란 추진 원리를 통해 인류 문명을 도마 위에 올려놓았지만, 이
연구는 그것이 협소한 관점이라고는 말하지 않겠다. 붕괴된 문명은
새로운 문명을 탄생시키는 모체가 되기 때문에, 문명이 생성하고 소
멸하는 것은 결국 세계가 통합으로 가는 절차이다. 토인비는 문명의
흥망을 통해 인류 역사에 대한 불멸의 혼을 보았다. 임기응변에 능한
지배적 소수 세력도 무력에 호소한 외부 프롤레타리아트도 발붙일
근거를 잃고 문명의 붕괴와 함께 역사의 뒤꼍으로 사라졌지만,[248] 고
등 종교는 근원된 진리에 발판을 둔 관계로 세계를 통합한 맥을 이었

---

247) 위의 책, p.116.
248) 위의 책, p.116.

다. 토인비는 문명이 소멸할 위기 상황에서도 보편 교회가 생성할 가
능성과 영원한 생명력을 역사의 무대 위에서 확인하였거니와,[249] 그러
한 종교조차 종말을 맞이하였다면 씨앗으로 남은 문명적 인자는 어떤
문명을 다시 창출할 것인가? 주축이 되어야 할 분야는? 문명의 본질이
그러하고 역사의 진행 방향이 그러하였듯, 도전과 응전을 보탠 통합
작용은 어떤 문명을 재탄생시킬 것인가? 어떤 대 사업이 진행되고 있
을지도 모른다고 한 전망은 아무 근거 없는 기우인가, 전체 문명을 디
딤돌로 한 차원적인 관점인가? 神의 계획과 나라란 도대체 무엇인가?
정말 도래할 것이라면 한국의 문화가 일군 '한국 종교사에 있어서의 三
敎 회통 사상'이라든지[250] 민족 종교들이 주장한 종교 통합 사상을 부
정적으로 볼 수만은 없다. 인류 문명을 새롭게 할 하나님의 대세를 읽
은 선각이다. 보편성을 확보하지 못한 문제점은 있지만, 그들은 생성함
으로써 흥기했던 것이고, 그다음은 통합되리라. "천하 만방의 언어·
풍속·관습·문자를 통일하고 인종의 차별을 없애리라."[251] 이것은 강
증산이 천명한 문화 통일 의지이다. 남사고는 '말세에 유교·불교·기
독교 등의 모든 道와 종교가 하나로 통일되어 극락 연화세계를 이룬다
(『격암유록』)'고 예언하였다.[252] 역사에 대한 인식이 예사롭지 않다.

　한국이 이어온 종교 문화는 외래 종교를 수용하는 과정에서 세계
를 통합할 수 있는 전조를 끊임없이 닦았다. 儒·佛·道에 대해 공통
된 뿌리를 찾고자 한 회통적 전통을 쌓았다.[253] 근세에 이르러서는

---

249) 토인비의 도전과 응전의 이론은 문명의 흥망을 검토하는 데 매력적인 마법의 열쇠이며, 역사에서의 개인
　　의 역할과 종교의 역할을 새롭게 인식시켰다는 점은 높이 평가해야 함 – 위의 책, p.116.

250) 『세계유신론』, 앞의 책, p.293.

251) 『충격 대 예언』, 안영배 편저, 둥지, 1995, p.331.

252) 『7만 년 하늘민족의 역사』, 유왕기 저, 세일사, 1989, p.21.

천도교, 증산교, 원불교 같은 민족 종교들이 三敎 통합과 합일 사상을
기치로 세웠다. 수운은 '첫째, 五倫 五常을 세워 仁에 거하고…… 유교
에서 취하였고, 둘째, 자비와 평등을 주지로 삼고…… 불교에서 취하
였으며, 셋째, 玄을 極하게 하여 無極에 이르며…… 도교에서 취하였
다'고 하였다.254) 취사선택하기는 했지만, 진리를 절대적인 것으로 보
지 않고 완성을 위한 전제 조건으로 삼은 것은 기독교와 대조된다.
"三敎는 원래 한 이치에서 생겨난 것이며, 비록 문호를 분별하고 말과
이론이 같지 않음이 있다 하여도 구경(究竟)에 들어가서는 한 이치에
속한다."255) 道를 닦아 근본을 본다고 했는데, 그것이 통합을 이루는
직접적인 근거는 아니지만, 그만한 안목을 확보한 것은 통합을 위한
가능성을 선각한 것이다.

> "一圓은 우주 만유의 본원이며, 제불 제성의 심인(心印)이며, 일체
> 중생의 본성이며, 대소 有無의 분별이 없는 자리이며, 생멸 거래에
> 변함이 없는 자리……"256)

　　소태산은 진리의 궁극 자리는 오직 하나의 자리뿐이라고 했다. 성
현들이 여러 가지 다른 이름으로 종교의 門을 열었으나 각 성현들이
깨우치려고 했던 궁극 진리는 一圓의 진리 자리이다. 이 자리를 예수

---

253) 통일신라의 최치원, 고려의 대각국사 의천, 조선시대의 함허기와, 서산대사 등등 -『세계유신론』, 앞의
　　책, p.293.

254) 『화랑도 연구』, 이선근 저, 동국문화사, 1964, p.120.

255) "佛家에서는 '만법에 귀의하며 마음을 밝혀 본성을 본다' 하였고, 道家에서는 '근원을 잡아 하나를 지켜
　　서 마음을 닦아 본성을 단련한다' 하였으며, 儒家에서는 '中을 잡아 하나로 꿰어 마음을 두고서 본성을
　　기른다'고 하였다. 비록 三敎의 전하는 법이 같지 않으나 모두 그 하나에 근본을 삼았으며, 마음의 성품
　　으로 공부하는 시작을 삼았다. 이것은 하나의 이치에서부터 三敎로 화해졌을 뿐이다." -『성리제석』, 국
　　제도덕협회(일관회), 삼남교육출판사, 1989, p.100.

256) 『정전』, 교의편, 제일장 일원상절.

는 하나님, 석가는 열반, 공자는 하늘, 노자는 무위이화경,257) 儒家에서는 太極 혹은 無極이라 하였고, 仙家에서는 자연 혹은 道, 佛家에서는 청정법신불(淸淨法身佛)이라 하였다. …… 만일 종교라 이름 하여 이러한 진리에 근원을 세운 바가 없다면 그것은 사도(邪道)이다.258) 하지만 원불교도 이것은 알아야 했다. 覺의 궁극 처를 一圓相으로 표현해 만물의 근원된 바탕 처라고 한 것은 본질, 즉 道란 차원을 벗어나지 못한 것이다. 근원된 자리가 하나라면 하나로 꿰뚫는 작업이 있어야 했고, 궁극 처답게 통합 의지도 발휘해야 한다. 이에 원불교는 궁극 처는 확인하였지만 직접 세계를 통합할 의지력은 발휘하지 못했다. 근원된 자리를 하나라고 말한 것은 만상과 통할 수 있는 길을 연 것이지만 다 엮어내지 못했기 때문에 진리적으로는 일종의 이상을 펼친 것에 불과하다. 하지만 누가 알았겠는가? 소태산이 마련한 만유의 본원 자리에 진리의 완성체로 온 보혜사가 하나님으로서 좌정하였다는 것을! 一圓相을 본체로 한 것은 궁극 처를 존재자로서 부각시킨 것이다. 궁극적인 바탕은 수동적이지만 궁극적인 실체는 능동성을 지녀 그동안 이룬 문화 전통 속에서 미력하나마 통합 의지를 발휘할 수 있었다. 이것은 세계가 하나 될 수 있는 사상적 업적이고, 이것을 주도한 한민족 역시 통합적인 안목으로 진리적 기반을 마련하였다. 세계가 다양한 것은 하나님이 이룬 창조 세계의 대 축복이다. 神은 유일하지만 세계까지 그런 것은 아니므로 하나는 다양성을 꽃피운 궁극 처일 뿐인데 기존 종교는 이런 실상을 보지 못하여 구축된 대세 기류를 외면하고 말았다.

257) 『大宗經』, 서품 1.
258) 『大宗經』, 교의품 3.

　　"4세기 말엽에 이르러 승리를 확신한 기독교회는 교인이 되기를 거부하는 자들을 박해하기 시작했다."[259] 그들이 박해받았던 시간대보다 더 긴긴 세월을 박해의 역사로 수놓았다. 획일성은 인간을 神에게 접근할 수 없게 하는 큰 장애물인데도, 만유의 主가 될 수 있는 다양성을 편협성으로 일관해버렸다. 마테오리치는 '도교나 불교에서 無니 空이니 하고 말하는 것은 天主의 도리와는 크게 어긋나므로 그것을 숭상할 수 없음이 분명하다'고 했다.[260] 이것은 현재 로마 가톨릭이나 개신교도 마찬가지 입장이리라. 어찌 하나님이 無나 空과 같은 뿌리 개념을 포용하지 못하고 萬主가 될 수 있는가? 진리 세계를 하나로 꿰뚫고자 한 것이 하나님이 보혜사로서 지닌 통합 권능이다. 강증산은 후천 개벽의 도래를 선언하였지만 '어느 날 佛家書,『천수경』, 한자옥편,『史要』,『海東名臣錄』,『康節觀梅法』,『大學』, 亨烈의 債權符를 불살라버렸다'고 했다.[261] 이 같은 행위가 어떻게 통합성의 원리를 도출할 수 있는 모색 과정이 될 수 있는가? 天主와 근원된 궁극 처를 신앙의 근간으로 삼기는 했지만 자체 지닌 한계는 몰랐다. 비록 "하나님이 기독교에서 말한 인격신은 아니었지만 지성들은 근원된 궁극 처를 통해 온갖 현란한 진리를 갹출하였다."[262] 소태산은 근원된 바탕 처에 대해 '大小有無에 분별이 없는 자리'라고 했다.[263] 현실도 진리를 믿는 신앙도 그러해야 한다. "깨친 이의 눈에 비친 존재 실상(諸法實相)은 모든 차별, 상대성이 멸하고 '하나'된 모습이다."[264] "노자

---

259)『역사의 연구(Ⅱ)』, 앞의 책, p.114.
260)『천주실의』, 앞의 책, p.73.
261)『대순전경』, 2장 8절.
262)『세계유신론』, 앞의 책, p.57.
263)『정전』, 교의편, 제일장 일원상절.

의 사상은 모순과 대립을 넘어 언어와 언어, 사상과 사상, 제 현상이 원융무애하여 서로 관통하고 통일되어 조화되는 경지를 암시했다."[265] 그렇다면 노자와 깨친 이가 본 진리의 실상은 도대체 무엇인가? 현실이 그렇지 않다면 도대체 무엇과 대별된 것인가? 만상을 낳은 바탕이다. 이것을 알지 못해 天主를 믿은 자들은 근원된 본질을 神이 아니라 했고, 覺한 자는 본원 처로 있는 天主를 거부하였다. 老子가 밝힌 진리적 이상이 어제 오늘 추진된 것이겠는가만, 뜻으로만 머물고 만 것은 세계가 완성되지 못해서이다. 완수되어야 道의 본질을 밝히고, 만사와 궁극 처 간에 끊어진 고리를 연결시킬 수 있다. 이것이 세계를 통합하는 실질적인 과정이다. 세계가 하나 되기 위해서는 연결되어야 하고,[266] 연결되면 하나님을 알 수 있다.

"종교, 종파 간에 해결할 수 없는 교리적 반목이 있는가? 지성들 간에 양보할 수 없는 사상적 이견이 있는가? 현상 간에 초극될 수 없는 간격이 있는가? 佛家에서는 '일체의 번뇌를 해탈한 不生 不滅의 경지'를 말했다.[267] 종교를 통합할 수 있다면 그것을 기반으로 온갖 대립도 극복할 수 있다. 그것이 천차만별한 현실을 인정한 바탕 위에서 이룰 수 있는 통합 모습이다. 그 같은 존재의 본질적 현현이 바로 하나님이다. 혹자는 고대 한민족의 역사가 세계의 언어·종교·문화·사상을 분파시킨 관계로 모든 종교는 서로 화합을 위한 공동 노력을 아끼지 않아야 한다고 했다.[268] 그러나 이 같은 역사를 정말 가졌다 해

---

264) 근본불교, 인터넷 자료.
265) 『노자철학의 연구』, 앞의 책, p.23.
266) 세계 통합은 道의 완성으로부터 비롯됨.
267) 『세계창조론 서설』, 앞의 책, p.109.
268) "…… 고대 한국은 오늘날 인류의 조상 국가임이 틀림이 없게 된다. 언어·풍습·종교 등에서 동질성과

도 명백한 사실 하나는 그렇게 밝힌 그것이 통합을 위한 원동력은 아
니다. 하나님이 일체 경계를 풀어야 한다. 그리해야 만상도 경계를 푼
다. 하나인 믿음과 하나인 진리 아래서 통합될 수 있다.

14. 세계의 통합 과정 원리

세계 통합은 내외간의 여건을 두루 충족시켜야 하는 역사·문화적
문명 간의 총화 작업이다. 내면의 여건을 살핀 탐구는 힘겨운 작업인
데, 그런 노력 중에서도 큰 힘이 된 것은 세계가 일체로서 한통속이
란 사실을 발견한 데 있다. 통합성을 이룬 구조상 세계도 통합을 불
가피하게 한다. 무장한 권력으로 통합하려는 것이 아니다. 만물은 한
통속인 본질로서 장악된다. 세계가 통합되어야 하는 이유는 세계가
하나인 통체 본질로부터 연원되었기 때문이며, 세계는 그렇게 하나인
원리로부터 파생되었다. 한 본질로부터 창조된 만물은 한 존재 의지
안에서 통합된다. 하지만 천지는 창조되었더라도 인류는 이 같은 역
사를 파악할 지성을 제대로 갖추지 못했다. 유사 이래 무수한 역사가
있었는데 여건은 조금도 개선되지 않았다. 각자 흩어져 독자적인 역
사와 문화를 이어갔을 뿐이다. 무엇이 참 진리라고 할 것도 없이, 각
자가 바라본 하늘 안에서 흥망성쇠를 거듭하였다. 그렇게 문명권을
형성해서 존속하였지만, 세계가 지구촌을 이룬 오늘날은 진리가 서로
비교되어 좌표를 다시 설정하지 않을 수 없게 되었다. 세계가 아무리
하나인 본질로부터 비롯되었더라도 관망할 수 있는 디딤돌이 없다.

유사성을 가지고 있는 것이라고 결론내릴 수 있다."-『7만 년 하늘민족의 역사』, 앞의 책, pp.220~221.

분열적인 관점을 벗어날 수 없다. 반드시 통합할 수 있는 조건을 갖추어야 한다. 지구촌이 한 가족을 이루었기 때문에 통합될 수 있는 여건도 조성되었다. 세계의 문화 양식과 전통과 제도, 진리, 신앙이 한눈 안에 들어와야 차이점과 공통점을 도출하여 전체 가운데서의 위치를 잡을 수 있다. 이전에는 하나인 문화 양식, 가치관, 신앙, 진리를 가져도 되었지만, 21세기를 맞이한 오늘날은 활발한 문화 교류 속에서 문화를 다양하게 접하고 있다. 자연스럽게 절대성을 주장한 진리관이 의심스럽게 되었다. 문제점이 도출되므로 세계를 재구성하지 않을 수 없다. 혼란이 가중되므로 사실상 종말을 맞이하였다. 진리가 빛을 잃어 혼란을 수습할 수 있는 세계관의 대두가 필요하다. 하지만 세계관은 급조할 수 없으므로 이 연구가 모든 길을 예비하였다. 이것은 세계가 원래 하나이기 때문에 가능하다.

현 기계문명은 세계적인 종말을 야기한 장본인이다. 그러나 이런 결과도 응전하면 대처할 수 있다. 온전하게 판단할 수 있게 되므로 믿었던 절대성이 사실은 삶을 영위하면서 구축한 문화적 양태에 불과하였다는 사실을 알 수 있다. 몸담은 문화 양식이 너무 거대하기 때문에 그것이 전부인 것으로 알았던 것이지만, 부분적인 세계관이므로 오늘날 바야흐로 전체적인 세계관이 대두하게 되었다. 문명 세계를 섭렵할 통합 틀을 구축한다. 이에 "동서 간의 교류가 활발한 근대 이후부터는 지리·역사·사회·사상·철학·학문·문화 등 여러 방면에서 세계를 전일적으로 보게 되었고, 통합적인 안목을 확보하였다."269) 원래 세계가 하나라도 그것을 보기 위해서는 전체를 볼 수 있

---

269) "헤겔 이후의 역사 철학은 세계를 통합적으로 인식할 수 있는 인류의 지성이 개화 과정에 도달한 것을 의미하고, 이때부터 인간 사회와 역사 전체를 관철할 객관적인 법칙성을 발견하려 한 시도가 있었다." -

는 디딤돌을 준비해야 한다. "실로 수없는 세월 동안 분열된 결과이다."270) "공자는 당시에 처한 사회적 위기를 극복하기 위해서는 문명화된 정치적·사회적 통일의 근본적인 토대로서 문화적 통합이 필요하다고 생각했다."271) 仁을 통해서, 禮를 통해서, 학문의 가치 설정, 君子란 인격체의 추구를 통하여……. 그리고 인류가 지구촌을 이룬 오늘날은 가일층 세계를 통합할 수 있는 요인이 증대되었다. 동양이든 이슬람이든 어떤 문화권에서도 생활양식과 사고방식과 가치 질서가 보편화되므로 문화를 통합할 수 있는 호조건이다. 공자는 유교적인 양식을 구하는 데 그쳤지만, 지금은 실로 세계적이고 창조적이다.272) 지성들이 거둔 사상적 성과를 밑거름으로 삼아야 한다. 필요하지 않는 진리적 요소는 하나도 없다.

인류는 내외간에 걸쳐 세계를 통합할 수 있는 조건을 갖추었고, 전체를 바라볼 수 있는 안목을 확보하였다. 첨단화된 통신 장비로 세계 곳곳에서 일어난 실황을 안방에서 시청할 수 있다. 하지만 그것은 통합을 위한 외부적인 조건일 뿐이고, 더 중요한 것은 실질적으로 통합을 실현시킬 수 있는 관점을 세우는 것이다. "사상가는 그 시대가 요구한 필연성을 사명으로 인식한 세계 의지의 대행자이다."273) 그들이 바라본 하늘은 각 시대에 생성된 창조 본질을 근거 삼은 것인데, 이제는 그것을 모두 관철할 수 있다. 철학, 종교, 사상, 학문은 무리를 이룬 일종의 부류{觀}이지만, 하늘마저 그런 것은 아니다. 창조된 하

『세계통합론』, 앞의 책, p.496.

270) 위의 책, p.495.

271) 『공자의 철학』, H. 핑가레트 저, 송영배 역, 서광사, 1993, p.105.

272) 알파와 오메가에 대한 원천적인 규명이 요청됨.

273) 『세계통합론』, 앞의 책, p.494.

늘은 통체성이다. 통체성은 통합에 필요한 조건을 충족시키는 최적 요소이다. 그리해야 제법, 제 진리, 만사가 하나님 안에서 하나 된다. 요건이 충족되면 관점이 개안되고 그 같은 관점은 결국 통합의 길을 튼다. 진리가 창조성에 근거된 사실을 알면 세계 통합을 기도할 수 있다. 부분적인 것을 전부인 것으로 착각한 것은 현대 문명이 지닌 종말적 병폐 요인이다. 통합은 어디까지나 세계를 종합적으로 판단할 수 있는 관점의 우위를 확보하는 데 있다. 세계를 전체적으로 볼 수 있다는 것은 바야흐로 세계가 통합될 수 있는 생성 본질이 무르익었 다는 뜻이다. 우리가 山河를 발아래 둘 수 있는 것은 정상에 올라섰을 때이다. '지나온 과거를 분파의 시대로 보고 분열이 극한 지금이 통합을 위한 道의 조건이 충족된 상태란 판단은'274) 결코 독단적일 수 없다. '분열과 파생 운동이 극에 달한 결과 다시 통합의 기운이 생성 되었고',275) 유구한 세월을 두고 만개된 진리가 결실을 거둔다. 열매 는 아무 계절에나 맺히는 것이 아니다. 道가 분열 중인 과정에서는 통 합 기운이 생성될 수 없다. 서구 문명을 이룬 두 주축 기둥인 헬레니 즘과 헤브라이즘은276) 만나서 동반하게 된 문명이지 통합된 문명이 아니다. 조화를 이루고 있는 것 같지만 사실은 주도권을 잡기 위해 엎치락뒤치락한 문명이다. 동일한 질서 대열에 선 문명대가 동일선상 에 있는 다른 문명대를 통합할 수는 없다. 방법이 있다면 정복을 도 모하는 것뿐이다.

따라서 이 연구가 오늘날 통합 관점과 원리를 제시하는 것은 장차

---

274) 『세계통합론』, 앞의 책, p.338.
275) 위의 책, p.338.
276) 『새 먼 나라 이웃 나라』, 네덜란드 편, 이원복 글·그림, 김영사, 2000, p.105.

인류가 천국 시민으로서 결속될 수 있는 세계관적 틀이다. 여기에 일찍이 꿈꾼 유토피아가 있고 시온의 영광이 있다. 풍성한 결실을 거두기 위해서는 씨가 좋아야 하는가, 터가 좋아야 하는가? 바라는 것을 얻기 위해서는 어느 것 하나도 부족해서는 안 된다. 문명 역사도 마찬가지이다. 통합을 위해서는 다 필요하다. 구비해야 완성한다. 종교에만 주도권이 있어도 안 되고 과학만 발달해도 안 된다. 한두 가지 재료만으로는 맛있는 음식을 만들 수 없다. 외곬 진리로 어떻게 神을 볼 수 있는가? 통합을 이루겠는가? 물질문명이 개벽된 것 이상으로 정신문명도 개벽되어야 한다. 그래서 동양에서는 직관력을 길러 본질의 세계를 개척하였고, 서양은 이성적인 분석력을 발휘하여 현상 세계를 규명하였다. 주축이 되어서도 소원해져서도 안 되나니, 지난날 남긴 문명적 유산은 하나도 빠짐없이 하나님이 뜻한 세계 통합과 지상천국 건설을 위한 튼튼한 기둥이다.

알고 보니 이 땅에 살고 있는 수십억의 인구 중 어느 누구도 세계를 통합할 수 있는 시도는 해야 했고, 이것은 인류가 하나님으로부터 받은 축복과 은혜에 대해 바쳐야 한 마땅한 도리이다. 그런데도 여태껏 합당한 계기를 얻지 못한 것은 세계 통합을 위한 뜻을 확인하지 못해서이다. 그렇지만 이제는 분명하게 알 수 있다. 세계 통합은 전 문명 영역이 합심해서 이루어야 한 역사적 과업이다. 통합되어야 강림한 하나님을 영접할 수 있다. 하나님과 함께하기 위한 세계관 건설 작업이다. 선천에서 일군 것 일체를 동원해야 한다. 세계 통합은 관념성에 근거한 이념적 요구가 아니다. 각처에서 통합을 이루고자 한 노력이 있었고, 그 결과 정말 창조 목적을 실현할 수 있는 바탕이 마련되었다. 그런데도 인류는 통일적이고도 창조적인(알파성) 神만 앞세워놓고(표방하여) 사실은 인간에게 적합한 집을 지었다. 하나님께 바친다고 했지만 가진 것은 모두 인간이고, 인간이 누리는 영화로 각색해버렸다. 의식주를 기반으로 한 문명 양식들이 인간 위주로 개조되었다. 정처 없이 겉돈 것이 선천 문명이 지닌 실상이다. 그러나 하나님이 강림한 이후는 양상이 전도된다. 인류가 가진 것은 모두 하나님이 준 것인데, 하나님이 준 것에 대해 강권을 행사할 리는 없다. 그렇다면? 하나님이 지닌 뜻은 오직 하나, 천명한바 인류를 하나 되게 하는 것이다. 그런데 이것이 참으로 어렵다. 실로 모든 것을 버려야 한다. 구원을 얻기 위해서는 선택을 해야 한다. 심판받기 때문에 멸망이 있고 멸망이 있기 때문에 구원이 있다. 선택과 버림이 있기 때문에 운명이 결정된다. 시온의 영광은 너와 나의 결단에 달려 있다. 세계통합을 세계관 건설의 주축으로 삼을 때 세계가 구원되리라.

1. 세계 본질의 개념 규정

　인생이란 무엇인가? 진리란 무엇인가? 존재란 무엇인가? 빛이란 무엇인가? 묻는 대상이 무엇이든 대답을 하기 위해서는 본질을 파고들어야 한다. 본질은 궁극적인 것이며 지극히 근원적이다. 그러니까 간단히 답변할 수 없다. 구했다고 하는 자들의 대답을 살펴보아도 견해가 다르다. 역사상 누가 진리의 본질을 드러내었는가? 무수한 주장은 있었지만 본질은 밝히지 못했다. 사실이 이러하므로 전체 영역에 이르면 더욱 어렵다. 일단 뭇 대상을 포섭해야 하고, 핵심성이 있어야 한다. 진리는 하나란 신념이 팽배한 것처럼 이런 조건을 포괄한 핵심 본질은 둘일 수 없다. 그래서 사전에서는 본바탕, 본래부터 갖고 있는 사물 독자의 성질로서 정의되었다. 철학에서는 어떤 사물을 성립시키는 데 없어서는 안 될 요소, 혹은 사물의 현상 뒤에 있는 실재·실존·원질로서 탐구되는 대상이라고 했다. 대상의 본질을 다루는 것을 存在學, 의식의 본질을 다루는 것은 現象學, 사실을 다루지 않고 본질을 다루는 학문은 本質學이라 하므로,[277] 본질은 결국 본체적인 그 무엇이다.

---

277) 『새국어 사전』, 교학사출판부 편자, 교학사, 1997, 본질.

하지만 세계의 본질이 무엇인가 하는 것은 거대한 우주를 아는 데 한계가 있는 것처럼 판단하기 어렵다. 이것은 인류가 수없는 갈래로서 만개된 진리론의 실상이기도 하다. 인류는 개념 규정에 걸맞은 바탕·궁극·알파적 본체를 찾지 못했다. 여기에 지혜를 동원한 진리 탐구 역사가 있었다. 본질은 심원하며 정립하려고 애쓴 그 무엇이다. 그런데도 세상은 본질을 너무 쉽게 단정해버린 감이 있다. 지성의 역사는 본질의 문제를 해결하기 위해 씨름한 역사이다. 이 연구는 이 문제를 해결하기 위해 창조 이전까지 소급시켰다. 본질은 응집된 통합성으로 창조를 실현한 바탕이 되었고, 창조 이후는 다시 만물의 바탕이 되었다. 이렇게 하여 만상의 궁극 원인인 창조 문제는 풀어내었지만, 단정된 일방성이 있어 지성들이 수긍할 리 만무하다. 하나님은 하나님이고 창조는 창조려니와, 본질이란 각도에서 본다면 그것은 정말 일방적으로 내린 결론일 수 있다. 아무런 근거가 없다. 본질이란 존재하는가에 대해 회의감이 생긴다. 본질은 오감으로 감지할 수 있는 실체가 아니다. 내재되어 있어 관념적인 범주를 벗어날 수 없다. 관념적인 실체는 고정된 좌표를 찾을 수 없으므로 허망한 것일 수도 있다. 그래서 본질은 존재하지 않는다고 말해도 대응할 답변이 궁색하다. 더 이상 진전이 없어 창조적인 속성이 어필될 수 없다.

이에 이 연구는 바탕 된 본질을 규명하는 것이 인류가 궁구해마지 않은 숙원의 과제를 해결하는 것이라는 사실과 함께, 본질이란 실체에 대해 재삼 확인하고자 한다. 본질을 포착하지 못한 것은 방법에 문제가 있지만 본질 자체에도 원인이 있다. 근거를 확인해야 개념이 정립된다. 이것은 그토록 확보하길 원했던 形而下로부터 形而上으로의 추구 노선이다. 그렇지만 노력하는 것만으로는 문제를 해결할 수 없다. 창조를 통해 정보(지혜)를 제공받아야 한다. 본질은 어떻게 만물의 바탕이 되었는가? 본질에 근거하지 않은 실재·사물·현상·진리·만물·만상·만유·창조·神은 없다. 본질은 억겁 창생에 걸친 비밀 코드를 함재하고 있다. 궁극 원인에 대한 비밀이다. 그래서 본질을 파고들면 만물의 원인과 창조의 궁극성과 하나님을 발견할 수 있다. 무상의 역할이고 최상의 결과이다. 만물과 창조와 하나님과 연결된 고리를 붙들 수 있다. 본질의 너머에 하나님이 있다. 본질의 인식적 현현이 진리이고 진리가 하나님이다. 하나님은 존재한 본체를 생성 본질을 통해 드러내었는데, 더한 완성을 이루기 위해 세기적인 혼을 불태웠다.

2. 세계 본질의 창조성

본질은 하나님의 근거이고 창조의 근거인 동시에 만물의 근거이다. 그중 세계를 이룬 바탕 근거가 본질이라고 말한다면 좀 더 접근된 관점이라고 볼 수 있는데(覺者들에 의해 천명됨), 바탕이 창조성을 내포한다는 점에 대해서는 다시 설명이 필요하다. 창조를 낳은 질료 요인으로서 하나님 자리까지 대신할 수 있기 때문이다. 아버지 날 낳으시고 어머니가 날 기르셨다. 두 분이 아니 곳 계시면 이 몸이 있었으랴? 부모님이 나를 낳은 사실은 부인할 수 없고, 어느 한 분도 아니 계셨다면 정말 이 몸은 존재할 수 없다. 그래서 본질은 만물을 낳은 확실한 바탕 요인이다. 하지만 이 같은 접근은 본질이 전격 만물의 근원자이고 창조자인 것으로 오인하게 한 결과도 가져와 하나님의 존재성을 가려버렸다. 본질이나 하나님이나 결국은 그것이 그것이지만……. 覺者가 판단한 극적인 차이가 만세 간에 이르도록 하나님의 존재성을 파묻어버렸다. 道는 지금도 심오한 착오 상태에서 벗어나지 못하고 있고, 약삭빠른 현상계에서는 성급하게 파기해버렸다. 진화론·무신론·범신론·유물론·과학 등등 본질이 창조의 근간인 진정한 근거를 밝혀야 존재한 본색을 볼 수 있다.

본질은 만물을 낳은 근간으로서 본질 없이 천지는 창조될 수 없다. 이 연구도 본질을 근거로 무궁한 진리를 인출하였다. 그런데도 한 가지 짚고 넘어갈 것은, 본질은 만물을 창조한 바탕성일 뿐 주체 원동력이 아니라는 점이다. 본질은 세계 창조의 근간으로서 하나님의 존재 본질이 변모된 것이지만, 하나님=하나님의 존재 본질=통합성=창조=세계의 본질=만물이 그대로 성립되는 것은 아니다. 무엇이 더 개입되는가? 命化와 化됨, 무수한 생성 과정이 있다. 이것을 보지 못한 것이 지성들이 본질을 오인한 원인이다. 본질의 창조성을 통해 또 다른 원리성을 찾아내기보다는 개념적인 차이를 메우는 것이 급선무로 이 같은 작업을 하는 데 선천 세월을 소진했다고 해도 과언이 아니다. 창조란 개념을 인출하기 위해서는 핵심 된 본질을 규명해야 했고, 규명함으로써 창조 역사와 하나님의 존재 사실을 확인할 수 있다. 본질은 천지를 창조한 모태로서 바탕 된 것이다. 본질이 창조와 상관이 없다면 만물과 하나님은 영원히 독자적이다. 그러나 확실히 연결되어 있으므로 神과 창조와 만물의 근원을 추적할 수 있다. 어떻게 본질이 만물의 바탕이 되었는가? 여기에 답하기 위해서는 본질이 하나님의 존재 자체로서 뜻을 따르게 된 속성인 것을 재차 알아야 한다. 본질이 존재한 속성이다 보니 命을 따를 수 있는 시스템을 갖추었고, 그렇게 해서 실현된 것이 만물이다. 본질을 만물화시킨 작용력은 따로 있는데,[278] 命化와 化됨이 차원적이다 보니 覺者도 본질이 곧바로 창조의 근간인 것으로 알았다. 굳이 본질과 하나님과의 관계를 밝힌 다면 "하나님은 만물을 이룬 본질보다 선재되어 있다."[279] 순수한 본질이 만물을 창조한 근간이 되기까지는 숱한 변모 과정이 있다. 이것이 하나님의 본질과 세계 본질과의 차이라고 할까? 하나님은 천지를 창조한 분이고 본질은 만물을 낳은 바탕체로서 만물을 생성시켰다. 그래서 창조성은 작용성과 연관되고 바탕 된 본질은 질료성을 이룬 근거와 연관된다. 창조와 함께 만물 위에 결정적인 영향을 끼쳤는데 그것이 곧 생성이다.

본질의 창조성은 만물의 생성을 통해 인지된다. 생성은 창조가 아니지만, 본질의 입장에서 본다면 만물에 변화를 일으킨 근원이다. 잠재된 것을 존재하게 했다.[280] 이것을 만물의 입장에서 본다면 더욱 확실하다. 그래서 道는 진리를 어머니로 삼고 본질을 아버지로 했다. 본질의 전모를 다 드러내지 못한 상태에서의 판단이다. 본질은 나름대로 창조된 비밀 코드를 함재하였고 만물과 존재에 영향을 끼쳤다. 창조와 존재는 결정되어 있다. 결정은 반드시 때가 있는 것이며, 그런 결정성은 많은 미래 부분을 함유하고 있는데, 이것이 만상을 이룬 근거로서(생성) 다가온다. 원인성(미래)을 함재함으로써 현재가 존재할 수 있도록 한 '품'의 과정이 본질의 창조성이다. 실상은 불변한 법칙을 따랐으며, 존재를 결정한 창조력을 함재하였다. 그것이 만세(萬世)를 결정한 생성적 창조이다. 覺者가 창조를 생성적인 개념으로 여긴

---

278) 『세계창조론』, 제3편 조물론, 졸저, 엮음본, 1998, p.51.

279) 생성이 오늘날에 이르러 그 이상과 그 이하도 보지 못하게 만든 것은 걸림돌이 됨.

280) 진리 자체가 하나님의 본질이고 만물이 창조된 기정사실로부터 말미암은 것임.

이유이다. 본질은 지상에 존재한 하나님의 실체로서 창조 세계의 門을 두드릴 수 있는 최종 근거이다. 인류를 창조란 진리 세계로 인도할 디딤돌이다. 하나님과 동일한 창조성을 함재하였다.[281] 본질을 보는 그것이 하나님을 보는 것이다. 현실적인 근거가 진리인데, 생성으로 드러난 진리는 하나님의 존재성을 형상화시킨다. 강림한 보혜사가 그것이다. 보혜사는 성령으로서 세상 어디에도 편만하고 이전에도 존재했지만, 오늘날은 진리화된 모습으로 강림하였다.

3. 세계 본질의 규명성

만물은 命化로 인해 부여된 결정성으로서 세계 안에서도 확실한 인식의 근거를 지닌다. 과학과 학문은 이런 근거들을 찾아서 이치로 구조화시켰다. 우리가 일반적으로 알고 있는 지식들이 그것이다. 정형화된 기준에 합당한 사실적 체계이며, 보편성과 객관성을 확보하려고 한 진리 탐구 노선이다. 그렇다면 본질은? 만물과 존재한 형태가 다른 것이 달리 규명해야 하는 이유이다. 하늘을 보아도 땅을 보아도 모습을 볼 수 없다. 무엇이라도 붙들어야 실험도 하고 관찰할 것이 아닌가? 그렇지만 이 같은 생각은 인류가 본질이란 실체를 보지 못한 데 따른 결과이다. 자연계를 탐구하는 방식과 人情을 구하는 방법은 같을 수 없다. 마찬가지로 본질과 만물도 존재한 형태가 다르다면 탐구하는 방법도 달라야 한다. 고기를 낚는 것은 열매를 따는 것처럼 할 수 없다. 그런데도 지식을 탐구한 것만큼 본질은 탐구하지 못했다.

---

281) 본질은 세계와 거리감을 두고 있었던 창조 세계를 이해하고, 하나님의 존재를 확인할 수 있는 길을 엶―
　　『세계창조론 서설』, 졸저, 인쇄본, 1998, p.36.

전혀 탐구하지 않은 것은 아니지만 끝까지 파헤치지 않고 파묻어버렸다. 인류는 참된 근거를 보아야 진리성을 확인할 수 있는 늦깎이이다 보니 깊이 잠재되어 있어 볼 수 없었다.

오감은 외부 세계를 관찰하는 데 주효하다. 그리고 보이지 않는 것을 보기 위해서는 각성해야 한다. 믿음으로 세계를 지킬 수 있는 신념을 가져야 한다. 본질이란 무엇인가? 본질은 만상의 이치와 법칙과 진리를 포괄한 알파성을 전제한다. 조건을 이루기 위해서는 분열해야 하고, 분열하면 생성 과정을 통합할 수 있고, 통합하면 핵심 본질이 드러난다.[282] 이런 과정을 확인하기 이전에는 방법론도 가치가 인정될 수 없다. 어떤 사람이 노벨상을 수상했다면 그 사람의 일대기가 순식간에 주목을 받는 것처럼 본질의 추구 과정도 이와 같다. 규명되어야 추구 방법도 정형화되고, 가치도 인준된다. 숱한 세월 동안 인정받지 못한 본질 세계가 한꺼번에 통찰된다. 하나님이 성령으로서 역사한 결과이다. 결정된 만물과 일어난 현상은 구조가 확고하여 참 아니면 거짓이 확실하지만, 본질은 미정인 채로 생성이 완료되길 기다렸다. 전체적인 윤곽이 드러나지 못한 상태인데 전체를 파악하려는 것은 무모하다. 문제를 풀다 보면 도무지 답을 찾을 수 없는 경우가 있어 살펴보면 문제가 잘못된 경우도 있다. 지력을 다했는데 정답을 찾지 못한 것이라면 방법상에 문제가 있는 것은 아닌지, 정말 본질이 존재하지 않아서인지, 면밀히 살펴야 한다.

이에 이 연구는 여태껏 체득했지만 가치를 몰랐던 수행을 통한 깨달음, 혹은 일정 단계에서 얻게 된 '직관'이 본질 세계를 일깨운 직통

로란 사실을 환기시키고 싶다. 과거의 수행법과 직관이 방법론으로서 인정받지 못한 것은 본질의 모호성 때문이지만, 핵심 본질을 규명하면 방법론도 구체화된다.[283] 물질의 규명 방법론과 확연하게 대비된다. 자연계의 현상과 바탕 된 본질이 현격하다는 데 대해서는 이론의 여지가 없다. 어떻게 다른가? 물질은 분열하지만 본질은 분열을 초월한다. 통체성인 본질은 한꺼번에 끄집어낼 수 없다. 순간순간 표출된다. 본질은 이야기하듯 풀 수 없다. 논리적으로 따질 수 없다. 상황을 직시하는 것인 만큼, 관심을 집중해 내면을 성찰해야 한다. 수행하는 자세로 존재한 의지를 통제해야 한다. 그리해야 과정을 완수한 일정 시점에서 본질의 전모를 파악할 수 있다. 깨달음은 구했지만 실체를 확인하지 못한 것은 대부분 과정이 결여된 때문이다. 그래서 종교는 수행, 명상, 기도, 각성을 통해 현 시공을 초월한 통체 본질을 번득이는 직관으로 표출시켰다. 방법만 합당하다면 하나님의 뜻인들 묻어내지 못하겠는가? "직관력은 박학다식하다고 해서 주어지는 것이 아니다. 구도자로서 쌓은 고행과 고뇌, 세계에 대한 일념과 정성이 있어야 얻을 수 있는 결과물이다(道, 진리, 神의 뜻)."[284]

그래서 세계의 본질을 밝히는 것은 그대로 하나님의 존재성을 확인하는 과정과 같다. 사물을 판별하는 데는 이성의 역할 비중이 크지만 철학에서 풀고자 한 形而上學적 문제, 즉 본질적인 대상을 규명하는 데는 이성이 오히려 장애물이 된다. 철학이 궁극적인 것에 초점을 두고 사고 능력을 극대화시켰지만 여태껏 이룬 것은 개개 사물들의

---

283) 『세계본질론』은 이때까지 증명되고 검증될 수 없다고 생각했던 세계의 제 본질 문제에 대하여 이것을 인식 가능한 대상으로 형상화시키고 진리화시키며 정말 검증할 수 있는 명제로 결정체화함으로써 본질의 구체적인 모습을 드러냄.

284) 『세계유신론』, 졸저, 인쇄본, 2000, p.136.

개념을 포착한 정도이다. 직접적인 접근은 엄두도 내지 못했다. 본질을 물어내는 직관과 이성적인 통찰은 탐구된 성격이 전혀 다르다. 직관은 본원 속에 내재된 의식을 문제 삼고 있지만, 이성은 존재의 첨단에 있는 인식력을 문제 삼는다. 직관력은 의식의 확대로 개안되고 인식력은 지식을 쌓아 세계적인 이해를 구한다. 직관은 차원·수직적이며 이성은 경험·수평적이다. 전자는 대상을 일시에 꿰뚫고 후자는 교류, 비교한다. 그런데도 지성들은 왜 이성만 전격 진리를 규명한 도구로 삼았던가? 과학적인 방법이 지닌 허실이 역력하다. 본질의 존재성은 더더욱 부각시키지 못해 道의 실체성은 주장했지만 관념성에 머물렀다. 주장한 것도 일률적이지 않아 우주 구성의 원리를 소태산은 '생멸 없는 道와 인과보응되는 이치'로 보았고,[285] 불교는 '우주가 여여자연(如如自然), 상주불변(常主不滅), 무시무종(無始無終)하다'고 했다.[286] 본질도 어떤 의미에서는 질료성을 가진 실체라고 볼 수 있는데, 形而上學적인 개념만 양산하여 현실의 원인 문제를 해결할 수 있는 진리력은 발휘하지 못했다. 도달할 궁극 점은 같지만 상호 교통하지 못했고, 관점으로서도 자체 지닌 한계성을 극복하지 못했다. 관점은 종합되고 통합되어야 하는 것이 원칙이다.

그러나 관점을 극복하면 과학은 과학대로, 종교는 종교대로, 진리가 지닌 양상들이 세계를 완성하기 위해서 필요한 요소였던 것을 알 수 있다. 과학이 현 시공간을 극복하고자 한 것이었다면, 제 수행력과 신행 공덕은 본질 세계를 개척함으로써 원인 세계, 초월 세계, 통합 세계를 볼 수 있는 길을 열었다. 물질은 분열하는 세계이고 본질은

---

285) 『大宗經』, 서품 1.
286) 『원불교사상 논고』, 김홍철 저, 원광대학교 출판국, 1980, p.113.

통합된 세계란 차이가 있어, 과학은 괄목할 정도로 진보하였고, 본질은 시공간을 초월해 영원무궁하였다. 단지 문제는 진리로서 완성되어야 하는데 균형을 이루지 못해 종말을 촉진시켜 버렸고, 더 큰 문제는 만유의 主인 하나님께로 나아갈 길을 막아버렸다. 본질이 지닌 차원 세계는 과연 무엇인가? 하나님은 뜻으로 충만된 본질체로서 만물을 있게 한 질서 시스템이다. 동서를 막론하고 종교와 철학이 본질을 일군 것은 그와 같은 성과를 발판으로 하나님의 본체를 완성시키고자 했던 섭리적 일환이다. 하나님은 존재하지 않아서가 아니라 소정의 섭리 역정이 필요했다. 주어진 현상 외에 또 다른 작용 세계가 있다는 사실을 알고, 본질 세계에로 눈을 돌리면 인류는 만세 전부터 역사한 하나님을 뵈옵게 되리라.

4. 세계 본질의 바탕성

道, 理氣論, 太極이 지닌 생성적 개념은 대개 세계의 바탕성을 일컬은 것이다. 본질은 覺者가 밝힌 안목처럼 만상을 형성한 근간으로서 삼라만상을 있게 했다. 따라서 이 단계에서 덧붙일 것은 바로 창조란 개념이다. 본질은 만상을 이룬 근간인 동시에 창조를 이룬 근간이다. 覺者라도 알지 못한 것은 근원성에 더한 통합 본질이다. 그것은 의지대로 되는 것이 아니다. 진리는 분열하는 본질로부터 인출되었다. 본질과 교감한 道가 진리 아닌 것은 없지만, 전체적인 모습(전모)을 완성하기 위해서는 하나님이 성령으로서 와야 했다. 그리해야 본질이 창조를 이룬 바탕성인 것을 알게 된다. 바탕은 무형의 질료성을 함축한 상태이다. 아무것도 없는 無가 아니다. 質은 質인데 本質이다. 뜻과 의지와도 구분된다. 이런 본질이 변모하여 통합적인 바탕을 이루었다. 본질은 질료를 지니면서 작용도 일으키는 통합체이다. 어떻게 질료만으로 천지를 창조할 수 있겠는가? 그래서 온갖 재료와 시스템을 장착했다. 그리해야 근간이고 바탕체일 수 있다. 바탕 된 본질로부터 창조된 정보를 어떻게 인출할 수 있는가 하면, 인류가 진리를 탐구한 끝을 보면 알 수 있다. 본질은 무궁한 것인데 지성들은 진리의 근원이 드러난 만물에만 있는 것으로 알았다. 존재한 실상처럼 뿌리는 본래부터 감추어져 있다. 본질은 만물과 현상의 뿌리이다. 그런데 인류는 이런 실상을 인정조차 하지 않았다. 가지를 생장시킨 역할은 만물의 바탕인 본질도 같다.

지성들은 어떻게 관념적으로 무궁한 形而上과 질료적으로 무궁한 形而下의 세계를 구분했던가? 形而下와 다른 形而上적 실체가 따로 존재한다. 形而下를 볼 수 있는 세계라 하고 形而上을 볼 수 없는 세계라 해도 상황은 같다. 왜 形而下적 존재 양태를 기준으로 形而上이 지닌 존재성을 부인하는가? 사고가 유연해야 무엇이 참 실상인지 가늠할 수 있다. 形而上이든 形而下이든 잠재된 뿌리는 무궁하다. 물 위에 있는 나와 물속에 비친 나의 모습은 동일하다. 물 위에 있는 나는 미남인데 물속에 있는 모습이 추남일 수는 없다. 形而上과 形而下는 不二이다. 본질과 만물은 다르지 않다. 본질이 만물을 이루고 만물이 본질을 이룬다. 본질은 바탕이므로 볼 수가 없다. 꼬리를 자체 안에 감추고 있다. 따라서 볼 수 없는 부분을 보기 위해서는 보는 부분을 통해 보이지 않는 부분을 가늠하는 것이다. 본질은 다른 것이 아니다. 본질은 만물을 이룬 바탕이고 만물 자체이다. 바탕성이 있기 때문에 만물이 존재한다. 해가 뜨니까 세상이 밝았는데 져버리니까 온통 암흑이다.

만상이 지닌 실체 구조도 대개는 이런 것이다. 정신은 정신만으로 존재하지 않는다. 본질이 함께한다.287) 그런데 제대로 분간하지 못해 관념성에 머물렀다. 관념론은 세계의 본질 구조를 투영시켰는데, 만물은 정작 자신의 모습이 아닌 것처럼 행세했다. 현시점에서는 다르게 보이지만 궁극적으로는 같다. 정신의 바탕은 정신의 본질이고 빛의 질료는 빛의 본질이다. 같기 때문에 광원이 사라지면 빛도 사라진다. 영계는 현세와 떨어질 수 없는 동전의 앞뒤와 같다.288) 본질은 실재이고 실재는 본질이다. "말씀이 육신이 되었다(요, 1: 14)."289) 말씀은 본질이고 육신은 실체이다. 삼라만상은 바탕과 함께 존재한다. 보혜사는 본체자이라 진리가 하나님이 되었다. 『반야심경』은 생성 세계를 대관한 경전이다.

> "사리자여, 물질적 존재가 空과 다르지 않고 空이 물질적 존재와
> 다르지 않다. 물질적 존재가 곧 空이요, 空이 곧 물질적 존재이니
> 감각·표상·의지·인식 또한 마찬가지이다."290)

물질적 존재에 대해(色) 空은 도대체 무엇인가하는 것을 사리자가 설명하였다. 그렇다면 色空을 통틀어 실상을 초월한 상태는 또 무엇인가? 안타깝지만 아무 언급이 없다. 깨달은 희열은 한껏 펼쳤는데 결론이 없다. 하나님을 증거하는 것만큼 어렵다. 부처도 노자도 이사야도 X 자리로서 비워놓았다. 그것을 이 연구가 하나님이 창조를 위

---

287) 『한국철학사상사』, 주홍성·이홍순·주칠성 저, 김문용·이홍용 역, 예문서원, 1993, p.34.
288) 『묵시록의 대 예언』, 강봉수 저, 민성사, 1999, p.57.
289) 『복음주의 입장에서 본 기독교 사상사』, 토니 레인 저, 김응국 역, 나침반사, 1988, p.99.
290) "舍利子 色不異空 空不異色 色卽是空 空卽是色 受想行識 亦復如是."

해 마련한 '본질'이라고 주장한다. 본질은 제 법칙과 제 원리를 결정한 근원이다. 만물이 결정되었다면 근원은 결정되어 있지 않아야 하므로, 이런 특성(초월)을 지닌 것이 본질이다. 쇼펜하우어는 '모든 것 속에는 그것을 그것으로 있도록 하는 힘이 있다. 그것이 의지이다. 그러나 그 힘은 현상적으로 인식되지 않는다'라고 하였다.[291] 힘이 지닌 구체적인 작용성에 대한 언급은 오리무중이지만, 깨어 있는 지성이었던 것은 분명하다. 그것을 그것으로 있도록 한 힘은 하나님이 자체 본질을 변용시켜 마련한 바탕이다. 어떻게? 뜻과 의지와 목적과 계획을 응결시킨 축적 과정을 통해서이다. "본질의 축적이 곧 세계를 형성시킨 원동력이다."[292] 바탕을 형성한 그것이 창조이고 만물이다. 비록 차원적으로 변화는 있었지만 본질은 만물과 공존하고 있다. 化된 과정에서는 무궁한 생성이 있었다. 그런데도 '본질이 만물의 기원이고 근원인'[293] 것을 확인하지 못한 이면에는 생성이 있다. 바탕은 이유 없이 깔아놓은 멍석이 아니다. 뭇 존재를 뒷받침한 생성 시스템이다. 존재가 끊임없이 생성하는 것은 사전에 계획된 시스템 때문이다. 그래서 만물이 생멸을 거듭한다. 존재의 법칙은 생성의 법칙이고 본질로부터 창출된 바탕 법칙이다.

覺者는 본질의 작용인 생성을 근거로 삼아 우주론을 전개했다. 생성을 통해 천지를 형성한 과정을 추적했다. 동양인이 펼친 우주 본체론이 그것이다. "太極은 兩儀를 낳고, 陽은 변하고 陰은 合하여 水·火·木·金·土 근본을 형성한다."[294] 『天符經』에서는 특별히 三을 천지 만물이 영원

---

291) 『세계사상 대계 3(인간의 발견)』, 박종홍·이종우·정석해 감수, 신태양사, 1965, p.236.

292) 『세계통합론』, 졸저, 다짐, 1995, p.72.

293) 『세계창조론 서설』, 앞의 책, p.11.

히 존재할 수 있도록 한 생성 바탕으로서 강조했다.[295] 만물은 분열함으로써 만개된 것이지만, 그렇게 이룬 근원은 통합성에 있다. 만물은 하나로부터 발생하였고, 만개되었어도 하나인 것은 바탕성 때문이다. 만물을 각개로 본 단계는 이제 지났다. 세계가 하나란 사실을[296] 부인하는 것은 지금 존재하고 있는 자신을 자신이 아니라고 하는 것과 같다. 바탕 된 본질은 한통속이다. "천지는 한 근원으로부터 창조되었다."[297] 그래서 만법은 귀일하고 일체 가치와 목적이 하나님에게 귀속된다. 하나님으로부터 펼쳐진 것이 우리들의 삶이다.

5. 세계 본질의 실체성

하나 된 바탕 위에서의 통합은 서로가 통할 수 있어야 하며, 그렇게 되어야 본질을 규명할 수 있다. 알파와 오메가를 추적하는 데 있어 달리 본 관점을 조율, 통일한다. 실체는 창조로부터 연면하다. 어떤 경우에도 관점 때문에 본질이 달라지는 경우는 없다. 본질은 본래 그러한 만큼 그렇게 본 관점을 조율하는 것이 세계를 통합하는 길이다. 생성 역사를 주도한 본질이 지성사에서 포착되지 못한 것은 실체성을 규정할 존재 방식을 세우지 못해서이다. 물을 담아 두기 위해서는 그릇이 있어야 한다. 본질이란 실체를 담아둘 사고의 기준 틀이라고 할까? 등식을 성립시키기 위해서는 조건을 갖추어야 한다. 태양계

---

294) 『세계창조론』, 제3편 조물론, 앞의 책, p.83.
295) 위의 책, p.175.
296) 위의 책, p.141.
297) 위의 책, p.142.

밖에 있는 우주는 존재하지 않아서 감지하지 못하는 것이 아니다. 천체 망원경이 없었던 때는 육안으로 볼 수 없는 별들이 부지기수였다. 본질을 확인하는 작업도 마찬가지이다. 본질에 대한 개념적 통찰은 선각들이 이미 하였다. 그런데도 실체성을 보지 못한 이유는? 광산에서 금을 캐듯 할 수는 없다. 어린아이가 다이아몬드를 돌처럼 취급하듯 본질이 코앞에 있어도 분간할 줄 모른다. 『반야심경』에서는 모든 法이 空相이어서 나지도 않고 없어지지도 않는다고 했지만, 그렇게 말한 空相이 무엇인지는 도대체 알 수 없다. 감정사에게 골동품의 가치를 의뢰하는 것처럼, 본질이란 실체도 그와 같다. 道는 覺하였지만 분간하지 못했다. 무량한 시공간 안에서 어떻게 존재성을 확보하고 있는 것인지 알아야 한다.

본질은 그냥 드러날 수 없다. 존재 방식을[298) 규정하고 구체화시키고(의지, 공간성, 생성성), 인식 작용과 형상화시킬 방법론을 제시해야 한다. 플라톤의 이데아, 아리스토텔레스의 형상·질료, 토마스 아퀴나스의 有, 본체의 항존성 등은 나름대로 표출시킨 궁극적인 본질에 대한 이름이지만, 실체성을 속 깊이 들여다보지는 못하였다. 진리성은 확보하였지만 판가름할 존재 방식 틀은 정하지 못했다. 개체의 존재 방식은 전체가 지닌 존재 방식을 밝혀야 한다. 결국 세계의 본질을 밝혀야 한다는 말이다. 그러니까 선천에서는 전체적인 실체를 보지 못해 전모를 그려내지 못했다. 실체가 지닌 전체적인 방식을 결정해야 한다. 보다 궁극적인 본질을 규정해야 개체들의 본질도 결정할 수 있다. 주권을 가져야 국가가 존재할 수 있는 것처럼 강림한 하

---

298) 『세계철학대사전』, 고려출판사, 1992, p.430.

나님이 만사에 걸친 존재 방식을 확정해야 한다. 하나님은 창조주로서 神이 아니면 안 되는 필연적인 존재 방식을 통해 강림하였다. 그런데도 지성들은 神의 실체를 어떻게 보았던가? 전체 본질도, 절대성도 드러내지 못했다. '기독교에서는 만유의 아버지로 보았고, 그리스철학에서는 우주의 궁극적 실재라 하였으며, 근세 철학에서는 실천적 신앙이란 개념을 세웠다. 어떻게 보았든 神은 초월적이고 인간 이상의 힘을 가진 존재'인 것이 틀림없다.[299] 그러나 그렇게 본 관점이 하나님 자체는 아니다. 어떻게 하나님이 네모난 병 안에서는 네모가 되고 둥근 병 안에서는 둥글게 되는가? 神을 神되게 하는 방식 틀은 그렇지 않다. 전체 본질로서 지닌 규정 틀이어야 한다.

그래서 도출되는 결론 한 가지는, 神은 역사상 인류가 구하고자 한 실체이기 이전에 인류가 달성하길 원한 도달 목표 관점이다. 규명할 수 있도록 해 완성을 지향한 형태이다. 神은 만상과 함께 실재한 상태이므로 규명 여부에 따라 존재 여부가 결정되지 않는다. 神은 인류가 바라본 관점의 상이었던 것이 분명하다. 관점이 다르다고 해서 다른 神을 본 것이 아니다. 그렇다면? 생성이 문제이다. 도상에서 본 神의 모습은 다를 수 있다. 과정에서 이룬 판단은 유동적이다. 그렇다면 神은 정말 어디에 있는가? 종국의 목표 지점까지 도달해보아야 한다. 그곳에 하나님이 존재한다. 空(불교), 太極(유교), 道(도교), 神(기독교)은 한결같이 인류가 神의 실체를 규명하는 과정 속에서 본 과도기적 실체이다. 제 개념을 규정할 총체적인 방식 틀을 확정 짓지 못한 것은 神이 만인이 확인할 수 있도록 실체성을 갖추지 못해서이다. 여태

---

299) 『원불교사상 논고』, 앞의 책, p.407.

껏 이룬 것은 결론을 내릴 수 있도록 한 과정일 뿐이다. 실체이기는 하지만 완전하지 못하다. 그래서 관념적이다. 인생, 존재, 역사, 문명의 본질이 그러하다. 우리가 본 것은 전부가 아니다. 진정한 실체 규정은 하나님이 본체자로 강림한 이후부터이다. 전체와 개체가 지닌 실체 규정 과정은 상호 교호적이다.

역사상 궁극성을 밝히기 위한 노력은 집요하였고, 生의 전부를 바치더라도 모자랄 만큼 근원적이다. 본질을 규명해야 진리가 완성되는데, 지난날에는 현상계만으로 완성을 기도했다. 본질을 밝히기 위한 노력인 것은 맞지만, 핵심 된 본질은 볼 수 없어 일군 진리가 일부분이란 사실을 몰랐다. '시계를 보고 제작자를 아는 것처럼 만물도 하나님의 창조물이라는 것을 유추할 수는 있지만'300) 같을 수는 없다. 시계는 시계에 대해서 이미 알고 있는 사람이 판단하는 것이지만 하나님은 그렇지 않다. 神은 물론이고 본질도 아는 것이 없다. 하지만 도상인 상황을 고려할진대 희망은 있다. 현재로서는 부족함이 있지만, 전체적인 본질이 개체들을 통해 구현되는 측면에서 보면, 일체 노력이 고스란히 하나님의 존재를 규명하고자 한 섭리적 일환이다. 역사도 전 방면에 걸쳐 이 같은 목적을 완수하기 위해 추진 중이다. 인류가 진리를 탐구한 것은 참으로 지고한 것으로, 언젠가는 밝혀낼 가능성을 지녔다. 믿음이 그러하고 진리가 그러하고 추진된 역사가 그러하다. 과정에서 본 모습은 달라도 진리를 위해 쏟은 정열만큼은 어느 시대를 막론하고 보편적이다. 어떤 경우에도 그렇게 본 관점을 탓할 것은 없다. 본질만 알면 완성을 위한 구성 요소로서 일변된다.

---

300) 『세계사상 대계 3(인간의 발견)』, 앞의 책, p.209.

　　본질을 규명하는 과정을 통해 진리를 완성한 것이 세계에 미칠 영향은 실로 지대하다. "세계에는 이미 관념론과 유물론이라는 거대 관점이 세워져 있는데, 본질론은 그것마저 포섭하는 통합 관점이다. 관념론과 유물론이 지닌 대립적 측면을 극복하고 세계를 완성하리라. 본질이 뒷받침되지 못하면 어떤 분야도 완성될 수 없다. 뒷받침되어야 제 현상을 해명할 수 있다. "이전에는 미완인 관점 체제였지만, 확립된 본질론은 인류를 새로운 진리 세계로 인도할 궁극적 실체 규명門이다."[301] 전체자로서 갖춘 존재 양식과 하나님이 지닌 실존 방식을 결정한다. 진리론을 완성시킬 체계이고, 개개 본질을 총화시킬 궁극적인 본체이다. 본질은 근원적이다. 사물의 본질, 인생의 본질, 현상의 본질, 존재의 본질…… 그중 세계의 본질은 개개 본질을 포괄한 전체 영역권이다. 당연히 세계를 초월한 특성을 지녔다. 어떻게 성과를 달성할 수 있는가? 누가 본질을 확고히 해서 본말을 드러내었는가? 선각들은 道를 통해 일갈했지만 기대에 부응하지 못했다. 이에 하나님이 강림하여 지혜를 낱낱이 풀어놓았다.

　　환언할진대 인류가 연면하게 진리를 탐구한 것은 하나님이 강림하기 위한(궁극 실체의 규명과 구현) 전체 본질의 규정 역사로서, 무수한 추구 의지가 한 목적을 향해 치달았다. 개개의 안목으로서는 판단할 수 없다. 자신은 자기 의지대로 살았는데 알고 보니 전체적인 뜻의 일환이었다는 자각은 하나님의 의중을 알 수 있는 중대한 통찰이다. 무질서해 보이지만 한 질서로 꿰뚫을 수 있게 된 것이 주재된 역사이다. 다양한 존재와 역사를 한 의지인 질서 궤도 위에 올려놓을

<hr>

301) 『세계창조론 서설』, 앞의 책, p.10.

수 있다. 통합 의지를 알면 일시에 세계 질서를 회복할 수 있다. 꿰뚫을 수 있기 때문에 과학으로 진리를 구했든, 철학으로 形而上學적인 문제를 해결하였든, 信行으로 神을 추종했든, 그들은 한 목적으로 구성된 오케스트라였으며, "본질은 수많은 사상가와 종교인과 학자들이 진리로서 탐구한 우주의 궁극적 실체이다."302) 무엇을 위해 추진된 것이든 그들은 전체 내의 본질 가운데 있는 것이며, 개체를 규명한 것은 전체적인 존재를 드러낸 일환이다. 인류가 추구한 것이 하나님의 실체를 규명하는 데 기여되었다. 선현들이 일군 道란 실체가 그러하다.303)

그렇다면 선각들이 정열을 바쳐 일군 道는 어떤 세계이고 실체인가? 바친 전적에도 불구하고 본질에 관한 영역은 여전히 생소하기만 하다. 철학·종교·이념 등등 학문과 함께하였지만 잠재된 영역이다 보니 확인하기 어려웠다. 무궁한 세계를 자유자재로 넘나든 覺者가 있었다지만 홀로 도달한 경지이다 보니 도움이 되지 못했다. 개념은 설정했지만 구체적인 실체가 없다. 그래서 실체가 본질이고 개념이 실체이다. 개념은 인식의 산물로서 생성하는 본질로부터 인출한 것이다. 생성하는 본질만 뒷받침되면 개념도 실체를 가진다. 물론 개념이 곧바로 실체인 것은 아니지만,304) 실체는 개념을 통해 인식의 경로를 트고, 어느 정도는 인식도 실체성을 뒷받침하고 있기 때문에, 개념이 실체적이지 못하다고 하여 전격 부정할 것은 없다. 어차피 유한한 개념만으로서는 무한한 본질을 담을 수 없으므로 개념은 본질이란 실

---

302) 『세계본질론』, 졸저, 청학사, 1997, p.13.
303) 『세계창조론 서설』, 앞의 책, p.190.
304) 『세계본질론』, 앞의 책, p.281.

체를 담아둔 방식일 뿐이다. 그런데도 개념은 사실상 본질과 같아 실체와 안성맞춤 격이다. 이 같은 상태를 일컬어 모순이라고 말해서는 안 된다. 어떤 실체도 설정된 개념을 통해 현현되는 만큼, 개념=실체란 등식은 선문답이 아니다. 본질은 인식된 개념을 통하여 와 닿는다. '神의 실존은 자연에 기초하지만 神의 본질은 오로지 인간에 기초한다(포이어바허)'고 한 것은[305] 神의 인간성화를 역설적으로 강조한 것이다(근대 무신론의 사상적 근거). 본질과 실체가 지닌 개념 사이에는 차이가 있지만 개념은 결국 실체를 반영한다.

개념과 본질 사이가 이러할진대 본질은 과연 무엇인가? 어떻게 개념을 규정할 것인가? 산소가 무엇인가라고 묻는다면 과학적인 지식을 동원하면 되지만 산소의 본질이 무엇인가에 대해서는 막막하다. 산소의 본질은 산소란 실체가 이미 차지하고 있어 덧붙일 것이 없다. 단지 상위의 존재 방식을 규정하지 못하여 단도직입적으로 등식을 성립시키지 못한 것뿐이다. 본질은 언제나 최상이고 궁극적인 것으로서 "만생을 있게 한 근원이자 만물을 생성시킨 창조의 대 힘줄기이다."[306] "삼라만상을 이룬 형성 의지로서 살아 생동한다."[307] 만상을 결정한 요인이다 보니(차원·초월적) 논리적으로 파고들지 못한 문제가 있다. 이성적인 통찰은 현상 세계를 탐구하는 일부 수단이다.[308] 이와 같은 특성 때문에 '현대 심리학에 중요한 공헌을 한 프로이트는 무의식의 세계를 주창하여 인간과 사회에 대한 문제에 있

---

305) 『기독교의 본질』, 루드비히 포이어바허 저, 김쾌상 역, 까치, 1993, p.426.
306) 『세계본질론』, 앞의 책, p.4.
307) 위의 책, p.84.
308) 위의 책, p.31.

어 인식 세계에 큰 전환'을 이루었다.[309] 이드(Id), 에고(ego), 슈퍼에고 (Super ego)로 대표되는 자아의 정신 구조를 발견하고, '꿈은 무의식으로부터 전해지는 메시지'라고 한 것은[310] 또 다른 성격이다. 부분적으로 도출된 것이기는 하지만, 그렇더라도 이런 노력은 진리를 탐구한 역사이고 전체를 밝힌 일환이다. 서양은 전통적인 학문 탐구 분위기상 대부분 외적 대상을 탐구하였지만 내재된 세계에도 눈길을 돌렸다는 것은 획기적이다. '과학이 취급한 현상계 배후에 불가지한 물자체의 존재를 가상했다는 이유로 칸트류의 철학자를 비판'했다(니체).[311] "문명이 첨단화 될수록 인류의 관심사는 본질과 거리가 생겼다."[312] 동떨어지다 보니 세태 현상도 말단화되어 버렸다. 그렇기 때문에 우리는 본질이란 실체에 대해 그 방식을 분명하게 확정해야 한다. 대책도 없이 근본으로부터 멀어지는 현상을 막기 위해 범인류적으로 본질을 회복해야 한다. 그래서 우선되는 작업이 곧 본질이란 실체를 아는 것이고, 직접 실인하는 것이다. 형태는 붙들 수 없지만 진리를 총합하는 것은 하나님의 존재를 구성하는 작업이기 때문에, 무형인 본질 역시 그렇게 존재한 방식을 취하게 된다. 본질은 무수한 존재 속성과 특성, 목적, 작용성을 총망라하여 실체를 구축한다. 북이 울린다면 그 소리는 어떻게 붙들 수 있는가? 없지만 그 힘찬 울림이 가슴 위에 머문다. 본질이란 실체도 그렇다. 아트만에 대한 브라만,[313] 본질에 대한 실체는 북소리와 같다. 존재하지만 붙들어둘 수

---

309) 『역사이해와 비판의식』, 박성수 저, 종로서적, 1980, p.64.

310) 『21세기 과학 어떻게 오는가』, 아서 S. 그레고르 저, 과학세대 역, 우리시대사, 1996, p.250.

311) 『세계사상 대계 3(인간의 발견)』, 앞의 책, p.417.

312) 『세계본질론』, 앞의 책, p.23.

313) 『불교철학의 이해를 위하여』, 불교신문사 편, 대학문화사, 1984, p.426.

없다. 개념으로도 실체로도 머물러 있게 할 수 없다. 그래서 깨친 자
가 사리자에게 말했다.

"모든 法은 空相이어서 나지도 않고 없어지지도 않으며, 더럽지도
않고 깨끗하지도 않으며, 늘지도 않고 줄지도 않는다. 이런 까닭에
空 가운데는 물질적 존재도 없고, 감각·표상·의지·인식도 없으
며, 눈의 영역도 없고, 나아가 의식의 영역도 없다. 근원적인 무지
도 없고, 근원적인 무지가 다함도 없으며, 늙고 죽음도 없고, 늙고
죽음이 다함도 없으며, 고통·고통의 원인·고통을 제거하는 것,
고통을 제거하는 것에 이르는 길도 없다. 슬기도 없고 또한 얻음도
없다. 모두가 붙잡을 것이 없기 때문이다."314)

근원된 본질은 실체도 형태도 없지만 식별한 대로 모든 것을 낳았
다. 그래서 없으면서도(空相) 존재하는 것이 본질이 지닌 특성 방식이
다. 본질은 있음이 지닌 일체의 존재 양식을 부정한다. 다만 있음을 낳
은 일체의 근원이다. 이것이 본질이 지닌 참 실체이다. 감각·표상·의지·
인식이 없는 상태에서 감각·표상·의지·인식을 낳았다. 형태적으로
는 존재하지 않지만 만유에 자재한 것이 본질의 실체성이다.

그렇다면 그런 본질을 본체로 한 하나님은? 하나님도 동일한 존재
방식을 취한다. 하나님이 무형상자인 것은 만유 가운데서 자재한 형
태이다. 하나님은 만물을 낳은 원인과 바탕자로 존재한다. 그래서 하
나님은 형태를 갖추기 이전의 空相이다. 空相은 無이듯, 하나님도 無한
형태이지만 진리로서 만유와 함께한다. 하나님이 존재한 근거가 진리
에 있다. 하나님은 인식 질서를 초월하며, 법칙을 결정하기 이전의 空
相이다. 色을 구분하고 현상을 파악하고 나면 즉시 無한 형태이다. 본

---

314) 『혜담 스님의 반야심경 강의』, 선우도량 공동대표, 각화사 주지.

질의 실존 형태는 정말 空하다. 空은 만상을 있게 한 근원이다. 개념
으로 가늠한 실체이므로 인식적으로는 유형을 부정한 방식을 택할
수밖에 없다. 유형을 기준으로 해서 空한 것으로 표현하였지만, 사실
은 실체 없는 그것이 실체이다. 물 위에 비친 狀은 실체 없는 狀이다.
그림자가 나와 동일한 실체를 공유할 수는 없다. 본질의 실존 방식이
그러하다. 존재를 기준으로 하면 空相이 무형인 형태로 보이지만, 사
실은 空相이 근본 된 실체이고 만상은 투영된 물속의 상과 같다. 세계
의 본질은 여여하기만 하다. 유한한 실체는 무한한 본질에 근거했다.
어린아이도 이것만은 아는데, 돌은 드러나 있는 것만으로 전부가 아
니다. 삼라만상은 하나님의 무한성에 대한 속성의 표출이다. 드러난
돌은 존재이고 땅속에 파묻힌 몸통은 본질이다. 그래서 드러난 돌은
결국 드러나지 않은 돌과 통한다. 부분은 전체와 함께하지만 전체를
한꺼번에 볼 수는 없다. 그렇다면 하나님은? 우리가 지닌 것 전부가
하나님이다(神적 본질임). 하나님은 외부로부터 다가올 수 없다. 나를
감싼 전체로서 함께한다. 유한한 존재성을 무한성이 떠받쳤다. 하나
님의 본체는 진리이니, 진리는 하나님의 무한한 존재 실체이다.

6. 세계 본질의 관계성

만물이 공통적으로 지니고 있는 뿌리인 본질은 만물의 바탕이기도
하고 창조의 바탕이기도 하며 하나님이 지닌 본체적 바탕이기도 하
다. 이렇게 되면 神과 창조와 본질과 만물이 곧바로 이어진 셈이다.
하지만 이것은 아직 단언된 단계이다. 천지가 일체이고 진리가 하나
라면 정말 연결되어야 한다. 하지만 아직까지는 독자적이고 말하는

진리가 각자 다르다. 바탕 된 본체라도 창조된 고리를 밝히지 못하면 관념화에 그쳐버린다. 道, 학문, 흥기한 신흥 종교도 마찬가지이다. 지금 우리는 진리가 지닌 총체적인 문제점을 들여다보고 있는데, 핵심된 실체를 밝혀야 한다. 남해대교는 현수교인데 한쪽에서만 기둥을 세워서는 하동과 남해를 연결시킬 수 없다. 개개 사물은 물론이고 전체인 본질도 마찬가지이다. 본질을 규명해야 관계성도 밝힐 수 있다. 현수교는 현대 문명이 이룬 총화이다. 이전에는 불가능했던 작업이다. 연결하지 못하면 독립된 실체로 존재할 수밖에 없는데, 연결하면 하나인 몸통을 이룬다. 관계성은 세계가 하나인 하나님으로부터 창조된 것을 나타낸다. 창조되었기 때문에 세계가 연결된다. 현수교는 쇠줄로 연결시켰지만 만상은? 그 실마리를 찾아 나선 것이 지난날 걸어 온 진리 탐구 역사이다.

"有는 無로 無는 有로, 돌고 돌아 지극하면 有와 無가 俱空이나 俱空 역시 具足이다(소태산)."[315] "일체 원리, 일체 존재, 일체 세계가 현상에서 본체로, 본체에서 현상으로, 본체에서 본체로, 현상에서 현상으로 쉬지 않고 원환(圓環)하는 것이 우주의 원리이다."[316] 道는 꿰뚫었지만 문제는? 주장한 것만으로는 문제를 해결할 수 없다. 그렇다면 어떻게? 뉴턴은 지구가 자전하면서 공전하는 것이 만유인력 때문이라는 사실을 발견했다. 사과가 하늘로 날아가지 않고 땅에 떨어지는 이유이다. 그러나 一圓相은 성격이 다르다. 바탕 된 본질이 무형인 세계에서 원환한다는 것은 태양계처럼 만물이 중심축을 지녔다는 뜻이다. 그렇다면 그 중심은? 이것을 밝히기 위해 각축을 벌인 것이 진리

---

315) 『正典』, 게송.
316) 『원불교사상 논고』, 앞의 책, p.207.

권 역사이다. 일관할 수 있는 그 무엇? 이것을 알기 위해 바탕 된 본질을 드러내어야 했다. 관념론자는 정신을, 유물론자는 물질을 그 자리에 두었다. 道도 상황은 다를 바 없다. 그래서 이 연구는 관계된 구조도를 작성하였다. 神↔창조↔본질↔현상↔존재↔만물 등등, 하지만 이런 구조도는 유기성은 있어도 神과 창조 사이의 거리가 너무 멀다. 창조가 그러하듯 만상이 두루 연결되기 위해서는 중심축이 있어야 한다. 일관시킬 수 있는 그 무엇, 그래서 정신도 물질도 안 되고, 道도 감당하기에는 부족함이 있다. 그렇다면 전지전능한 神이? 神이라도 궁극은 될 수 있지만 중심축은 아니다. 神을 중심에 두면 구조도가 차원화되어 버린다. 神을 중심에 두면 영역 간은 연결되지만 정작 神과 통할 수 있는 매개체는 없다.

지성들이 그렇게 알고자 했던 그 무엇, 내재되고 바탕 된 궁극적 실체, 그것은 神이 아니라 바로 만상과 떨어질 수 없는 본질이다. 본질을 중심축에 놓아야 사방팔방과 연결된다. 그러지 못하므로 작용 관계가 묘연해 연결 고리가 단절되었고 삼라만상이 독자적인 것처럼 보였다. 관계성은 본질이란 실체가 지닌 좌표이다. 영역들만으로서는 구축될 수 없는 구조도, 이것이 오늘날 강림한 하나님의 본체 형상도이다. 진리 세계를 통합한 실체, 본질이 바탕체로서 요구된 역할, 곧 중계 역할이 그것이다. 본질이 뿌리인 것은 제 영역 간이 연결되었다는 뜻이다. 우파니샤드에서는 '일체의 폭(輻)이 차의 량(輈)과 곡(轂)에 연결되어 있는 것처럼 일체의 생물, 일체의 神, 일체의 세계, 일체의 기관, 일체의 個我도 진아(眞我)와 연결되어 있다'고 했다.[317] 인도인

<hr>

317)『종교현상의 이해』, 김용환 편저, 나무, 1986.

이 종교적 상징 형식으로서 표현한 만다라(mandala)에서도 세계의 중심축과 정신적인 우주도 개념을 엿볼 수 있다. 본질을 축으로 하면 정말 만상의 우주도랄까, 만상이 갖춘 실체성과 위치, 좌표, 궁극성을 볼 수 있다. 연결된 고리는 연기적인 인과관계로서 규명 관점, 창조, 진화, 맥이라고 보아도 좋다. 세상과 연결된 것은 모두 해당된다. 하지만 원래의 본질이 그러하듯 그 끈, 그렇게 연결된 고리를 눈으로 볼 수는 없다. 그런데도 하나로 묶을 수 있다. 창조되지 않았다면 성립될 수 없는 관계이다. 필연성이라고 하는 관계 끈이다. 변하고 변하였지만 추적할 수 있게 된 그것이 관계된 고리이다. 본질은 만물과 창조와 하나님을 하나로 묶는 통합 끈이다. 과정은 출발지와 도달지를 연결시키고 본질은 관계를 성립시키는 바탕체이다. 어떻게 진리가 하나님과 연결될 수 있는가? 진리=세계=창조=神이란 등식을 성립시키기 때문이다. 본질은 전체이다. 어떤 변화가 있었다면 본질이 주된 원인이다. 본질과 통하면 본래의 근본을 되찾는다. "만물의 본질=神의 본질이란 바로 이해할 수 있는 등식이 아니다. 창조 이전의 본질과 창조 이후의 본질과는 차이가 크다. 그런데도 불구하고 神적 본질이 化된 것이 만물이란 사실은 본질을 통하면 알 수 있다. 근본을 보면 자초지종을 안다. 어머니는 자식을 잉태하고 낳았기 때문에 자식에 대해 현실감을 가졌지만 아버지는 아기씨의 생명화와 출산의 고통을 지켜만 보았다. 본 것과 겪은 차이처럼 본질도 그러하다. 본질은 천지를 창조한 모태이다. 그래서 씨를 심어준 하나님도 알고 만물을 낳은 해산의 고통도 알며 삼라만상 자식도 낱낱이 안다.[318] 자식(만

---

318) 숯知함=직접 창조했기 때문에 만사를 모두 아는 것임.

물)은 몰라도 어머니(본질)는 안다. 그런 모태가 "우주의 총체적인 존재에 관여된 형성 의지이다."319)

관계는 낳고 또 낳아 성립되었다. 본질은 세계를 낳고 세계는 진리를 낳았다. "세계의 본질을 드러낸 그것이 진리이다."320) 세계와 진리 사이에 본질이 매개된 모습이다. 영역 간에 가로놓인 차원의 강을 건널 때마다 본질이 나서서 징검다리 역할을 한다. 본질이 축(바탕)을 이루고 있다. 어떤 영역 간이든 신속하게 도달하고 통한다. 구조상 최상에 위치한 神도 본질을 통해야 볼 수 있다. 본질의 세계는 곧 神의 세계이다. 세계의 본질이 드러나는 과정에서 하나님의 본체가 규명되었고, 하나님의 본체가 드러나는 과정에서 세계의 본질이 규명되었다. 본질을 규명한 결과에 하나님이 있다. 어찌하여 이 같은 일이 일어나는가? 본질로서 지닌 작용 역할 때문이다. 궁극적인 실체를 밝힌 것은 하나님의 형체를 드러낸 과정으로 전환되며 인식론, 존재론, 가치론 영역이 이룬 성과는 그대로 하나님이 강림하기 위한 기반 조성 역사가 된다. 총체적인 구조도를 작성해야 한통속, 일체인 존재성을 확인할 수 있다. 본질이 지닌 구성 핵심은 창조를 통해 결정된다. 만유의 본질은 하나님의 본질이며, 인출된 진리는 하나님의 뜻과 존재 의지를(본질) 대변한 계시이다. 이전에는 일방적이었지만, 지금은 직접 가늠할 수 있다. 진리는 하나님의 본질로서 온갖 계시를 낳은 온상이다. 계시는 神의 의지를 대변한 뜻이다.321)322) 변화무쌍한 현상

---

319) 『세계본질론』, 앞의 책, p.339.

320) 위의 책, p.339.

321) 『세계유신론』, 앞의 책, p.85.

322) 하나님이 창조를 실현시킬 시스템을 구축하기 위해 하나님의 존재 본질을 氣라는 통합체로 변용시킴.

계 위에서 삼세간에 걸친 뜻을 계시하였다.[323]

만상의 관계성을 정립하는 것은 어떤 새로운 원리성을 창출하는 것이 아니다. 세계를 통합하는 가능성을 밝히는 것이 핵심이다. 이해할 수 없었는데 이해할 수 있게 된 것은 원인을 규명하고 작용된 메커니즘을 밝힌 때문이다. 이해하기 위해 관계성을 추적한 형태이다. 본질이 근원이란 사실을 알지 못하면 창조와 본질의 관계도 알 수 없다. 그렇다면 창조와 본질은 어떻게 연결시킬 수 있는가? 본질적인 양상이 그대로 창조된 세계를 보여주고 있다는 사실을 앎으로써이다. 선행한 본질 세계가 창조 세계란 사실은 창조를 실현시킨 바탕체가 통합적이란 사실을 발견함으로써이다(결과가 창조라고 하는 원인을 물고 있음). 만유는 모든 원인을 창조에 두었고 본질은 만유를 이룬 창조의 전면성을 포괄한다. 말미암았기 때문에 관계를 추적하면 밝혀져야 하는 것이 마땅하다. 그 관계라는 것이 곧 인연이고 필연이다. 본질과 만물이 연결될 수 있도록 창조가 역할을 대행했다. 無極이 太極화되었듯, 본질과 만물도 창조라는 근원 작용이 필요했다. 그래서 창조를 통하면 본질과 만물이 일관된다. 본질의 세계가 확정되며, 이를 통해 세계를 판단할 수 있는 길을 연다. 아무리 파고들어도 물질 문명 세계를(色) 이해하지 못한 것은 色에 바탕 된 空, 즉 본질의 세계를 밝히지 못해서였다.

요즘은 뇌의 생리 기능에 관한 연구가 활발한데, 어떤 방면으로 신경을 쓰고 정신을 집중시키면 뇌의 혈류가 응집되는 현상을 모니터를 통해 관찰, 확인할 수 있다.[324] 물질의 세계도 묘연한 것은 마찬가

───────────────

323) 이 연구의 전반적인 인식 체계는 보혜사 하나님이 지상에 강림한 결과로 확정된 계시임.
324) 이전에는 한쪽 뇌가 손상된 환자가 신체에서 어떤 부위의 기능을 상실하였는가를 보고 부위에 따른 뇌

지지만, 본질을 밝히면 色의 세계가 지닌 원인성, 바탕성을 알 수 있다. 유물론자들은 우습게 여길 수도 있지만, 그들도 보다 근원된 실재를 찾고자 한 결과물이 물질이라고 할진대, 물질 이외의 것을 허구로 단정하는 것은 억지이다. 물질보다 더 근원된 바탕이 바로 본질이다. 본질을 알면 세계를 알고 세계를 알면 하나님을 안다. 본질이 있기 때문에 만물이 있고 만물이 있기 때문에 하나님이 있다. 인류가 품었던 우주와 진리에 대한 끝없는 의문, 그것은 본질이 만상을 형성하였기 때문에 풀 수 있다고 여긴 탐구 의지이다. 우리는 제반 작용을 일어난 현상을 통해 접한다. 하지만 드러난 것, 경험한 것, 밝혀낸 것이 존재한 모든 것은 아니다. 그런데도 숨어 있는 것을 아직 밝혀내지 못한 이유는? 바로 본질 때문이다. 존재계의 원인은 본질에 있고, 본질의 근원은 창조에 있다. 현실에서 일어난 일체 변화는 정말 바탕된 본질로부터 기인되었다. 일체 변화를 운명적·역사적인 결과로 받아들이지만, 사실은 본질이 끼친 영향력이다. 제반 현상이 본질을 통해 세계에 표출되었다. 생성으로 관여되었다. "존재는 본질이 규정한 바로서, 생성이 도달한 궁극선에 뭇 존재가 있다."325)

완성된 관계 구조도가 하나님의 존재 본체이다. 본체는 진리로 구성되었고, 진리로서 그려낸 만다라가 우주 생성도이다. 하나님은 만상을 연결시킨 구조도를 통하여 형언할 길 없는 형상을 현현시켰다. 광명함, 휘황함, 황홀함, 존엄함이다. 형형 물물 색색이 창조 권능으로 찬연하다. 그곳에 거룩한 신성(神聖)이 있고 근접하기 두려운 위엄이 있고 성스러운 본질 공간이 있다. 전체 본체도를 관망하면 신비한

의 기능 역할을 분간하기도 했음.
325) 『세계본질론』, 앞의 책, p.403.

통일과 조화에 입을 다물 뿐이다. 더할 나위 없는 순수 자아가 숨 쉬고 있는 내 영혼의 고향이다.326) 의식이 머문 본원 자리이다. 그분, 그 아버지가 지구라는 조그만 별에서 외치는 외마디 소리를 들었다. 그래서 만사를 제쳐놓고 달려왔다. 우주의 근원자가 직접 생명의 만다라를 펼쳤으므로 이것을 바라보는 자 결단코 멸망하지 않으리라. 성령의 만다라, 진리의 만다라가 강림한 하나님이다.

7. 세계 본질의 존재성

본질은 뭇 지성들이 궁구해마지 않은 창조의 대 원인 세계이다. 본질은 바탕 되고 내재되어 존재성이 확실하지 못한 점은 있지만, 직관으로 통관하는 방법이 있고, 확인하기 위해서는 세계의 본질이 분열되어야 한다. 본질이 분열하면 무수한 진리가 산출된다. 나름대로는 독자성을 가졌지만 전체와 유기적으로 교감한다. 그리고 생성을 완료하면 통합적인 윤곽을 드러낸다. 관점, 섭리, 궁극적인 실체가 그러하다. 궁극 점에 이르면 전체 가운데서의 좌표를 알고, 개체를 장악한 전체로서의 존재성을 확인할 수 있다. 궁극에는 창조가 있고 이면에는 하나님이 있다. 본질은 개념만으로 있는 관념이 아니다. 생성하기 때문에 근거를 지닌 실체이다. 분열을 통해 끝내 존재화된 특성을 드러낸다. 본질의 근원 특성=하나님의 본체 특성, 본질의 궁극 특성=하나님의 존재 특성으로서 표면화된다. 본질은 온통 본질뿐인데 알고 보니 본질은 존재 안의 실체였다. 그런데도 분열 중에는 전체적인 윤

---

326) "인간은 만다라를 통해 자신의 생명 속에 감추어진 신성한 종자를 직관한다." -『종교현상의 이해』, 앞의 책, p.295.

곽을 볼 수 없다. 세계는 영원한가? 세계는 무한한가? 영원하고 무한한 그것을 본질이 결정하였다.327) 더 나아가서는 존재로서 지닌 특성까지 나타낸다. 본질은 전체 안에서 존재한 실체이고, 존재는 전체로서 완성된 실체이다. 그래서 유형화된 본질은 영원하고, 경계가 없어 무한하다.

본질만으로서는 결코 존재를 볼 수 없다. 본질은 본질이고 존재는 존재이다. 그러나 본질이 분열을 다한 궁극 점에 이르면 존재자의 윤곽이 잡힌다. 창조를 통하여 전체 내의 특성인 것을 확인할 수 있다. 전체인 존재성이 생성된 관계로 본질은 진리로서 살아 있고 개개 존재는 유기체적인 생명력을 지닌다. 본질은 본질일 뿐이지만 본질이 지닌 전체는 하나인 존재자이다. 본질은 진리의 호랑이로서 백수의 왕이며 하나님을 이룬 구성체이다. 만물 역시 하나인 하나님의 존재 안에서 참된 실체일 수 있다. 본질을 통해 존재를 보는 것은 본질이 제공하는 최상의 관점이다. 본질을 존재화시키는 것은 물론이고 끝내 하나님까지 부각시킨다. 진리를 본체로 하여 강림된 하나님이 이렇게 증거된다. 본질적인 특성을 존재를 구성한 요인으로서 추적할 수 있다. 통합 본질은 원인과 결과가 함께하는 것이니, 이것이 만물을 이룬 본질의 특성이다. 이것이 모든 원인과 결과를 동시에 함유한 神을 대변한다. 세계가 영원한 것은 원인과 결과가 함께한 때문이다. 세계에서 시작과 끝을 찾을 수 없는 것은(無始無終) 본질이 지닌 특성이고 존재가 지닌 궁극상이다. 세계의 본질은 有함으로써, 有함은 존재성으로 직결된다. 존재성은 본질이 지닌 테두리이다. 아무리 본질이 무한

---

327) 세계는 무한하나 그 무한성을 본질이 규정함 - 『세계창조론 서설』, 앞의 책, p.52.

해도 전체적인 존재성은 벗어날 수 없다. 이것이 여러 가지 측면에서 세계의 특성을 규정한다. 영원히 생성, 순환시킨다. 세계가 살아 있는 하나님의 존재 안에 있다.

일원상은 세계의 본질이 有한 것이란 말과도 통하지만, 한편으로는 無極으로서 경계가 없는 존재상도 시사한다. 일원상은 본질의 모습을 상징한 것인 동시에 그와 같은 특성을 지닌 존재상을 나타낸다. 無極은 존재 안에 있는 본질성을 표현한 것이다. 본질은 생성하므로 극이란 경계가 있다. 극은 차원성을 달리하는데, 하나님은 그렇게 극을 달리한 차원 세계에 있다. 본질은 하나님에게 근거한 것인데도 선천에서는 이런 가치를 제대로 인정받지 못했다. 본질적 가치가 하나님의 존재 속성으로 인준되어야 진리로서 최상의 가치를 발휘한다. 道도 道만으로서는 한계성이 역력하다. 본질과 진리만으로 세계가 통합되는 것은 아니다. 세계를 규합할 수 있는 요소로서 일구어진 것이므로, 중요한 것은 그렇게 역사한 뜻을 깨닫는 것이다. 통합을 이루는 주체는 원리가 아니다. 하나님이 품은 존재 의지이다. 뜻의 총화 위에 하나님이 있다. "본질은 홀로 작용할 수 없으며 존재를 전제하지 않은 작용은 없다. 道의 생명력은 자체만으로 있지 않다. 본질을 품은 존재성을 밝혀야 하고 그리하면 총체적인 모습을 구성한 하나님이 현현될 수 있다."[328)

> "어떤 혼연히 이루어지는 것이 있으니…… 순환 운행하면서 잠시도 멈추지 않는다. …… 그것은 억지로 道라고 하며, 억지로 이름하여 광대하다고 한다."[329)

---

328) 『세계창조론』, 제2편 창조성론, 앞의 책, p.30.

존재 안에서는 본질을 道로서 파악한 것이며, 道는 광대무변하여
쉼이 없고 본원으로 돌아온다. "본질의 세계가 아무리 무궁하더라도
결국은 규정한 존재 안의 특성이다."330) "道의 운동 체제인 순환성은
존재 안의 본질이 지닌 가없는 활동 형태이다. 無極은 太極이 되었다
가 다시 無極으로 돌아간다."331) 본질은 세계에 편만되어 있어 시작
과 끝이 없다. 살아서 생명성을 발휘할 뿐 아니라 끊임없는 생성으로
존재를 완성시킨다. 본질상이 그려낸 궁극은 무엇인가? 살아 있는 존
재성이다.332) 우리는 인식상 궁극적인 상태를 파악하는 데 어려움이
있지만, 의식이 끝닿은 곳에서 보면 생명은 여여하기만 하다. 有함을
지속시킨 생성을 일컬어 창조 시스템이라고 하였듯, 생성은 살아 있
는 존재자가 펼친 의지 활동이다. 有함을 유지시키고 있는 실질적인
운동이다. 의지 작용이 본질 안에서 생성을 촉발시켜 만물을 있게 했
다. 생멸 현상도 有를 존속시키는 활동의 일환이다. 세계는 유기체적
인 것이고 진리는 생명성과 의지성을 함께 지녔다. 진리는 삼세간을
초월한 창조 정보와 전체적인 존재 비밀을 간직하였다. 본질적인 특
성을 파악하면 有한 존재로서 생명성을 인식할 수 있다(창조 본질=有
함=존재 본질). 본질을 구성한 有적 실체의 근간에 의지가 있다. 본질
이란 무엇인가? 그 규명 형태의 최후 정점에 하나님의 존재 의지가
있다. 이 의지가 온갖 이치성을 발원시킨 바탕 실체[質]이다. 의지는
존재 안에서 생성 활동을 주도하였고 작용을 일으킨 원동력으로서

---

329) 『노자도덕경』, 25장.

330) 『세계창조론 서설』, 앞의 책, p.53.

331) "易은 존재 안에서 본질이 생성하기 위한 일종의 전환 방식이다. 즉, 본질은 생성을 통한 충만성을 통하
여 無極에서 太極으로 전환을 이룬다." - 위의 책, p.85.

332) 세계의 神적 본질 규명은 전체 세계를 존재자로 승화시키기 위한 세계관적 기반 다짐 작업이다.

세계를 형성하고 변화시킨 주된 요인이다.

본질 작용은 존재 안에서 끝내 소멸될 수 없는 의지 활동이다. 존재함은 의지함이고 의지함은 有함이다.[333) 무궁한 시공간에는 어떤 운행 법칙이 있는가? 온 우주를 존재하게 한 법칙이 있다. 만세상의 진리, 온 누리에 편만된 이치가 하나님의 존재 원리이고 의지이고 뜻이다.[334) 하나님의 존재 특성인 통합성과 통속성을 통하여 존재자로서의 윤곽을 잡을 수 있다. 한통속인 존재 안에서의 극적인 분화는 존재 안에서 본질이 존재하기 위한 방식이었고, 분화되었기 때문에 만은 만이 아니고 하나이다. 상호 의존적이다. 한편 바탕 본질이 지닌 동일 구조는 존재가 지닌 통속적인 특성을 표출시킨다. 본질이 통합적인 것은 열린 이 세계가 한통속인 존재 공간이고 생명체란 뜻이다. 왜 세계가 걸림 없이 통하는가? 전체가 하나인 존재자이기 대문이다. 왜 만물은 천차만별한데 바탕은 동일한가? 동일은 일관이고, 일관은 일체이고, 일체는 통합성이기 때문이다. 통합은 존재가 지닌 본질 안에서만 일어날 수 있는 총화 작용이다. 이것이 통체인 존재가 창출한 통합 구조도이다.[335) 직관을 통해 판별할 수도 있다. 직관된 진리가 전체인 존재 구조도를 완성시킨다.[336) 진리를 통해 세계가 살아 있는 존재자란 사실을 확인할 수 있다.[337)

---

333) 『세계본질론』, 앞의 책, p.208.

334) "존재의 알파성은 의지이며, 의지는 有한 세계로서의 본질적 바탕을 이루고 있다." - 『세계통합론』, 앞의 책, p.81.

335) "구조가 존재를 결정한다. 세계 본질의 동일성과 통합성은 영육 간에 合一을 가능하게 하는 존재 구조이다." - 『세계본질론』, 앞의 책, p.301.

336) 직관으로 우주의 구조를 산출해냄 - 『세계본질론』, 앞의 책, p.116.

337) "직관은 세계 본질의 통체성과 창조성을 묻어낼 뿐 아니라 세계의 살아 있는 뜻, 즉 존재 의지를 메시지화함" - 위의 책, p.137.

시공을 넘나든 초월성은 전체를 존재자로 보아야 확인할 수 있는 현상이다. 존재 안이라면 초월성은 이미 부차적이다.[338] 전체자는 진리를 꿰뚫을 수 있고, 진리자는 전체인 존재 본질을 물어낸다. '진리는 우주의 참된 구조로서',[339] 의식을 통해 교감하고 통합할 수 있다. 道는 하나, 합일, 일체이다. 존재 내에서의 작용으로서 걸릴 것이 없다. 존재 안이므로 장애될 것이 아무것도 없다. 시작과 끝이 없고, 시작과 끝이 동시이다.[340] 통속성은 존재자로서 지닌 모습을 다양하게 표출시킨다. 존재는 이미 있는 有한 상태이다. 본질이 삼세간에 걸쳐 있는 것은 세계가 그렇게 有한 상태로 존재한 사실을 의미한다. 전체적인 시간대를 존재가 내포했다. '순간과 영원의 융합 상태',[341] 그래서 道는 이미 존재한 상태에 대한 자각이다. 有를 인식하는 것은 道의 이면에 존재가 있다는 뜻이다. 통합성을 통하여 궁극적인 상태를 엿본다. 궁극은 공간과 존재와 의지가 하나 된 상태인데, 그렇게 존재한 분이 하나님이다(통합체). 하나님은 궁극에 거한 존재자이고 차원을 달리한 본질체이다. 본질이 차원적이므로 그 위에 있는 하나님은 더욱 차원적이다. 하지만 본질은 결국 존재와 함께하며, 본질로서 존재된 특성을 드러낸다. 차원 공간은 초월적이다. 神이 현현되기 위해서는 어느 한쪽도 일방적일 수 없다. 우리는 3차원에서 4차원을 바라보지만 神은 4차원에서 우리를 본다. 그래서 우리가 神을 일방적으로 이해할 수 없는 것처럼, 神도 인간을 일방적으로 이해시킬 수 없다. 하

---

338) 『세계창조론 서설』, 앞의 책, p.190.

339) 『세계본질론』, 앞의 책, p.298.

340) 서로 통함은 이질 됨이 없다는 것이고 동질, 동본, 동일 구조를 이룬 것임.－『세계유신론』, 앞의 책, p.64.

341) 『세계본질론』, 앞의 책, p.287.

나님은 통합체이지만 그것은 인간이 갖춘 인식 체계 안에서이다. 한계가 있기 때문에 하나님이 직접 풀어놓았고, 그렇게 해서 확보한 관점을 통하면 전체적인 구조 안에 있는 초월 현상을 이해할 수 있다.

이 연구는 전반에 걸쳐 하나님이 갖춘 통합성을 인간이 이해할 수 있는 생성 본질로서 설명하고자 했다. 神이란 차원적 존재를 본질이 지닌 작용 현상을 통해 이해한 것이랄까? 그런데도 불구하고 시종일관 분열적인 인식으로서는 이해할 수 없기 때문에 사고의 대 전환이 필요하다. 한통속인 본질 안에서는 원인과 결과가 함께하는데 도무지 이해할 수 없는 이유가 여기에 있다. 그래서 이 연구는 인류가 일군 道가 만유를 이룬 바탕 본질이라는 것과, 본질로서 구성된 전체상이 하나님이란 것을 거듭 강조한다. 이 같은 본질 상태를 심리학자인 칼 융은 공시성(共時性－synchronisty)을 통해 엿보았다. 본질이 지닌 초월성이다. "근대 과학이 접근한 방식대로 물질의 세계는 인과성의 원리에 의해 지배되고 있는데 배후에는 그렇지 않은 공시성의 세계가 숨어 있다. 공시성은 시간과 공간 면에서 제한이 없다는 뜻이다."342) 초심리적인 세계라고 할까? "홀로그래픽한 관계가 지배하고 있어 공간의 한 장소에서 일어나고 있는 것은 모든 공간의 장소에서 동시적으로 운동하고 있다. 시간은 과거에서 미래로 일 방향으로 흘러 역 방향은 없는데, 공시성의 세계에서는 과거도 미래도 뭉쳐져 있다."343) 우리는 반신반의하지만 양자역학과 같은 미세 원소를 탐구한 분야에서는 오히려 인정하는 듯한 4차원 현상에 대해 곤혹을 감추지 못한다. 그렇지만 누가 의혹을 잠재울 수 있는가? 무엇이 전체적인 관점

---

342) 『氣와 인간과학』, 유아사 야스오 편자, 손병규 역, 여강출판사, 1992, pp.47～48.
343) 위의 책, p.48.

을 확보했는가? 공시성과 동시성은 전체적인 존재자가 있다는 뜻인데 분파된 관점으로서는 근거 짓기 어렵다.

무엇을 망설이는가? 그래서 이 연구는 거듭 인류를 향해 통합성을 모토로 본질이 존재한 사실을 천명하고자 한다. 그것은 시공간 개념을 빌린 4차원적 실체라고 할 수 있지만, 어찌 시공간뿐만이겠는가? 하나님은 무한한 본체자로 존재한다. 이 연구가 세운 창조 방정식은 어려운 수학 문제와 같다. 인류가 경험한 진리 체계를 전면 전도시켜야 한다. 선천에서는 본질을 제각각 끄집어내어 상정해놓았기 때문에 그것으로서는 전체자인 하나님의 모습을 볼 수 없다. 그래서 세계를 통합해 본체를 완성한 분이 보혜사 하나님이다. 통합적인 하나님이 진리를 통하여 현현함으로 그 모습이 차원적이지 않을 수 없다. 예나 지금이나 하나님을 신앙하고 이해하고 증거하는 데는 어려움이 있다. 하지만 하나님이 진리의 성령으로서 강림한 지금은 사려 깊은 자 반드시 하나님을 뵈올 수 있다. 인류 구원이 달린 중차대한 문제 앞에서 정신 차려 영접해야 대대적으로 통합 역사를 이룰 수 있다.

1. 선재 본질에 바탕 된 진리성

　　예기(禮記)의 예운편(禮運篇)에 의하면, "고대 중국 사회에서는 점치
는 일(卜事)이 국가적 제도로서 행하여졌던 때가 있었다."[344) 참위(讖
緯)는 미래의 일이나 길흉화복을 예언한다는 뜻인데,[345) 이런 일이 개
인으로부터 국가에 이르기까지 일종의 문화 현상으로 굳혀진 것은
어제 오늘의 일이 아니다. 『중용』에서는 '나라가 장차 흥할 때는 반
드시 상서로운 조짐이 있고, 나라가 장차 망할 때에는 반드시 요망한
조짐이 있는 법'이라고 했다.[346) 우리가 모르고 있을 뿐 골상으로도,
꿈으로도, 사주를 통해서도 나타난다. 그렇다면 세계는 필연의 소산
으로서 입법자가 사전에 설정되어 있는 것인가? 동양에서는 점술의
체계가 陰陽五行說과 결합되어 있는데, 이것은 정말 천지자연의 뜻을
드러내는 상징적 체계인가?[347) 주어진 본질에 대해서 상을 읽는 일련
의 운용 체계는 정말 참인가? 점으로 어찌 미래를 알 수 있는가? 인류

---

344) 『증산사상 중심의 인류갱생철학개론』, 배용덕·황정용 공저, 태광문화사, 1995, p.247.

345) "讖은 미래의 길흉에 대한 징조 또는 조짐을 뜻하고, 緯란 미래에 일어날 일이나 길흉화복에 대한 예언
　　을 뜻한다." - 위의 책, p.251.

346) 『동양철학은 물질문명의 대안인가』, 김교빈 외 13인 저, 웅진출판, 1999, p.218.

347) 위의 책, p.219.

는 예언을 어떻게 보는가? 과연 도래하지도 않은 미래가 파악될 수 있는가? 과거를 통해서도 맞닿아 있는 현재로도 미래가 어김이 없다는 것은 확실하다. 미래는 재료로 있는 붕어빵 상태가 아니다. 완성된 상태로 던져졌다. 이미 존재한 것이 미래이다(?). 진리는 인식하는 것이다. 진리란 무엇인가? 진리는 "세계 본질의 생성 상태를 일부 覺했다."[348] 세계 구조를 파악할 수 있는 근거로서 본질적인 요소를 발현시킨다.[349] 진리를 통해 알 수 있는 것은 곧 삼세간이 함께한 통합성 상태이다. 진리적으로는 전체에 대한 정보를 한꺼번에 담았고, 본질적으로는 창조를 위하여 총화 된 氣적 에너지를 생성시켰다. 진리, 본질, 미래가 그러한, 언젠가는 인식할 수 있는 實有 대상으로서 존재하고 있다. 그래서 통합적인 세계는 생성을 다하지 않아 선재된 부분이 남아 있다. 현재는 드러나지 않은 부분을 미지 영역으로서 본유했다.[350] 선재 본질은 도래하지 않은 모든 부분이다. 현재로서 보면 존재하지 않는데 이미 함께한다. 운명이 손바닥 안에 있다. 선재 본질은 세계가 지닌 특성이며 창조됨으로 인한 결정 본질이다.

> "여호와께서 그 조화의 시작 곧 태초에 일하시기 전에 나를 가지셨으며 만세 전부터, 上古부터, 땅이 생기기 전부터 내가 세움을 입었나니……."[351]

하나님의 뜻은 천지가 조성되기 전부터 존재했다. 뜻과 이법을 앞

---

348) 『세계창조론 서설』, 졸저, 인쇄본, 1998, p.58.
349) 진리=본질적인 요소의 인식적인 현실화 상태.
350) 『세계본질론』, 졸저, 청학사, 1997, p.380.
351) 잠언, 8장 22절~23절.

세워 천지를 창조하였고 만물의 근본을 형성하다 보니,352) 역사도 상서로운 조짐으로 존재계에 영향을 끼쳤다. 그런 조짐이 대국적으로는 국가와 민족의 흥망과 관계되고, 개인적으로는 길흉화복과 관계된다. 선재 본질은 정신이 그러하듯 시공을 초월하고 인류의 미래까지 꿰뚫는다. 현대인은 과거인보다 미래를 더 잘 알고 있다고 장담할 수 없다. 선현들은 선재 본질을 내면화, 일체화시키는 데 더 많은 정열을 바쳤다. 공자·佛陀·노자·예수는 인류의 운명을 온몸으로 감득한 분들이다. 선재 본질을 진리로 승화시킨 구현자이다. 우리는 몰라도 노자는 道를 통해 비전을 인식했고, 예수는 장차 완전한 세계(천국)가 도래할 것을 확신하였다. 그래서 다시 오기 위해서(재림) 천국의 도래 메시지를 진리화된 선재 본질로서 확정지었다. 선재 본질은 창조를 위해 마련된 통합성을 근거로 이미 존재하였다. 그리고 인류도 선재 본질을 주축으로 문명 세계를 구축했다. 선재 본질에 접근하고자 한 운용 체계가 곧 卜, 예언, 선지성이다. 확립된 연역법과 귀납법은 이미 주어진 것을 근거로 했다. 명백한 일반적 사실들을 종합하여 새로운 판단을 이룬 것이 연역법이고, 하나하나의 사실을 관찰하여 새로운 사실을 발견하고자 한 것이 귀납법이다. 관찰하고 분석하면 시간은 걸리지만 진리는 확실하게 인출한다. 반면 선재 본질은 통합성으로 운위되고 있어서 전모가 드러나기까지는 판단할 수 없다. 이것이 선재 본질을 覺한 진리가 지닌 특징이다.

예언은 실현될 가능성을 지녔지만 시공간적으로는 제약이 있다. 한통속인 백이 존재하는데, 오십칠이라는 숫자는 전체를 얼마나 나타낼 수 있는가? 그러나 예언은 전체적인 정보를 포함하고 있다. 선재

---

352) 『세계본질론』, 앞의 책, p.216.

본질은 통합적이기 때문에 갹출된 진리는 전체와 통하고 전체는 개개를 장악한다. 그런데도 전체 본질에 대해서는 제한성이 있다. 그래서 예언한 자도 전황은 알 수 없다. 해석도 제각각이다. 그래서 목회자가 재림이 임박했다고 설교하지만, 예수가 자기 곁에 있다 해도 분간할 수는 없다. 선재 질서와 현실 상황과의 일치 여부는 각성해야 안다. 예언이 인류의 문화 양식 가운데 진리로서 확정되지 못한 이유이다. 시공을 초월해 있다 보니 도래할 시기를 판단할 수 없고, 작용성도 개연화되지 못했다. 미래 질서를 엿본 것은 분명하지만 뿌리까지는 보지 못했다. 그래서 인정할 수도 거부할 수도 없는 상태이다. 예언이 실현된 사실이 역사에 충격을 주는 것도 아니다. 정해진 역사는 수정될 수 없다.

핵심 된 본질을 규명하고 지상 강림 역사까지 선언된 마당이므로 예언의 진리성도 밝혀내지 못할 것은 없다. 문명 역사까지도 선재 본질의 표출 루트 안에 있다. 하나님은 인류 역사를 예언을 통해 사전에 밝혀놓았다. 단지 문제는 제대로 이해하지 못해 다가올 종말 역사를 대처하지 못한 데 있다. 천 길 낭떠러지 앞인데 자욱한 안개 때문에 사태를 파악할 수 없다면? 예언을 무시한다면 인류는 정말 천 길 벼랑 끝으로 추락하리라. 역사의 진행에는 선재된 본질이 함유되어 있을 뿐 아니라 주재된 섭리까지 스며 있다. 이것을 알아야 도래한 종말 상황을 인지할 수 있다. 하나님의 계시에 귀를 기울인다. 그러나 실상은 아무도 주목하지 않고 있다. 그래서 예언은 있었지만 공염불이 되어버렸고, 말초적인 관심을 충족시키는 데만 혈안이 되어 있다. 달나라를 왕복하고 있는 문명시대에 참위론, 점성술 두둔이 웬 말인가? 이 같은 생각 자체가 세계의 본질에 대해 무지한 양태적 표현이다. 과학을 통하더라도 세계를 속속들이 파악할 수는 없다. 예언은 도래하지 않은 선재 질서를, 존재는 규명하지 못한(생성을 완료하지 못한) 통합 본질을 지녔다. 예언이 모호하다면 道는 또 어떠한가? 道나 예언이나 본질을 간파하지 못한 여건은 같다.

그렇다고 예언의 진리성을 밝히는 데 있어 특별한 방법이 있는 것은 아니다. 세계의 본질성에 근거해야 한다. 작용된 본질을 밝힐 수 있는 것은 하나님이 본체자로 강림한 때문이고, 결과로서 예언이 지닌 진리성을 확인할 수 있다. 함축된 선재성을 푸는 것은 삼세간을 장악한 하나님의 일이다. 예언은 하나님의 뜻을 대변하기 때문에 성도들이 믿음으로 수호했다. 이해하지 못한 부분은 강림함으로써 일소되리라. 전체 본질을 대관한 계시가 본체 강림 역사와 함께 임하였다. 이런 상태라면 새로운 계시 창출도 가능하다. 이전에는 선재 질서를 일일이 일구었지만 지금은 곧바로 통관할 수 있다. 통찰 관점을 확보하였다는 것은 하나님이 보혜사로 강림한 증거이다. 구체적인 근거는 인류가 쌓은 문화유산 가운데서 확인할 수 있다. 삼세간을 동일한 방식으로 주재하였다. 미래, 그것은 이미 있는 것이고 과거, 그것은 지나쳐 버렸기 때문에 다시 도래할 미래이다. 미래는 새롭게 다가오는 것처럼 보이지만 통합된 과거 역사이고, 과거는 현재 이루어 맞이할 미래 역사이다. 예언은 이루어지지 않았지만 하나님의 뜻 안에서는 이미 결정된 역사이다. 예언은 인식된 진리로서 선재 본질을 함축한 하나님의 분신이다. 진리가 과거와 미래에 대해 가진 미해결 관점을 하나님이 보완하였다.

예언은 선재 본질에 대한 질서 인식인 동시에 하나님의 뜻을 대변한 계시이기 때문에 예언이란 형식을 통하여 메시지를 천명하였다. 세계를 규명하고 통합하는 과정을 통하여 비전 어린 질서상을 구축했다. 이것이 인류가 반드시 꿰뚫어보아야 하는 역사의 진행 방향이다.

2. 창조 본질의 선재

만물의 다양성을 추적하는 데 있어서는 진화 방식이 가장 적합한 것처럼 여겨진다. 무수한 세월에 걸쳐 점진적으로 변화하여 오늘날과 같은 모습을 갖추었다고 하므로[353] 이런 메커니즘은 사실상 상식화되어 있다. 반면에 "혼돈하여 아무것도 없었던 처음에 반드시 天主가 계셔서 만물의 근원을 열었습니다"[354]라고 한 주장에 대해서는 곤혹을 감출 수 없다. 그렇다면 정말 무엇이 참된 창조론인가? 이 연구는 진화론을 비판하기보다는 하나님이 아무것도 없는 無로부터 천지를 창조하였다고 한 주장부터 살펴보리라. 즉, 신앙인들은 하나님이 창조주인 사실을 믿으면서도 합당한 원리를 제시하지 못해 진화론에 덜미를 잡혔다. 우리는 하나님이 혼돈하여 아무것도 없었던 때에 만물의 근원을 연 것을 아득한 태초의 일인 것으로 안다. 그렇다면 정말 천지가 창조되기 전 아무것도 없었던 시점으로부터 추적해보자. 아무것도 없지만 하나님은 존재했다. 그래서 하나님은 일단 만물보다 선재하였던 것이 분명하다. 따라서 창조를 위해 근거로 삼은 것은 다름 아닌 하나님의 본체이다. 그냥 창조하였겠는가? 뜻을 두고 계획을 세우고 목적과 가치를 부여하였다. 순수 본질을 통합성을 이룬 창조 본체로 변모시켜 만물의 근원을 마련했다. 시간이 생성되었고 응결시

---

353) 『종교현상의 이해』, 김용환 편저, 나무, 1986, p.288.
354) 『천주실의』, 마테오리치 저, 송영배 외 5인 역, 서울대학교 출판부, 2000, p.120.

킨 氣가 풀리게 되었다.

밝힌바 하나님이 만물의 근원을 연 시점은 아득한 태초가 아니라 아직 도래하지 않은 미래이다. 세계는 한통속으로 되어 있어 삼세간이 함께 공존한다. 천지는 창조되었지만 바탕은 선재된 형태로 미래 속에 존재한다. 하나님이 모든 것을 알고 다 이루었다. 이것이 천만 년에 걸쳐 현재를 어김없이 있게 한 창조 메커니즘이다. 예언된 형태로 간파되기도 하였는데, 아직 실현되지 못하다 보니 완성된 정보는 되지 못했다. 그렇지만 하나님은 어떤 분인가? 삼세간을 통관하여 미래에 존재한 부분까지 확연하게 꿰뚫어본다. 본질을 꿰뚫은 통시 관점은 삼세간에 걸쳐 구분이 없다. 과거가 미래이고 미래가 과거이다. 이 같은 작용이 있는 것은 만물을 이룬 바탕이 선재 본질을 함유해서이다. 그렇다고 우리가 미래에 대해서 모든 것을 다 알 수 있다는 뜻은 아니다. 사실적인 근거에서 본다면 도무지 인정할 수 없는 것도 있다. 미래는 완전하게 알 수 없고 결국은 겪어보아야 하지만 하나님은 그렇지 않다. 전체자로부터 밝힌 메시지는 등한시될 수 없다. 우리는 몰라도 하나님은 알고 있다는 사실을 알아야 한다. 하나님은 선재 질서를 꿰뚫고 있기 때문에 예언들에 대한 일체 해석이 일사불란하고 세계가 완성되면 함께 성취된다. 구원 역사를 완성한다. 그렇지만 일단은 선재 본질이 작용된 메커니즘부터 밝혀야 한다.

창조 이전에 하나님이 존재하였고, 만물의 근원이 하나님의 존재 본질로부터 비롯되었다는 주장은 결코 관념적으로 치부될 수 없다. 선재 본질에 근거한 선지, 예언 현상이 이것을 뒷받침한다. 선지자가 장래를 말한 것은 하나님이 장래 일을 사전에 엮어놓아서이다. 선재 질서는 도래하지 않았다고 해서 존재하지 않는 것이 아니다. 무형의 형태로 역사를 결정지은 근원이다. 有한 통합성이 생성을 다하지 못한 상태이다. 필연성은 결정된 것인데 아직 드러나지 않은 의지로 존재한 것이라면 어떻게 되겠는가? 정말 필연성을 띨 수밖에 없다. 이런 특성을 창출한 하나님이 시공보다 앞서 세계를 열어주고 있다. 선재 의지의 일종인 계시는 하나님의 선재 존재성을 확인할 수 있는 중요한 근거이다. 하나님이 본체자로 강림한 것일진대, 그 태반은 선재 본질과 질서와 의지로서 표명된다. 완전한 바탕과 완전한 존재 근거가 있기 때문에 만사가 필연적으로 완성을 지향할 수 있다. 진화에는 완성된 모형, 모델, 예비된 질서가 없지만, 인류의 장래에 비전과 암흑을 경고한 예언이 있는 것은 하나님이 앞서 인류 역사를 이끈 증거이다. 결정된 역사가 선재되어 있어 인류가 미래를 등불로 삼을 수 있고, 끝내 이상적인 목적지에 안착하리라. 선재된 하나님이 있기 때문에 사전에 정보를 전달받는다. 만유와 창조보다 앞서 만인의 삶과 역사를 인도한 하나님이 인류 역사가 나아갈 질서 터전을 마련하였다. 선재 질서를 인식하는 것이 바로 새 세계상을 구축하는 것이고, 인류가 구원을 얻는 길이다.

3. 道·이법의 선재

존재에 대해 열심히 탐구하면 모든 것을 알 수 있을 것 같지만 막상 시도하고 보면 온통 미궁 속이다. 밑도 끝도 없다. 존재는 드러난 부분과 드러나지 않은 본질이 있고, 본질에도 선재된 부분이 있다. 역사, 운명, 현상이 그러하다. 그리고 그렇게 선재된 부분을 나타낸 것이 바로 예언이다. 예언은 세계의 선재 질서를 인식한 것으로, 이것을 존재하는 道와 이법을 통해 확인할 수 있다. 道와 이법이 창조로 인해 창출된 본질일진대, 동일하게 인출된 예언도 그와 같다(선재 본질의 일부 표출임). 모호함은 있지만 삼세를 통관하면 말하고자 한 핵심을 안다. 道, 이법이 무엇인가? 천지가 창조된 근간에 道, 이법이 있다.[355] 바탕과 원리 없이 어떻게 천지가 창조될 수 있겠는가? 세상 어디에도 이법이 없는 곳은 없다. 이법과 道가 있어 천지가 결정된 것인데, 문제는 그러한 결정성이 세상 가운데서 아직 결실을 맺지 못한 것이다. 선재된 부분이 남아 있어 아직 결정되지 못했다. 예언의 진리성도 규명하지 못한 상태인데 어떻게? 예언은 하나님이 뜻한 결정력에 대한 선재 의지이다.[356] 선재 의지를 표출한 것이듯 道와 이법도 같은 데 뿌리를 두었다. 道와 이법은 창조 전에 하나님이 지닌 통합 본질에 근거하였고, 이법은 창조를 위한 뜻과 목적이 命化로 인해 결정된 것이다. 道와 이법은 서로 통하기 때문에 만유보다 앞선 선재 본질을 충분히 확인할 수 있다.[357]

목적론적 논증에 의하면 '우주에는 목적이 있기 때문에 그런 목적을 가진 분, 즉 하나님이 있어야 한다'고 결론지었다.[358] 어찌 목적뿐만이겠는가? 원인, 계획, 세상 법칙, 원리도 그러하다. 유추한 방법으로서는 관념성을 벗어나지 못하므로, 현 시공간보다 앞선 선재 사실을 직접 증명해야 한다. '생물적 성장의 결과를 통해 자연 속에서 전개된 질서는 반복해서 확인할 수 있지만',[359] 그런 질서가 존재한다

---

355) 『세계창조론 서설』, 앞의 책, p.58.

356) 『세계창조론』, 제4편 창조증거론, 졸저, 엮음본, 1998, p.4.

357) 위의 책, pp.3~4.

358) 『개혁주의 신론』, 헤르만 바빙크 저, 이승구 역, 기독교문서선교회, 1992, p.98.

359) 『세계사상 대계3(인간의 발견)』, 박종홍·이종우·정석해 감수, 신태양사, 1965, p.138.

고 해서 神을 끄집어낼 수 있는 것은 아니다. 통합 본질의 생성함에 따른 선재성(앞서 있음)을 밝혀야 한다. 이런 조건을 충족시키는 데 道와 이법이 합당하다. 道의 존재성은 선재성을 뒷받침한다. 하나님이 천지를 창조한 것은 태초 이전의 선재 사실을 확실히 한다.[360] 노자는 '道가 천지 이전에 생긴 것이고, 上帝의 전에 존재한다'고 하였다.[361] '道는 시간적으로 하나님보다 앞서 있고 만물의 최종적인 근원'이라고 했는데,[362] 이것은 창조 이전에 존재한 하나님을 직시한 것이다. 이런 사실을 모르면 '예수가 세상에 오기 전에 이미 하나님의 아들'[363]이라고 한 주장을 이해할 수 없다. 신학도 합당한 원리를 밝히지 못했다. 기독교 교리도 알고 보면 道와 이법의 선재성을 통해야 해명된다. 儒家에서 '理가 있은 뒤에 氣가 존재한다'라고 한 理先氣後說은[364] 명백히 道와 이법의 선재 본질성을 동감한 인식이다.

> "道는 형기(刑器)를 떠나지 않는다. 사람의 형상이 있으면 사람이 되게 하는 이치가 있고, 사물의 형상이 있으면 사물이 되게 하는 이치가 있으며…… 만약 그 형상이 있으면서 그 道를 다할 수 없다면 이는 공허하게 그 형체만 갖추고 있고, 그런 형체를 갖게 한 이치는 잃어버린 것이다. 그런즉, 형기를 버리고 그 道를 떠나서 어찌 道라는 것이 있을 수 있겠는가?"[365]

선재된 것은 일체가 창조 전에 결정된 것이기 때문에 본질, 질서,

---

360) 『세계창조론』, 제2편 창조성론, 앞의 책, p.126.

361) 『노자도덕경』, 4장.

362) 『천인관계론』, 풍우 저, 김갑수 역, 신지서원, 1993, p.120.

363) 『기독교 교리의 역사』, 베른하드 로제 저, 차종순 역, 목양사, 1990, p.112.

364) 『한국철학사상사』, 주홍성·이홍순·주칠성 저, 김문용·이홍용 역, 예문서원, 1993, p.232.

365) 이언적의 「答忘機堂」, 제3서.

理, 道, 이치가 시공보다 앞서 있다. "만상은 자체 형성에 대한 정보가 전무한 상태인데도 완벽한 통체 구조와 시스템을 갖춘 구성체이다."[366] 理, 道, 이치, 창조 목적, 뜻, 계획이 궁극적인 선을 넘어서 있다. 만물이 결정되었고, 그런 특성이 선재 본질로서 함유되어 있다. 세계를 둘러싼 것이 온통 본질이다. 플라톤은 '이데아(이념)는 사물의 원형이며 사물은 그 이데아의 묘사'라고 했다.[367] 원형은 통체적인 것으로 통합성으로 존재한 선재 바탕체이다.

道, 이데아는 항상성을 지니고 있어 영원한 그곳에만 머물러 있지 않다. 지금도 우리를 향해 다가오고 있다. 이데아는 반드시 도래해 구현될 현상계의 대본이다. 하나님이 완전하므로 세상도 완전할 수 있다. 그래서 인류 역사는 예언을 통해야 비로소 세계가 완성될 수 있다. 바라보고 나아가야 할 추진 목표이다. 천지는 통합성으로부터 분열하였고, 선재 본질은 생성을 주도한 원동력이다. 그래서 기독교가 예언을 주축으로 신앙 세계를 구축하였다. 선재 의지를 꿰뚫을 수 있다면 만인은 살아 역사한 하나님을 뵈올 수 있다. 세상은 온통 하나님이 주재한 섭리 역사에 감싸여 있다. 만사가 하나님의 뜻이다. 선재 질서는 만세 전부터 예비된 질서로서 인류 구원을 주도한 세계질서이다.

4. 믿음의 선재

믿음이란 무엇인가? 당신은 神을 믿는가, 자신을 믿는가, 무엇을 믿는가? 믿음이 믿은 바대로 이루어진다면 그보다 확실한 진리 작용도

---

366) 『세계창조론』, 제2편 창조성론, 앞의 책, p.135.
367) 『주체사상의 철학원리』, 장길성 저, 서린당, 1991, p.144.

없다. 그러나 신뢰를 더한다는 측면과 함께 광신이란 비판적 측면도 있다. 믿음은 근거를 확인할 수 없는 것이 많다. 그래서 혹세무민한다 해도 제어할 대책이 없다.[368) 주관적인 신념이 개입되어 있다 보니 잘못되었다는 것을 깨우치기 어렵다. 믿음이 지닌 진리 작용을 밝혀 그릇된 신념 행위를 가려내어야 한다. 기름을 안고 불로 뛰어드는 행위를 성전(聖戰)이라고 독려할 수 없다. 우리는 본질을 밝혀 진리의 기준을 세우는 것도 중요하지만 그릇된 믿음의 온상을 가려내는 것이 더 급선무이다. 차마 버리지 못하므로 영혼의 고향을 빼앗아버리는 것 같은 잔인한 행동일 수도 있지만, 고쳐야 할 병은 고쳐야 한다. 특히 종교가 믿음을 지킨 것은 이유가 있는데, 잘못된 것까지 지켜야 할 의무는 없다. 버릴 것을 과감하게 버릴 수 있는 기준은 믿음이 선재 본질을 지녔기 때문에 취하게 된 불가피한 행위란 사실을 아는 것이다. 믿음을 모토로 한 종교 현상과 신앙 행위가 모두 허구일 수는 없다.[369) 신앙은 분명 이성만으로 가늠할 수 없는 신비적인 요소가 있다.[370) 일상적이고 경험적인 것을 초월한 특성은 있지만, 이것이 오히려 보편적인 양식이라면, 여기에는 사실성을 촉발시킬 수도 있으며, 이것이 믿음이 지닌 불변한 본질이다. 이것을 직시하므로 무엇을 지키고 버릴 것인지 분별할 수 있다.

하나님의 창조설, 그리스도의 사역, 많은 기적을 믿음으로 채우고 있는 것이 기독교이다. 佛陀가 설한 覺의 세계는 지성들이 파고들지

---

368) 『세계통합론』, 졸저, 다짐, 1995, p.258.

369) "종교는 원시신앙의 형태에서 오늘의 고등종교에 이르기까지 역사를 통해 거의 모든 인간 사회에서 보편적이다시피 발견되고 있는 사회 현상이자 문화 양태이다." - 『철학의 이해』, 현전숙·이정호 저, 한국방송통신대학교 출판부, 1996, p.358.

370) 『기독교 사상사』, 길리안 R. 에반스 외 2인 공저, 서영일 역, 기독교문서선교회, 1994, p.222.

못한 높은 정신적 경지이다. 이해하지도 못하는 경전을 언제까지 지키고만 있을 것인가? 때가 되었는데도 풀 수 없는 것이라면 폐기해야 하지 않겠는가? 하지만 믿음은 확고한 본질에 근거한 작용 현상이기 때문에 본질이 그러하듯, 일시에 확인할 수 있는 순간이 온다. 『화엄경』에서는 '믿음이 道의 근원이고 공덕의 어머니(현수품)'라고 했다.371) 믿음이 道의 근원이란 것이 웬 말인가? 왜 선행된 믿음이 필요한가? 보면 알 텐데 믿기부터 하라고 하는가? 그리스도의 초림 역사를 선지자가 예고하였고,372) 재림까지 더하였다. 믿음의 양태는 이런 것인가? 하지만 세계는 통합성에 근거해 생성하기 때문에 완성을 담보로 한 실세로서 믿음을 불가피하게 한다. 기독교가 이 같은 추세를 대표했다. 선재 본질을 믿음으로 채운 것이 기독교가 존재한 근거이고 지켜온 문화 양식이다. 실체를 기다림에 그것이 강림할 수 있는 기반이며, 완성을 지향함에 그것이 기다리고 기다린 지상천국이다. 그래서 믿음은 道를 성취시키는 공덕의 어머니이다. 선재 본질이 존재한다면 현실 가운데서 이상적인 실체, 혹은 목표와 교감할 수 있는 길은 무엇인가? 직시해야 하고 믿음으로 바라보아야 한다. "신앙인은 선행된 확신을 가져야 하나님을 영접할 수 있다."373) 하나님은 존재한다고 해서 쉽게 확인할 수 있는 실체가 아니다. 세계가 완성되어야 존재성이 드러난다. 하나님은 선재된 의지로 존재하기 때문에 시공에 앞선 미래로부터 다가온다. 그렇기 때문에 합리적인 논리가 아니라 믿음이 절실했다. 창조 섭리를 완수하기까지는 요원한 세월이 필요하므로,

---

371) 『대승경전의 비밀』, 송지홍 엮음. 우리출판사. 1993. p.124.

372) "구약성서는 어느 의미에서는 그리스도의 일을 그리스도가 오시기 전에 기록한 뜻이 담겨 있다."-『종교현상의 이해』, 앞의 책. p.275.

373) 『세계통합론』, 앞의 책. p.258.

과정에서는 끊임없이 도야하고 기도해야 한다. 신조, 암송, 염불, 염원이 신앙 행위의 주류를 이루었다. 완성과의 거리를 메우기 위해 믿음 하나로 무량한 분열 공간을 메웠다. 세계의 본질이 드러나고 강림역사가 있기까지 믿음을 견지해야 했다. 종교가 수호한 믿음은 문명이 개명되면 사라지고 말 불합리한 모순 덩어리가 아니다. 대망한 그날을 맞이하기 위해 때를 기다린 신앙 양식이다. 언젠가는 성취될 결정 본질을 믿음으로 지켰다. 어른들이 겪은 인생 통찰을 십대 청소년들은 잔소리로 안다. 하나님이 밝힌 메시지를 곧바로 파악한다는 것은 불가능하다. 그래서 믿음이 필요했다. 통합성으로 운위된 세계적실상이 그러하다. 세계가 완성되기까지, 하나님이 강림하기까지, 그리스도가 재림하기까지 믿음은 세계가 지닌 구조상으로 불가피한 세계 유지 방책이다. 기독교 신앙은 하나님이 성령으로서 본체를 완성하고 이 땅에 강림하기까지이다.

따라서 믿음은 그것이 성취됨과 함께 진리로서 지닌 생명력을 마감한다. 믿음이 그러할진대 기독교가 지닌 사명 역할도 마찬가지이다. 그러나 그들이 義로운 것도 믿음을 지켰기 때문이고, 믿음 때문에 인생 삶에 영원한 생명의 빛을 더했다. 믿음을 통해 완성 세계를 직시하는 것처럼 더한 통찰력은 없다. 인간이 도달할 수 있는 최상의 合一지경이다. "무형으로 잠재된 선재 본질을 시공을 초월해 통찰할 수 있는, 인간으로서 지닌 최상의 인식 능력이다. 大覺보다 믿음의 가치가 더 크다. 온갖 장애를 뛰어넘는 세계 진입 방법이다. 차원적인 본질 세계를 직시하는 것은 믿음이 지닌 탁월한 능력이다. 믿음의 본질을 밝힘으로써 인류는 지금까지 일군 진리를 일시에 부활시키고, 산자와 죽은 자를 한꺼번에 심판하는 대 역사를 맞이하리라. 믿음을 통해 바라본 우주의 실상을 기필코 달성하리라. 현 상황에서 이보다 더한 진리력은 없다. 믿음은 완성 본질과 직결되어 있어 세계를 이루는 힘찬 원동력이다.

대망한바 하나님이 강림한 때를 맞아 선현들이 지킨 믿음의 가치가 부활된다면 그보다 더한 세계 통합 에너지는 없다. 믿음을 믿은 바대로 이룬 세계, 그리고 義로서 정의를 확립하는 그날 거짓과 惡의 실체들은 세상 어디서도 발붙일 곳이 없다. 믿음이 생명력을 발휘하고 살아 있는 가치로서 부활되는 것보다 더한 진리력은 없다. 하나님은 두려운 공포와 재앙이 아니라 진리와 義를 드높여 세계를 심판하리라. 正道를 확립하리라. 믿음을 영광으로 보상하리라. 眞·善·美를 위해 희생된 선현들이 지존한 반열 위에 오르리라. 영원한 믿음의 혼으로 추앙되리라. 구경 세계의 반석이다. 佛陀, 공자, 마호메트, 소크라테스, 최수운, 강증산, 소태산…… 진실과 사랑과 신념을 다해 헌신한 위인들이다. 하나님과 함께할 천국 시민의 구성원이 되리라.

5. 역의 선재 질서

占의 본령은 미래를 예측하는 데 있다. 占을 친다는 것은 미래를 가늠하는 데 목적이 있다. 미래에 대한 인간의 궁금증은 누구나 피하지 못하는 지대한 관심사이다. 그런데도 우리는 항상 원천적인 문제는 풀지 못했다. 미래는 정말 예측할 수 있는가? 사실이라면 占은 어떤 합당한 인식 체계를 갖추고 있고, 그렇게 된 세계 구조는 어떤 것인가? 무엇을 통하든 미래를 안다는 것은 신비이다. 반신반의했던 것은 그런 현상이 어떤 메커니즘을 통해 이루어진 것인지 밝히지 못해서이다. 경험 과학으로서 확률적인 것, 혹은 비밀스러운 힘과 연결되어 있어서 들어맞게 되어 있다고 본 이해력 정도이다.[374] 하지만 "점술은 인류의 오래된 종교적·문화적 행위 중 하나로서 지금도 버려지지 않고 있는 문화이다."[375] 미래는 인류가 영원히 개척해서 맞이해야 할 운명적 보고이다. 그렇다면 정말 어떻게 해야 하는가? 인간은 오래 살고 싶고 성공하고 싶지만 뜻대로 되지 않는다. 외적인 힘이 작용하고 있다. 세상만사는 계산대로 되지 않는다. 그렇다면? 운수대로 된다. 진리와 神이 그러하듯, 미래나 운수는 모호한 인식 대상이다. 사회 현상, 인류 역사도 그러하다. 占의 진리성을 확실하게 규명하는 것은 어렵지만 시공간 안에서 일어난 현상인 한 작용된 메커니즘은 추적할 수 있다. 과학은 대신할 수 없는, 占은 미래를 내다볼 수 있는 방법의 일환이다. 진리가 그러하듯, 占도 작용된 가치를 제대로 알 수는 없지만 세계 본질의 선재성을 확인한 지금은 미래에 대한 질서 인식 방식으로서 밝힐 수 있다.

과학은 세계를 이해할 수 있는 유일한 창구가 아니다. 과학만으로서는 세계를 다 이해할 수 없다. 합리적인 방법이라고 해서 절대적인 것은 아니다. 세계의 본질을 직시한 직관이란 통찰 방법도 있다. "점술이 비과학적이라는 이유로 거부될 수 없는 이유이다."[376] 도래하지 않은 질서를 판단하는 것이 점술이다. 논리적으로 따질 수 없다. 표출된 현상과 징조를 통해서 전체 가운데서 차지한 선재 부분을 판단한다. 인간의 운명을 사주(생년월일)와 상을 통해 엿본다든지, 역사 현

---

374) 『동양철학은 물질문명의 대안인가』, 앞의 책, p.212.

375) 위의 책, p.208.

376) 위의 책, p.215.

상과 결과를 징조를 통해 직시하기도 한다. 징조를 감지하는 것은 선재 질서의 진행 상태를 판단하는 것이다. 부분을 통해 전체를 보는 방법이다. 선재 본질의 생성 특성을 일정한 문화 양식을 통해 전승시킨 것이 동양의 역(易)이다.[377] 『周易』의 계사전에는 "낳고 또 낳는 생성의 원리를 易이라 하고, 그 현상을 표상하는 것을 건(乾)이라 하며, 그 법칙을 본뜬 것을 곤(坤)이라고 했다. 또한 상수(象數)의 이치를 극진히 연구하여 미래를 아는 것이 占이다. 현상의 변화를 통달함을 일한다 하고, 陰陽의 불가사의함을 神이라 했다."[378] 『周易』은 미래 질서를 개진한 방법론의 왕자답게 陰陽 변화의 불가사의한 결과를 神에게로 귀결시켰다. 현실 변화의 궁극 작용처가 神으로 연결된다. 선재 본질을 의미를 담은 질서 형태로 구조화시킨 것이 『周易』이다. 일체를 밝히기까지는 시간이 필요하므로 그 불가사의한 전체성을 일컬어 神이라 했다. 핵심은 짚었지만 자체로서는 전체를 알 수 없는 상태가 불가사의하다. 『周易』이 지침한 방법대로라면 정말 미래를 내다볼 수 있다. 그런데도 그러한 체제가 완벽한 것은 아니다. 일체를 알려주는 분은 하나님이다. 한계선이 분명하다. 선재 질서에 대한 동양 문화적 접근 노력이다. 『周易』은 세계가 미래 질서를 함유한 바탕 구조를 인출할 수 있도록 강구된 문화 양태일 뿐이다.

잘 알다시피 "『周易』은 중국 문명의 밑바닥에 깔려 있는 사상이다."[379][380] "공자는 말년에 『周易』에 심취하여 위편삼절(韋編三絶)했

---

377) 위의 책, p.212.

378) 『주역을 읽으면 미래가 보인다』, 박태섭 저, 선재, 1999, p.49.

379) 위의 책, p.31.

380) "易의 시조인 팔괘를 처음 그은 사람은 태호 복희씨로(B.C. 3500여 년 전 태우의 환웅의 12아들 중 막내) 아득히 먼 선사시대의 인물로 추정된다." –『주역이 밝힌 21세기 대 예언』, 정숙 저, 교문사, 1998, p.14.

다고 토로했을 만큼 읽고 또 읽어 십익(十翼)을 썼다.”381)382) 자공이 “스승님은『周易』으로 占치는 것을 믿으십니까?”라고 물으니까, “나는 백번 占을 쳐서 70번밖에 적중하지 못하였다. …… 나는『周易』의 占치는 효용을 찾지 않으며 다만 德과 義를 찾을 뿐이다”라고 대답했다.383)『周易』을 응험을 통해 실험하며, 德과 義를 통해 진리성을 구했다. 그런데도 우리는 예언적인 성격에만 탐닉하고,384) 본질의 규명 문제는 등한시했다. 신흥 종교들이 교리를 뒷받침한 보조 수단으로 참고한 정도이다.385) 공자도 끝없이 탐문했지만 해결하지 못했을 정도로 전체적인 본질이 드러나야 한 문제이다. “성현은 지고한 통찰력으로 인류의 앞날을 누천년 전부터 누천년 후까지 꿰뚫어 감찰할 수 있다.”386) 그러나 어떻게 미래까지 감찰하는 것인지는 의문스럽다.『周易』을 통해 쌓은 정보 체계는 하나님이 강림해야 진리로서 완성된다. 그것이 무엇인가? 현상은 구구하나 본질은 하나이다. 卦의 象을 보고 천지를 꿰뚫는다. 卦를 짚어 미래를 꿰뚫은 것이『周易』이 지닌 원리이다.387) 전체인 본질 안에서 일어난 작용 현상을 상징화된 卦象을 통해 통찰하기 때문에 하나님의 본체가 드러날 수 있는 원리성도 함께 통찰된다. 현상은 항상 전체 중 일부가 분열되어 표출된 상태이다. 집어 든 卦는 그야말로 우연 수일 뿐이다. 왜 그런 결과가 주어진 것인지에 대해서

---

381) 동아일보, 2002년 1월 19일, 5면.

382) 十翼: 공자가 역경에 열 개의 날개를 달았다는 뜻으로 일컬어지는 해설을 덧붙임.

383) 위의 책, p.24.

384) “『주역』「계사전」에서는 우리가 미래를 알 수 있다고 말하는데, 그런 의미에서 주역은 예언서이다.” - 위의 책, p.38.

385) 『周易』에 근거하여 천지개벽이나 후천개벽 교리를 세운 신흥종교가 조선 말기 이래 흥기함.

386) 위의 책, p.197.

387) 『세계창조론 서설』, 앞의 책, p.86.

는 설명할 수 없다. 하지만 그것은 벗어날 수 없는 전체 가운데서의 일부이기 때문에 우연은 없다. 하나님이 현현되기 전에는 알 수 없었지만 알고 보니 전체는 통체이고 통합성이며 하나님의 존재 본질로서 有한 상태였다. 부분이 전체와 통하는 것은 한통속이기 때문이다.

卦가 주어지는 것은 인간의 의지를 떠난 것이지만 결국은 전체적인 생성 가운데서 필연적인 것으로 자리매김한다. 우리가 존재한 것도 그러하다. 우연한 것 같지만 삶의 과정을 겪고 보면 정말 존재할 수밖에 없는 당위성을 발견한다. 우연이 운명을 결정한 것이 아니다. 우연은 전체를 통괄하지 못한 상태에서 부딪힌 인식의 제한성일 뿐이다. 정성을 바쳐 뽑은 占卦, 즉 卦象은 그것이 바로 본질이다. 세계의 운행 질서가 卦象을 통해 표출된다. 그래서 "『周易』을 통해 미래를 알고자 할 때 중요한 것이 질문이고 그다음이 해석이다."388) 卦의 의미를 깨닫기 위해서는 뜻을 담아둘 수 있는 의문 구조를 분명히 해야 한다. 구한 의문의 성격에 따라 응험 형태(해석)가 결정된다. 『周易』은 통합 본질{太極}로부터 양의{陰陽}, 8괘, 64괘, 384효에 이르기까지 변화된 특질을 세분화시켰다. 때와 상황에 따라서 지침될 수 있도록 본질적인 의미가 실로 무궁무진하다. 과학은 예측할 수 있는 범위 안에서 제 현상을 법칙적으로 파악한 것이지만 易은 주어진 象 하나로 만사와 통달한다. 미래를 인식한다는 것, 그리고 이루어질 변화 상태를 통찰한다는 것은 선재 본질을 직시하는 것이다. 그 세월이 얼마인가? 연면하게 살아 숨 쉬고 있었지만, 천 년을 꿰뚫은 안목인데도 세상은 이해하지 못했다.

---

388) 『주역을 읽으면 미래가 보인다』, 앞의 책, p.222.

그래서 하나님이 선재 본질이 존재한 사실을 밝힘으로 미래의 진행 계획을 확인할 수 있게 되었다. 추진력과 통제력을 구비한 진리로서 자리매김한다. 易은 하나님이 전체자로서 존재하기 때문에 징험되는 현상이다. 하나님이 지닌 존재 구조와 통속적인 본질성을 동양 문명이 易을 통해 의미화시켰다. 하나님을 영접할 수 있는 맥을 易이 이었다.

6. 성경의 선지 예언

기독교의 본질은 무엇인가? 기독교가 보전하고 있는 성경에는 예언이 많이 기록되어 있다. 가슴 벅찬 영광이 약속되어 있기도 한데 현실적으로는 거리감이 있다. 기독교는 여러 가지 요소로 구성되어 있지만 예언은 인류의 미래에 대한 정보를 쥐어 잡고 있다. 통합 본질은 생성적인 측면에서 선재 본질을 함유하였다고 했다. 선재 본질은 통합성이 다 풀리지 않은 본질 영역에 해당된다. 도래하지 않았지만 결정되어 있어 현재를 필연화시킨다. 만유는 삼세간에 걸쳐 있어 존재도 전체적인 성향을 내포한다. 그래서 선재된 질서를 묻어낸 예언 작용도 가능하다. 선재 질서는 창조된 사물들이 모두 가진다. 이미 결정되었지만 이루어질 결과성에 관한 정보이다.[389] 창조되어 자존하게 된 사물처럼 선재 질서도 그렇게 존재한다. 하지만 일체를 주재한 주체 의지의 차원에 이르면 객관적인 본질이 존재적인 성향을 띤다. 바탕 된 본질은 질료성과 작용성을 지니지만 이것을 근거로 한

---

389) 사물 현상은 생성을 통해 반드시 결과를 이룸. 그 결과는 우연이 아니고 사전에 정보를 가지고 결정됨.

하나님은 초월성을 지녔다는 점이 그러하다. 본체를 구성하고 있는 본질 영역과 달리 하나님이 지닌 의지로 계시화시킨 것이 기독교가 이룬 진리적 바탕이다. 어떡하든 선재 본질과 연관됨으로써 기독교는 하나님의 본체를 대변하였다.

그래서 예언을 진리화시키기 위해서는 합당한 작용 메커니즘을 밝혀야 했고, 선재 본질을 기반으로 창조 본체를 완성해야 했다. 예언이 곧 선재된 본체 의지를 대변하고 창조 목적을 완성하는 역할을 해야 한다. 예레미야가 젊을 때 하나님이 두 개의 환상, 즉 살구나무와 끓는 가마를 미리 보여준 것은(렘, 1: 4~19) 예언의 진리성을 알리기 위해서가 아니다. 하나님의 임재 역사를 확인시키기 위해서이다. 하나님은 말씀으로 임하고 사전에 준비하여 선재된 사실을 알렸다. 시공보다 앞서 있어야 미래에 대한 정보를 밝힐 수 있다. 기독교는 유일신을 신앙한 관계로 여타 종교와는 다른 것처럼 보이지만 통합성에 근거한 특성은 공통적이다. 성경의 무오성은 하나님의 절대 권능에 따른 것이 아니다. 전체자와 창조주로서 지닌 선재성에 근거했다. 역사가 완성되지 못한 상태인데도 환상을 미리 볼 수 있었던 것은 전체자로 있는 선재 의지를 직시한 때문이다. 인간은 무엇으로 미래를 내다볼 수 있는가? 사물이 그런 성향을 가진 것인가? 선재한 하나님이 실상을 보인 것이다. 그래서 선재된 뜻의 의지화(계시 예언)가 성립된다. 예언은 성취 여부도 중요하지만 하나님이 존재한 사실도 알아야 한다. 그런데도 우리는 피상적인 해석에만 매달려 하나님이 존재한 상황은 보지 못했다. 본체를 확인할 수 있는 근거가 예언이란 사실은 하나님이 진리로서 본체를 완성함으로 알 수 있는 관점이다. 예언은 어느 모로 보나 세계의 본질과 하나님의 본체성이 합작된 현상이다.

바탕 본질에 근거한 초월 의지로 삼세간을 넘나든다. 그래서 선지자들은 가로놓인 장애 요소 가운데서도 세계를 완성할 수 있는 징검다리, 즉 하나님의 선재 본질에 대한 진리성을 엿볼 수 있었다. 우리가 볼 적에 예언은 아직 이루어지지 않은 상태인데도 선지자는 결과 상태를 미리 보았다. 그러한 선지성이 하나님이 존재한 통체 방식을 시사한다. 세계적인 특성을 나타낸 하나님의 존재 방식이다.

인류는 아직 시온의 영광을 맞이하지 못했지만 종말에 대한 예시는 세계가 지닌 구조 형태를 판단할 수 있는 바로미터이다. 계시된 형태가 지극히 통합적이다. 선재 질서에 대한 선재 의지의 표출 형태이다. 종말은 선언되었지만 당장 세상이 멸망하지 않는 것은 종국에 이루어질 결과성에 대한 예시인 때문이다. 예고를 좌시했을 때 맞이할 참혹한 종말성을 사전에 방지할 수 있도록 한 대비책이다. 예언을 성취될 역사로서 실감하지 못하므로 긴박성을 환기시켜야 한다. 예언은 판단하기 어려운 점은 있지만, 중요한 것은 세계 역사가 사전 의지로 결정되었다는 사실을 아는 데 있다. 성경은 과거에 있었던 사건들에 대한 기록이 아니다. 시공간을 총화시킨 미래 역사에 대한 프로젝트이다. 통합성에 대한 질서 인식이다. 예언을 통하면 세계에 대하여 가진 하나님의 주재 의지를 엿볼 수 있다. 예언은 하나님이 품은 뜻과 목적 영역을 벗어나지 못한다. 그래서 예언이 성취되는 것은 기독교가 세운 교리가 아니라 세계에 구축된 메커니즘으로서의 결과이며, 이를 통해 하나님도 강림하였다. 하나님이 지닌 의지 실현의 과정이다. 예언의 초월성과 영원성과 필연성은 하나님의 존재 의지에 근거하여 확립된다. 전체적인 뜻을 통관한다는 것은 바탕 된 본질과 하나님이 존재하기 때문에 가능하다. 그래서 철학자나 과학자도 본질을 엿봄으로써 세계 질서와 함께하고 궁극성에 이르는 데 일익을 담당했다. 아직까지는 믿음이 부족분을 대신하고 있지만 예언은 끝내 역사를 완성시킬 대 지침이다. 선지자도 하나님의 뜻을 받듦에 있어서는 제한이 있지만, 하나님이 본체자로 강림한 지금은 완전한 계시 창출도 가능하다. 제2 이사야는 미래의 천년 왕국과 지상천국의 도래를 예고하였지만,[390] 세상은 아직도 그런 세계와 동떨어져 있다. 예언은 관념이 아니다. 구체화되지 않았을 뿐 언젠가는 현실화될 역사이다. 그리스도로부터 선포된 복음이 진리인 것은 神적 권위를 지녔기 때문이 아니다. "시대적인 판단이 수십 세기의 앞날을 내다본 통관 능력을 지녔다."[391] 그리스도는 선지자가 믿음으로 예비했던 메시아이고, 영원히 다윗가를 이을 미래의 왕이다.[392] 그가 진실로 친히 다윗의 보좌에 앉는 날에는 이스라엘의 완전한 회복이 이루어진다.[393] "예루살렘에 오셔서 다윗의 보좌에 앉으실 것이며, 물이 바다를 덮음같이 평강이 땅을 덮을 것이다."[394] 다윗으로부터 재림 역사까지 연결되어 현실의 암울이 시온의 영광으로 바뀌기까지는 많은 세월이 필요하다. 예언은 하나님의 권위를 지녔지만 완전한 상태는 아니다. 부딪히는 문제는 항상 생성상의 차이를 메울 수 있는 실질적인 구현 과정이다. 성령의 역사로 구체화되어야 한다. 그리스도가 부활했던 것은 재림을 위한 징검다리 역할이다. 정경화된 성경도(66권) 사실은 진리로서 완

---

390) "이사야 11장에서는 장차 그리스도께서 이 땅에 오셔서 세우게 될 미래의 왕국이 그려져 있다." - 위의 책, p.199.

391) 『세계통합론』, 앞의 책, p.367.

392) 『성경의 파노라마』, 헨리에타 미어즈 저, 생명의 말씀사, 1991, p.228.

393) 위의 책, p.289.

394) 위의 책, p.199.

성된 상태가 아니기 때문에 보혜사 하나님의 지상 강림 역사를 손꼽아 기다렸다. 성경은 하나님의 본체 강림 역사를 준비한 책이고, 시온의 영광을 예비한 책이다. 예언을 통해 선재 본질을 갹출시켜 완성을 지향한 것이다. '하나님만 미래를 아심(본유)에'395) 그것을 성도들이 제한된 인식 안에서 믿음으로 지켰다.

　신약 중 묵시 문학으로서는 요한계시록이 있다. 이 계시록은 로마 제국의 학정 아래서 쓰인 것인데, 그렇다고 '묵시적 은유와 상징 언어 등이 박해 때문에 민중들이 정보 소통을 위해 썼던 암호'란 생각은 잘못이다.396) 통관된 선재 의지는 변형될 수 없다. 하나님의 뜻을 묵시된 형태로 인식한 것이다.

> "내가 보매 보좌에 앉으신 이의 오른손에 책이 있으니…… 누가 책을 펴며 그 印을 떼기에 합당하냐. …… 이 책을 펴거나 보거나 하기에 합당한 자가 보이지 않기로 내가 크게 울었더니……."397)

　이것은 主의 죽음과 부활과398) 나아가 재림 사실을 확인하고자 한 절차가 아니다. 준비된 책에 대한 작용 메커니즘을 밝힌 것이고, 선재된 본체를 드러낸 것이다. 하지만 핵심 된 요소는 풀지 못하여 "하늘 위에나 땅 위에나 땅 아래에 능히 책을 펴거나 보거나 할 이가 없더라(계, 5: 3)." 즉, 본체가 현현되지 못한 상태에서는 성경의 진리성을 해명할 자가 없다. "구약에서는 예수 그리스도의 초림에 관한 예언이

---

395) 위의 책, p.68.

396) 위의 책, pp.365~366.

397) 요한계시록, 5장 1절~4절.

398) "시편 3장, 40장, 67장에는 主의 죽음과 부활을 예언하는 말씀이 있다." ―『신국론』, 아우구스티누스 저, 조호연·김종흡 역, 현대지성사, 1997, p.837.

삼백 번 이상 언급되었고, 그중 상당 부분이 이사야서에 나타났다."[399] 그렇기 때문에 재림에 관한 예언도 반드시 실현될 것이라고 하는 논조는 호소력이 없다. 문제는 초림 시 예수가 정말 예언에 합당한 강림 실체인가 하는 점이다. 이런 물음에 대해서는 이사야도 어떤 선지자도 해명할 수 없다. 그래서 요한이 '크게 울었더니'라고 하였다. 한 번도 아니고 반복될 역사인 만큼 미비한 부대 여건을 완비시켜야 하고, 예언된 그가 곧 그라 할 수 있는 확고한 근거를 보여야 한다. 예언이 누구라도 들이댈 수 있는 얄팍한 조건 속에 있어서는 안 된다. 그래서 재림 역사는 앞으로 모든 방면에서 완성을 기도할 수 있는 강림 조건을 완비시켜야 한다. 예수가 홀로 강림한다면 무엇을 어떻게 할 수 있겠는가? 합당한 진리적 보좌를 마련해두어야 하고, 계시성을 확인할 수 있도록 기독교 신앙의 본질을 밝혀야 한다. '하나님이 이스라엘 백성을 위해 예정한 계획이 시편 가운데 있다'고 하였는데,[400] 그것은 과연 무엇인가? 무조건 믿고 따르는 것이 신앙은 아니다. 때가 되면 판단할 수 있는 근거를 확보해야 한다. 그리해야 예언이 실현된 사실을 인지하고, 예언을 현실 역사로서 맞이할 수 있다. 하지만 기독교가 가진 진리 가닥만으로서는 부족함이 있기 때문에 하나님이 다방면에 걸쳐 역사를 완성할 진리적 통로를 마련하였다. 그렇다고 해서 기독교가 지닌 신앙 맥을 거부한다면 창조 목적을 달성할 수 없고, 종말로부터 인류를 구원할 수 없다. 그러므로 만인은 반드시 재림의 때를 주시해야 한다. 아버지가 아들을 낳는 것처럼, 하나님이 오늘날 이 땅에서 강림 역사를 완수한 것은 아들의 강림 역사를 마련하기

---

399) 『뉴톰슨 관주성경』, 뉴톰슨 관주주석 성경편찬위원회 편자, 성서교재 간행사, 1985, 이사야 서론편.
400) 위의 책, 시편 서론편.

위한 사전 예비 절차일 수도 있다. 모든 예언을 현실화시킨 바탕 위
에서 主 그리스도가 이미 다가와 있는지도 모른다.

7. 꿈의 선지 지각

꿈은 우리가 직접 경험하고 있는 현상 중 하나이다. 두뇌가 활동하
기 때문에 일어나는 정신 작용이라고 할까? 뇌수가 작용함에 따른 결
과로도 보지만 판단하기가 결코 용이하지 않다. 사고 작용과도 구분
된다. 생각은 뜻대로 할 수 있는 자율성이 있지만 꿈은 꾸고 싶다고
해서 꾸어지는 것이 아니다. 꿈은 주어진 것이다. 그리고 기억은 잊어
버리는 것이 있듯이, 꿈도 의식이 듦과 동시에 대부분 잊어버린다. 하
지만 무시하지 못할 만큼 잔상이 남아 있는 경우도 있다. 꿈은 내면
의 잠재 욕구를 해소하기 위한 생리적 표출이거나 대리 만족의 場이
다. 무의식을 반영한 것일 수도 있다. 그렇지만 좀 더 면밀하게 살펴
보면, 인간에게는 만상과 존재 본질까지 포괄적으로 접한 의식이 있
다. 의식은 전체 우주까지 가늠할 수 있는 특성이 있어 꿈도 여기에
편승된다. 말단과 접한 욕구를 표출하는 기능도 있지만 여건에 따라
서는 대 우주의 본질성도 묻어낸다. 만상에는 선재 본질이 바탕 되어
있다. 선재 본질은 만유를 감싸고 있고, 의식은 그런 본질의 생성 상
태를 직접 감지한다. 의식된 인식력은 존재 의지와 맞닿아 있어 제한
성이 있지만, 의지 상태를 무의식적으로 반영한 꿈은 본질의 순수 통
체 상태를 상징적으로 나타낸다. 깊게 잠입한 상태에서는 존재와 의
식과 우주가 일체로 운위된다. 침잠된 의식 속에서 무궁한 우주적 정
보를 얻을 수 있다. 즉, 무의식적인 상태에서 포착된 정보가 꿈을 통

해 영상으로 표출된다. 무의식을 배경으로 한 자막에는 우주의 그 무엇도 비출 수 있다. 삼세간을 넘나든 선재 본질과 생성 질서를 묻어낸다. 선재 본질은 무형의 형상으로 있기 때문에 이것이 꿈을 통해 표출된다. 정보 체제가 의식이 깨어 있는 상태에서는 생각을 통해 관념화되지만, 잠이 든 상태에서는 의식의 門이 닫혀 있으므로 정보 표출이 영상으로 전환된다. 이것이 꿈이다. 교감이 있어 선재 본질에 대한 정보는 포착하였지만, 의식이 잠재되어 있다 보니, 꿈을 통해 나타난다.[401]

꿈으로 선지된 예언 방식이 바로 의식을 통해 지각된 것이다. 예언 현상의 근거가 꿈에 있다. 핵심 된 근거는 선재 본질이 존재한 때문인데, 이것은 하나님이 본유한 존재 본질의 특성이다.[402] 선재 본질이 존재한 사실을 모른 상태에서는 다양한 해석이 있을 수 있다. 예를 들면 '꿈은 무의미하다, 수면 중의 감각적 경험이다, 관념의 묘사다, 과거의 재현이다, 환각이다, 소원의 충족이다, 정신 이상의 한 징후이다, 미래를 예시한다, 꿈의 신비는 해명할 길 없다' 등등[403] 어느 한 견해만 지지할 수 없게 된 형편이다. 프로이트는 '꿈은 소원 충족에 불과한 것으로서 노이로제 현상의 한 징후'라고 했다.[404][405] 그는

---

401) "꿈속에서는 자기를 인식하지 않으며, 자기가 하는 일을 남이 생각하는 것으로 대리한다. 현실에서는 생각하고 감지하는 자기가 있으나 꿈에서는 이것이 와해되어 두 개의 자아가 혼돈되어 있다. 사고는 어떤 한 방향을 가지고 있는데, 꿈에는 이것이 없다. 꿈은 논리적인 질서를 상실하고 생각이 정연하지 않으며 상식적인 생각에서 보면 지리멸렬 상태이다. 다만 감정적 경향은 있어 질서를 유지하는 것뿐이다." -『꿈의 예시와 판단』, 한건덕 저, 삼신서적, 1973, p.55.

402) 꿈은 의식을 통해 이룬 선재 본질의 지각 현상임.

403) 위의 책, pp.6~7.

404) 위의 책, p.15.

405) "꿈을 꾸는 동기는 어떤 소원이고, 꿈은 그 소원을 꿈속에서만 충족시켜 주며, 꿈을 해소한다는 것은 꿈에 의하여 과거에 본인이 어떤 마음과 체험을 가졌으며, 그것으로 인해서 현재 어떤 마음을 가지게 된다는 것을 알아내는 일이다. 즉, 꿈꾼 사람의 무의식적 잠재 사상을 찾아내어 노이로제의 원인을 밝혀내고, 심리학적 지식을 깊이 하는 데 있다." -위의 책, p.13.

정신병리학자로서 비정상적인 정신 현상을 반영한 꿈들을 수집해서 연구하다 보니 이와 같은 결론을 내릴 수도 있다. 그러나 온전하게 접근하면 동양의 覺者처럼 보다 높은 정신세계를 엿볼 수도 있다. 기능성이 아니라 본질적인 측면에서 예지성을 이해하는 것이야말로 꿈이 지닌 본질 상태를 파악하는 첩경이다. 꿈은 잠재된 본질을 직시한 예지(叡智)의 산물이기 때문에 절대 무의미하지 않은 초의식적이고 초월적인 정신 현상이다.[406] 이전에는 본질의 실재성을 확인할 수 없는 관계로 무시되었지만 이제는 선재 질서(미래)에 따른 꿈의 가치를 재평가해야 한다.

꿈은 정말 어떻게 하여 미래에 대한 정보를 제공할 수 있는가? 혹자는 '영은 에너지적 미립자'[407]이기 때문에 존재 본질 내에서는 '시공간적 제한성이 없으며, 인과의 연결이 상실되어 있다'고 보기도 했다.[408] 의식은 한통속이므로 4차원적인 본질 공간 안에서는 선재된 질서를 지각할 수 있다. 의식이 침잠된 수면 상태가 지속되다가 우주의 생명력이 생동하는 새벽녘이 되면 '반수 상태에 이르러 영감적인 경지가 활성화되는데(잠재의식이 활동을 할 수 있는 단계)',[409] 이때 우주적인 질서를 감지할 수 있다(꿈). 예지된 질서는 결정된 것이므로 반드시 도래할 질서이다. 하지만 먼저 지각하였다고 해서 진행 궤도를 수정하거나 완지(完知)할 수 있는 것은 아니다. 지각한 것은 시간을 감지할 수 없는 의식 안이라 언제 어떻게 이루어질지 모른다. 그

---

406) 위의 책, p.77.
407) 위의 책, p.15.
408) 위의 책, p.55.
409) 위의 책, p.191.

래서 우리는 끝까지 믿음을 견지할 수밖에 없다. 미래 정보를 종합할 수 있는 절차를 거쳐야 비로소 도래할 환란을 대비할 수 있다.[410] 시공을 초월한 하나님은 계시를 통해 완전한 메시지를 전달하고, 일면을 통해서도 전체적인 진행 상태를 예시할 수 있다. 그리고 그것은 이 연구가 수놓은 거의 전능한 지혜와도 같다. 우리는 현실을 운명적으로 받아들이지만 하나님은 그런 결정성을 이미 본유하였다. 전체자로서 갖춘 사전 결정성이 없다면 예언은 있을 수 없다. 즉, "분자 수(의지적인 노력의 결과)가 분모 수(예정된 운세)를 초과(의지가 운명을 이끌어가는)하는 일과, 분자 수가 분모 수에 미달(예정된 일에 도달하지 못하는)되는 일은 생겨날 수 없다."[411]

하나님은 꿈과 환상을 통하여 전체자로서 주재한 뜻과 미래 역사에 대한 정보를 의도적으로 계시한다. 그래서 예언은 하나님의 권능을 대변한다.[412] 하나님은 정말 모든 분자 수를 포함하고 내포해서 이끌어나가는 분모이다. 옛적부터 꿈이란 상시 수단을 활용하였는데, 이런 정보 전달 매체를 인간이 무시해서는 안 된다. 예언은 상징과 은유와 암호로 포장되어 있는 것 같지만 뜻을 발원한 하나님은 만유의 근원자로서 일체 뜻을 통관한다. 계시의 주체자는 하나님이나니, 하나님이 가진 의도를 인간으로서는 알 수 없기 때문에 하나님이 직접 나타나 계시하였다. 이것이 다양한 문화 형태로 드러난 세계의 선재 본질에 대한 지각 현상이다. 하나님은 삼세간에 걸쳐 있어 마땅히

---

410) "꿈의 예시와 판단이란 미래의 현실에서 반드시 일어나기로 예정된 사건이나 운명적 추세를 예시하는 것이며, 그렇지 않은 것은 예시할 수 없다." - 위의 책, p.192.

411) 위의 책, p.198.

412) "계시는 일종의 직관적인 진리에 대한 정보이다. 오늘날 정신과학자들에 의하면 직관이나 영감적인 것이 인간의 머리로 생각한 것보다 더 정확한 정보(지식, 진리)를 제공한다는 것이다." -『묵시록의 대 예언』, 강봉수 저, 민성사, 1999, p.155.

선재 본질에 근거한 예언 작용도 통섭할 수 있다. 이런 당위성에 근거하여 예언을 성취할 진리의 본체자로 강림하였다. 예언은 하나님이 의도한 장래 계획이고 실행 의지를 밝힌 뜻이나니, 예언은 하나님이 직접 이룰 것이므로, 그것이 만세 전부터 예비된 세계 통합 역사로서 집약된다. 세계가 통합되면 예언의 진리성도 함께 확인되리라.

　　아무리 세계가 神적 본질로서 근거를 가지고 있더라도 섭리를 밝히지 못하면 직접적인 증거가 될 수 없다. 하나님이 천지 역사를 주관한 주재자라고 하지만 섭리를 완수하지 못하면 참된 창조주로서 등극하지 못한다. 하나님이 창조주라면 天·地·人, 즉 인간과 자연과 역사를 주관한 사실을 입증할 수 있어야 하는데, 그것이 곧 섭리를 밝힘으로써이다. 하나님은 기독교와 성경을 통해서만 역사한 것이 아니다. 세계와 통하였기 때문에 세계사 위에서 주재된 섭리를 추적해야 존재 의지로 관여된 세계적 본질을 붙들 수 있다. 유교, 불교, 이슬람…… 어디서도 작용했기 때문에 포괄적인 섭리 역사를 포착할 수 있다. 하나님은 천지를 창조하였고 섭리를 통해 통치했다. 그만큼 섭리에는 인류 역사를 주재한 하나님의 의지가 진액으로 배어 있다. 그래서 섭리를 통하면 세계 가운데서 작용된 神적 의지를 간파할 수 있다. 헤겔은 세계가 절대정신의 자기표현이라고 했는데, 세계가 神적 본질이라는 사실을 확인하기 위해서는 神적 의지의 펼침 상태인 섭리 본질을 알아야 했다.

　　섭리란 무엇인가? "섭리는 창조주가 그의 피조물을 보존하고, 세계에서 일어나는 모든 일에서 활동하며, 만물을 그들의 지정된 목적으로 인도하는 神적 에너지의 지속적인 실행이다."413) 즉, 하나님이 주

재한 의지 작용이 그것이다. 이 힘이 서양의 기독교 문화 양식 위에
서는 구속적인 형태로 표현되었고(인격성), 동양에서는 인격성을 의
지력을 배제한 무위력으로 파악하였다. 섭리도 일종의 통찰이고 깨달
음으로서 섭리를 알고 모름에 따른 차이가 엄청나다. 알면 인류 역사
를 새롭게 조명할 수 있다. 섭리는 하나님이 뜻한 창조 의지를 펼친
것이기 때문에 섭리를 알면 결국 하나님을 알고 인류 역사를 주재한
뜻도 안다. 섭리는 세계적인 특성 가운데서도 하나님의 존재 속성과
주재 의지와 神적 본질을 적나라하게 추적할 수 있는 단서, 질서, 역
사이다. 어떻게 하나님이 시공간과 만물과 역사를 장악, 총괄, 초월,
주관할 수 있었는가? 나아가서는 주재, 섭리, 규정, 심판, 구원할 것인
가? 섭리를 알아야 답할 수 있다. 섭리는 하나님의 주관 의지와 존재
본질과 밀접한 관계를 지녔다.

　섭리는 작용력이 미치지 않는 곳이 없어 섭리를 알면 세계가 神적
의지로 팽배된 사실을 안다. 섭리는 분명한 가닥인 일관성과 통일성
을 지녔다. 그것은 세계가 지닌 본질적인 특성인 동시에 하나님이 지
닌 존재적 속성이다. 왜 섭리는 일시에 꿰뚫어지고 한꺼번에 통찰되
는가?414) 그것은 세계가 하나님을 본체자로 한 神적 본질이어서이다.
수족을 관장하는 것처럼 세계는 하나님의 존재 본질이므로 꿰뚫을
수 있고, 억겁에 걸친 창조 역사를 주재할 수 있다. 神이 그러하고 세
계가 그러하며 시공간 구조가 그러하다. 그런데도 작용된 섭리력은
미묘하고 미묘하여 선천에서는 누구도 핵심을 파악하지 못한 제삼의
形而上學적 힘이었다(무위, 천명, 인과, 운명, 구속, 예정, 자연선택, 자

---

413) 『벌코프 조직신학(상)』, 루이스 벌코프 저, 권수경 · 이상원 역, 크리스천 다이제스트, 1998, pp.372~374.
414) 道의 통속성=세계의 존재성=神의 본질성.

생, 자화, 에테르 등등). 그러나 알고 보면 섭리력만큼 세계 역사를 일관시키고 우주의 운행 본질을 함축한 지혜도 없다. 섭리는 알 수 없는 것이 아니라 때가 될 때까지 감추어져 있었던 것이고, 알고 보니 창조주가 그 목적을 실현하기 위해 만세 전부터 발현시킨 주재 의지력이었다. 개개의 인생 역사, 우주의 탄생 역사, 선천의 문명 역사, 반만 년에 걸친 한민족의 역사에 이르기까지 미치지 않은 작용력이 하나도 없다. 그 역사가 한 의지로 일관되고 동일하기 때문에 제반 특성을 섭리적인 원리·작용·역사로서 펼친 것이『세계의 섭리 역사』이다.415) 본질 특성을 규명하는 과정에서 창조, 통합, 바탕, 선재, 神적 본질 중 섭리성을 독립시켜 단행본화했다. 일찍이 하나님의 주재성은 주장되었지만 섭리를 밝히지 못하면 사상누각에 불과하다. 세계의 주재력을 본질적인 특성을 통해 드러내었다. 주재된 역사는 섭리를 밝히면 증거될 것인데, 그것이 진리의 성령으로서 강림한 하나님의 보혜적 권능이다. 섭리는 창조 이래 천 갈래 만 갈래로 갈라진 만물과 역사와 진리를 하나로 묶을 수 있는 의지적 힘이고 세계 본질적인 끈이다. 섭리는 하나님이 창조주로서 발현시킨 주재 의지적 표현이다.

---

415) 2012년 4월 13일 출판.

1. 신적 본질성 규정

이 연구는 시종일관 하나님이 지상에 강림한 사실을 밝히고자 했다. 무엇보다도 지상 강림 역사에 대해 현실감 있는 정보를 지녔다는 뜻인데, 정작 직접 말하고자 하면 神만 가지고서 神을 말할 수 없는 문제점이 있다. 이것은 하나님이 존재한 사실을 밝히는 자가 神에 대해 얼마나 알고 있는가 하는 문제와는 별도이다. 神을 뒷받침할 수 있는 바탕 배경이 없고서는 존재성을 부각시킬 수 없다. 일찍이 神을 규정했던 신학과 철학이 펼친 관념론 범주를 벗어날 수 없다. 그들이 아무리 설명해도 알 수 있는 것은 神에 대해 말한 개념 정도이다. 전면을 보아야 하는데 제대로 밝힌 자가 아무도 없다. 있었다면 神의 모습이 미완인 채로 남아 있을 리 없다. 정확하게 표현하였더라도 본질적인 근거를 확인할 수 없는 상태라면 그것은 스스로 왕이라고 참칭한 것과 다름없다. 그렇다면 神은 무엇인가? 세계와의 연결 고리는? 개념은 있어도 객관적으로 파악할 수 없는 문제가 있었고, 세계는 세계대로 이것을 보좌할 근거를 창출하지 못하므로 神은 일부 신앙인들만 추종할 수밖에 없는 상황적 존재자였다. 궁극 원인자인 동시에 살아 있는 존재자로서 증거되지 못했다.[416] 神은 세계를 필요로 하고 세계는 神을 필요로 한 상호 관계성 가운데 있다.

神은 세계가 뒷받침되어야 존재성을 드러내고, 세계는 神에 의해 종국에 완성된다. 神을 드러내기 위해서는 반드시 존재하는 근거를 밝혀야 하는 것이 조건인데, 그 근거가 다름 아닌 세계의 생성 질서 가운데 있다. 생성이 낳은 특성은 그대로 神의 특성을 부각시킨다. 세계를 뒷받침한 神은 그만한 가치를 창출한 근본과 더불어 빛나고 있다. 神은 근본과 함께한 발자취를 세상 위에 남긴다. 그러니까 神을 개념 짓는 것만으로는 아무 효력이 없다. 神이 무엇이라고 말할 수는 있지만 실상은 보지 못했다. 선지자·사도·교부·신학자·목회자라도 세계와 연관된 神의 현현과 본질적인 특성은 드러내지 못하였다. 그 이유는 무엇인가? 神은 보았을지 몰라도 세계와 함께 보지 못했다. 세계의 神적 본질과 神의 세계적인 본질을 보지 못했다. 세계는 어떻게 해서 드러난 것인가? 세계는 神을 궁극적인 본체로 하여 창조되었다. 그래서 세계는 神이 지닌 존재자적 특성을 그대로 지닌다. 우리가 神을 볼 수 있는 것은 창조라는 門 외는 달리 없다. 세계를 통해 창출한 특성을 통해야 神을 규정짓는다. 그래서 이 연구는 세계의 神적인 본질을 조망하고자 하는 것이며, 세계가 神적 본질의 반영체란 사실을 밝히고자 한다. 神이 神만으로는 증거도 현현도 될 수 없다는 아이러니, 이것은 지금까지 인류가 神을 보지 못한 중대 이유이기도 하다.

세계의 神적 본질에 대한 인식적 확대는 인류가 정말 하나님의 참 모습을 볼 수 있는 근거이다. 하나님이 지닌 존립 조건은 세계 원리적인 바탕이 마련되어야 성립되고, 완성된 모습 역시 세계 원리적인

---

416) 『세계통합론』, 졸저, 다짐, 1995, p.84.

조건을 완비해야 한다. 혈손을 더듬어 조상을 알듯, 세계는 神과 불가분리한 분신체이다. 관계된 고리는 神으로부터 창조된 데 있다. 이것은 지극히 본질적인 동시에 단도직입적이다. 창조를 증거하는 것은 간접적인 증거 상황을 벗어날 수 없지만 그래도 창조는 하나님과 세계를 연결시키는 주된 고리이다. 창조된 만상의 구조적 실체를 파악하면 하나님의 존재성을 가늠할 수 있다. 만상이 창조된 것은 세계를 통해 하나님의 실존 상태를 판단할 수 있는 근거이다. 이 모든 것이 극치에 이르면 色卽是空 空卽是色이다. 有란 작용 바탕 위에 있는 세계가 곧 하나님이다. 세계의 본질은 神으로부터 말미암은 神적 본질이요, 神의 본질은 神으로부터 말미암은 세계적 본질이다. 세계의 총합성이 곧 神의 총합성이다. 세계와의 관계가 이러할진대 神이란 도대체 무엇인가? 神을 말하기 위해서는 결국 세계를 밝혀야 한다. 아울러 세계 자체도 섭리를 완수해야 한다.

따라서 이 연구가 나타내고자 한 것은 바로 세계가 지닌 神적 본질로서의 특성 원리이다. 어떻게 해서 하나님은 보혜사이고 진리의 성령인가? 그것은 하나님이 세계를 본질로 한 때문이다. 바탕이 한통속인 것은 세계를 포괄했을 때만 가능한 존재 형태이다. 하나님이 모세에게 이르시길, "나는 스스로 있는 자이니라." 하나님은 세계 가운데서 어떤 초월적인 특성을 집약시킨 존재자도 세계를 떠난 분도 아니고 세계 자체이다. 유유자존(悠悠自存)은 세계가 자체의 존재 상태에 대해서 말할 때만 적용 가능한 존립 형태이다. 초월할 수 있는 것은 세계를 지탱한 바탕 본질뿐이다. "하나님은 모든 이성과 지식보다 크고, 인식과 존재를 초월한 자체의 확고한 바탕을 가지고 있다."[417] 눈이 있는 자는 살펴보라. 神을 실감한 자들이 피력한 개념적 정의, 곧

"하나님은 완전하므로 모든 곳에 존재하며, 모든 공간적인 제약으로부터 자유로우며, 얽매인 데가 없으며, 그 존재의 어떤 부분으로부터도 변덕스럽지 않으며, 자연 질서 안에 있는 어떤 것과도 독립된, 편재하는 능력으로 하늘과 땅에 충만한 분이다."[418] 그런데도 神은 사실상 '분'이 아니고 세계이다. 집중하면 하나님이 되고 편재하면 세계가 된다. 존재자로서 갖춘 특별한 성향을 말한 것이 아니고 전체자로서 지닌 세계적 특성을 말한 것이다. 우리는 모든 곳에 존재할 수 없지만, 어디에도 존재하고 있는 것은 세계이다. 세계 자체는 어떤 공간적인 제약과 얽매임이 없다. 전능성이 하늘과 땅 가운데 편만되어 있다.

생성의 알파와 오메가를 관장한 분, 처음부터 나중을 일체로 한 분, 그래서 하나인 하나님이다. "전에도 계셨고 시방도 계신 거룩한 이여……(계, 16: 5)." 전체인 세계란 본질·존재·공간·시간대적으로 모든 방면에서이다. 바탕 된 것 전체가 특성을 지닌 존재이다. 바탕이 존재하기 때문에 神은 달리 존재자로서 지닌 형상을 드러낼 수 없었다.

그렇다면 神을 형상화시키는 데 있어 중요한 것은 정작 神이 아니다. 그렇게 할 수 있도록 한 바탕 본질이다. 세계를 하나로 한 "하나님의 보좌 앞에서는 무엇도 숨길 수 없고 모든 것을 통찰하며 꿰뚫어 보고 있다."[420] 이해하기는 어렵지만 神적 본질을 세계를 기반으로

417) 『복음주의 입장에서 본 기독교 사상사』, 토니 레인 저, 김응국 역, 나침반사, 1988, p.122.
418) 『신국론』, 아우구스티누스 저, 조호연·김종흡 역, 현대지성사, 1997, p.394.
419) 요한계시록, 21장 6절.

해서 규정했다. 神적 본질의 세계적인 특성을 부각시켰다. 하나님이 강림하게 된 세계 바탕적인 근거이다.

2. 신 인식 본질

유형적이든 무형적이든 우리는 부여된 인식 틀에 근거해서 온갖 존재를 판단한다. 그런데 그 대상이 神이라면 어떻게 할 것인가? 神이 란 존재하는가란 문제를 풀기 위해서는 어떡하든 인식의 제 유형도 함께 살펴야 한다. 하지만 神의 존재성과 인식을 별개로 보고, 神은 존재하지만 인식하는 것은 불가능하다는 견해를 피력한 자도 있다. "하나님과 인간 사이에는 무한한 질적 차이가 있어 인간 스스로는 하 나님을 인식할 수 없다(캘빈)."[421] 전체 안에서 개체가 지닌 차이랄 까? 생성을 완료하기까지는 극복할 수 없는 문제이다. '인간은 유한 한 존재이므로 神의 인식이 불가능하다'는 관점도 있다.[422] 이것은 주어진 대상을 고정적인 실체로 본 데서 온 안목이다. 생성하는 세계 에서는 반드시 분열함에 대한 근거를 남긴다. 세계는 차원적이므로 한꺼번에 파악할 수 없지만, 그것은 언젠가는 드러날 시간 안에서의 생성이다.[423] 유한한 존재인 인간이 무한한 神을 어떻게 알 수 있겠 는가만, 아무리 神이 무한하더라도 전혀 동떨어진 실체는 아니다. 섭 리로서 만사를 주관한 근거를 남기므로 추적할 수 있어야 하고, 근거 를 찾는다면 神도 인식할 수 있다.

---

420) 『요한계시록(상)』, 김용주 저, 경신, 1997, pp.52~53.

421) 「캘빈의 예정론 이해」, 황재범 저, 계명대학교 대학원 신학과, 석사학위논문, 1986, p.42.

422) 『캘빈신학의 이해』, 도날드 매킴 편저, 이종태 역, 생명의 말씀사, 1991, p.22, 51.

423) 시간이 우주의 모든 비밀을 내포하고 있다. 시간이 풀리지 않았기 때문에 우리는 우주의 비밀을 알지 못함.

인식할 수 없다면 그것은 神이 존재하지 않는 경우뿐이다. 존재한다면 인식에 제한이 있어서일 뿐, 어떤 경우에도 불가능은 없다. 神을 인식하는 것이나 道를 깨우치는 것이나 어려움은 같다. 하지만 과정을 극복해야 깨달음을 얻듯, 神에 대한 통찰도 그와 같다. 세계 가운데 놓인 구조와 인식의 특성상 해결을 위한 말미가 필요하다. 神은 존재할 뿐 아니라 천고 때부터 역사하였다. 다양한 루트를 통해 접하였는데 문제는 실상을 정확하게 파악할 수 없는 장애가 있었다. 왜 하나님은 사물처럼 오관을 통해 감지할 수 없는가? 神에 대해서 알고 있는 것은? 인식은 상호작용이 있어야 한다. 아무런 준비를 갖추지 못한 상태라 神도 일방적으로 정보를 전달할 수 없다. 우리 역시 神을 모르면서 인식할 수 없다고 개탄할 수 없다. 해삼이 무엇인지도 모르는 아이에게 해삼을 구해오라고 하면 산으로 가겠는가, 강으로 가겠는가? 神을 알아야 神을 찾고, 찾아야 神을 인식할 수 있다. 한 번의 계시만으로는 神을 파악할 수 없고 현현해도 의심에 찬 이유를 알 수 있다. 성령이 임하였는데도 임재 사실을 분별하지 못한 것은 인간이 지닌 인식력의 장애 때문이므로 이것만 제거하면 강림한 사실을 판단할 수 있다.

그렇다면 神을 좀 더 확실하게 인식할 수 있는 길은? 神은 어떻게 인식되는가? 神은 관념물이 아니다. 직접 접해서 형태를 확인해야 하기 때문에 오관뿐만 아니라 종합적인 조건을 갖추어야 한다. 만유재신론(萬有在神論)은 조건을 완비한 접근 관점이 아니다. 창조성이 편재됨에 따른 신론이기는 하지만, 神의 모습을 구체화시키지는 못했다. 정확하게 보아야 존재를 파악할 수 있다. 神을 일상적인 안목으로 판단할 수 있으리라고 여긴다면 그것은 神을 전혀 알지 못한 무지이다. 神은 차마 거부할 수 없는 상황에 직면하여 통찰된다. 임금님은 혼자서 행차하지 않는 것처럼, 하나님도 그 임함에는 전 우주적인 질서를 동반한다. 하나님은 시공의 연계적인 질서 위에서 모습을 드러낸다. 당연히 인식함도 상황의 총체적인 통찰이 필요하다. 우리가 그동안 神을 인식하기 어려웠던 것은 시공의 생성 과정이 완료되지 못했고, 神이 모든 과정을 주재해서이다. 그래서 도상에서는 믿음을 지녀야 했고, 온전히 파악하기 위해서는 시간이 필요했다.

神은 시공의 분열상 완성과 관계가 있으며, 완성하기 위해서는 인식력을 증대시킬 방법을 강구해야 했다. 神은 세계와 함께한 관계로 시공의 경과 가운데서 실체성을 통각할 수 있다. 시공의 생성 본질은 진리와 세계의 본질은 물론이고 神적 형상까지 드러낸다. 통합성이 분열을 다하지 못하였고 본의를 완전하게 드러내지 못한 이유는 있지만,424)425) 하나님은 끝내 시공을 분열시킨 경과를 통해 존재성을 나타낸다. 특성을 추출하고 보면 하나님이 시공보다 앞서 존재한 초월성을 판별할 수 있다. 선재하고 섭리를 꿰뚫는 등, 시공을 전체 배경으로 두면 임재 역사를 확인할 수 있다. 하나님은 시공의 생성 질서를 본체로 한 구조적인 특성을 지녔다. 전체적인 생성 과정을 바탕으로 하면 하나님의 임함이 완벽해진다. 세계가 神적 본질체가 아니고서는 작용될 수 없는 생성 시스템이다. 천고만재된 하나님을 시공의 생성 경과를 통해 통찰하면 만인은 정말 하나님의 지상 강림 역사를 확인할 수 있다.

---

424) 『세계창조론』, 제4편 창조증거론, 졸저, 엮음본, 1998, p.20.

425) "하나님은 시공의 본질상 통합성 상태로 존재한 관계로 분열하는 시공 질서 가운데서는 완전한 실체 현현이 어려웠다."-『세계창조론』, 제2편 창조성론, 위의 책, p.74.

3. 신 현현 본질

　　하나님은 존재하지만 그 실체가 세상 위에 드러나기 위해서는 생성 과정을 거쳐야 한다. 그런데 '세속화 신학자들 중에 명백하게 神의 사망을 주장한 자'[426)]가 있는 것은 하나님이 그들에게서 현현되지 못한 증거이다. 하나님은 때와 장소를 가리지 않고 현현하지만 아무데서나 현현하지는 않는다. 현현하더라도 어떤 모습을 그릴 것인가 하는 것은 의문이다. 하나님은 끊임없이 성령의 역사를 통하여 임재 사실을 지성사에서 각인시켰지만 목표는 완성을 이룬 모습이다. 그러기 위해서는 일체 운용성을 뒷받침할 작용 바탕이 필요하다. 바탕 세계가 진리로서 생성될 수 있도록 소정의 절차를 거쳐야 한다. 시공이 하나님의 형상을 드러내기까지는 존재자로서 드러남이 보류되었다. 시공은 하나님의 창조 원리와 존재 속성을 내포할 뿐 아니라 엄밀하게 말하면 시공간 전체가 본체를 이루고 있다. 그래서 하나님이 시공의 질서 위에서 점진적으로 형상을 드러내었다. 어떻게 시공의 운위된 질서 위에서 하나님이 현현될 수 있는가? 그것은 하나님이 시공을 주관한 때문이다. 그래서 뜻이 시공의 질서 위에서 지혜로 수놓아진다.[427)] 본체 안이기 때문에 현현되기 위해서는 진리로서 모습을 구성해야 한다. 세계가 드러나야 神이 드러나고, 존재 구조를 완성하기까지 '진실로 主는 스스로 숨어 계시는 하나님'[428)]으로서 고백될 수밖에 없었다. '세계가 결정되어 있지 않고 열려 있는 끝없는 창조적 진

---

426) 『구약신학』, 원용국 저, 세신문화사, 1991, p.35.
427) 시공간 질서 하나하나가 의미로 연결됨.
428) 위의 책, p.52.

화 과정일진대',429) 쉽사리 완성될 수 없다는 것은 충분히 이해된다. 왜 道는 생성을 말해놓고 진리를 완성하지 못하였는가? 왜 성경은 창조를 말해놓고 세계를 완성하지 못했는가? 과정과 근거를 제시하지 못해서이다. 神은 神만으로, 세계는 세계만으로 완성될 수 없는 합일점이 필요하다. 세계가 완성을 지향한 상태에서는 범신론이나 이신론으로도 비칠 수 있다. 하나님이 강림하기 위한 과도기적 모습이라고 할까? 神을 절대정신·이성·로고스라고 한 것도 알고 보면 하나님이 보혜사로서 강림하기 위한 전초 역사이다. 그렇게 해야 보다 완성된 모습으로서 현현될 수 있다. 하나님은 어제도 역사하였고 오늘도 역사하고 앞으로도 살아 역사할 것이지만, 모습을 드러내기 위해서는 세계를 완성시킬 수 있는 조건을 갖추어야 했다.

밝힌바 우리는 현재라는 시간을 소유하고 있지만, 하나님은 삼세간에 걸쳐 존재하고 있다. 조화된 합작품을 창출하기 위해서는 그만큼 준비가 있어야 한다. 세계의 생성 역사가 神이란 주인공을 현현시키기 위해 조연자로 출연하였다. 하지만 정작 기다린 주인공은 끝까지 나타나지 않고 세계 자체가 총합된 역사자로 등단했다. 이것을 우리는 거의 전능에 가까운 지혜로서 판단할 수 있다. 보혜사는 하나님이 세계를 완성함과 함께 최종적으로 확정된, 세상 가운데 직접 임한 본체적 모습이다. 세계를 근간으로 전지전능한 권능을 드러내었다. 권능이 두려움으로 위압되고 지혜와 영광이 온 누리에 미친다. 수억의 성상 세월을 통해 모습을 완성하고 결정지어 현현한 분이 보혜사하나님이다.

---

429) 『역사주의와 역사철학』, 이한귀 저, 문학과 지성사, 1990, p.67.

4. 신 규명 본질

　神이 세계적인 본질을 바탕으로 하여 현현된 것은 세계의 놓인 조건과 관련이 있지만 神적 본질성을 규명한다는 것은 다분히 인간적인 의지도 가미되어 있다. 하지만 인간이 노력한다고 해서 神이 규명될 수는 없다. 인간이 지난날 뭇 우상을 세웠던 전적은 정당한 절차를 무시한 무모함이 있었다. 인간 위주의 행위를 근절시키기 위해 "하나님을 어떤 형상으로도 나타내지 말 것을 선언했다."[430] 어떤 형태로든 우상을 만들지 말며 그들에게 절하지 말며 그들을 섬기지 마라. 물질화된 우상 가운데서는 성령이 머물지 않을 것을 밝혔다. 그렇다면 우리는 神을 어떻게 규명할 것인가? 그래서 필요하게 된 조건이 곧 세계의 생성 바탕이 함께하는 것이다. 神을 규명한 과거 전적을 살펴보면 무엇도 확고한 기반을 다지지 못한 상태이다. 구약시대에 그려진 하나님은 실존한 모습이 일정하지 않았다. 불린 이름도 다르고 현현된 형태도 이상하여 마치 외계인처럼 묘사되기도 했다. 누가 그 모습을 완전하게 그려내었는가? 기독교 문화권에서도 해결하지 못한 것은 마찬가지이다. 반드시 합당한 조건을 갖추어야 했다. 즉, 세계의 본질을 규명하면 神이란 실체도 규명된다.

　하나님은 천지를 창조한 총체적인 실체로 존재하지만 세계가 분열을 다하지 못하면 하나님도 실체성을 확정 지을 수 없다. 역사·섭리·일반적인 원리·뜻……, 세계적인 특성들이 다 그러하다. 지성들이 세계의 궁극성을 탐구했던 것은 하나님의 존재성을 드러내고자

---

430) 출애굽기, 20장 4절~6절.

한 의지 완수 노력과 직결된다. 세계의 본질을 밝히고자 한 것은 하나님을 밝히고자 한 것과 같다. 의지를 완수하면 神을 규명할 근거가 마련되고, 존재된 형태를 판별하게 된다. 그렇게 해서 드러난 결과가 하나님으로부터 나온 진리의 성령이다. 보혜사가 진리의 성령으로서 천고 이래의 역사를 주재했고, 세계적인 완성을 기도했다. 세계의 분열과 세상 원리와 함께하면서 만물을 낳은 근원자로서 운위되었다. 아무리 道와 德이 지고한 가치를 지녔어도 道와 德으로서 지칭될 수는 없는, 하나님은 道와 德을 낳은 근원자이다.[431] 하나님은 神적 본질을 본유한 분으로 일반적인 존재와 상통한 존재이다. 그래서 神을 규명하기 위해서는 먼저 세계의 본질을 규명해야 했다. 개개의 본질을 밝히는 것이 神의 본질을 밝히는 첩경인, 하나님은 총체적인 실상으로 존재한다.[432] 실상을 알아야 드러난 구조를 통해 하나님을 조망할 수 있다.

노자는 근원된 작용 실체로 지칭된 道에 대해서, '눈으로 보아도 알아볼 수 없고(視之不見) 귀로 들어도 알아들을 수 없으며(聽之不聞) 손으로 잡아도 획득할 수 없어서(搏之不得) 상태 없는 상태(無狀之狀)이고 형상 없는 형상(無象之象)으로 부를 수밖에 없다'고 했다.[433] 사실상 道의 神적 본질성을 천명한 것이다. 神의 본질 안에서 道를 말한 것은 神을 말한 것이 되고, 神을 말한 것은 道를 말한 것이 된다. 데카르트는 명료하고 뚜렷한 것이 아닌 것은 진리가 아니라고 했는데, 무엇을 염두에 두고 세운 기준인가 하는 것은 명백하다. 존재는 드러나 있기 때문에 확실하지만 본질은 그렇지 않다. 神이 그런 본질에 근거

---

431) 『천주실의』, 마테오리치 저, 송영배 외 5인 역, 서울대학교 출판부, 2000, p.68.

432) 『세계유신론』, 졸저, 인쇄본, 2000, p.152.

433) 『노자도덕경』, 14장.

했다. 그래서 道는 神의 존재성을 뒷받침한 진리로서 적합하다. 神적인 본질을 규명해야 神도 확연해진다. 神은 데카르트가 세운 기준처럼 명료하고 뚜렷하지 않다. 이(夷)·희(希)·미(微), 즉 보아도 보이지 않고 들어도 들리지 않으며 만져도 만져지지 않는 그 무엇이다. 神은 형태가 없는 그것이 진정한 모습이다. 그런데도 지혜와 섭리로서 발자취를 남기지 않은 곳이 없다. 그것이 인류가 추구해서 일군 진리 세계이다. 진리 속에 하나님이 반영되어 있고 추구 의지로서 머물렀나니, 그분이 세상 진리를 기반으로 강림한 보혜사 하나님이다.

5. 신 증거 본질

프랑스의 철학자인 콩트(Auguste Comte, 1798~1857)는 "제1 단계인 신학적 혹은 가상적인 사유 방법과 제2 단계인 形而上學적 혹은 추상적인 사유 방법에 대해 제3단계인 실증적인 방법을 인간 정신의 발전 중에서 최고의 단계로 구분했다."[434)435)] 하지만 그렇게 구분하고 보면 우리는 神이나 초월적인 대상을 전혀 알 수 없게 되며, 철학의 추상적인 사색 역시 현실에 대해 더 이상의 지식을 제공할 수 없다. 실증성을 구하는 방법은 믿음과 추상적인 사색에 비해 합리적이고 접근 방법도 현실적인 것이 사실이다. 그러나 그것은 거쳐야 할 과정일 뿐 정신이 발달함에 따라 주어진 것이라고는 볼 수 없다. 실증이 최고에 도달한 단계라 해도 요건을 모두 갖춘 것은 아니다. 실증은 세

---

434) 『역사철학 강의』, 최재근 저, 동풍, 1995, p.71.

435) "콩트는 『실증철학강의』에서 인간 정신의 기본법칙을 설명하였는데, 이 법칙에 따라서 인간사회는 모든 국면에 있어서 신학적 단계, 形而上學적 단계, 과학적 단계의 세 단계를 경과하였다고 했다."―『사관이란 무엇인가』, 차하형 편, 청람, 1985, p.16.

계적인 요인을 필요로 한다. 세계는 발달된 최고 단계에 이르러 실증
성을 갖추지만 본질이 뒷받침되지 못하면 허사이다. 그런데도 끝내
神이나 形而上學적인 대상이 저급한 정신 발달 단계에 속해 있는 것이
라고 여긴 것은 큰 오산이다. 대상 자체가 실증할 수 있는 근거를 남
기지 못해 믿음으로 대할 수밖에 없었던 것뿐이다.

　세계의 근원 상태에 접근한 관점 차는 참으로 크다. 실증은 하나의
진리성은 확실하게 부각시킬 수 있을지 몰라도 그로 인해서 만개된
진리성은 가려버린다. 과학성은 부각시켰지만 근본 된 생성 본질 체
제는 허물어버렸다. 神을 증명할 수 없었던 것은 세계적인 요건이 충
족되지 못해서이지 실증 요건 자체가 성립되지 못해서인 것은 아니
다. 어제는 없었던 자식인데 오늘은 어루만져질 수 있다. 어제는 파악
할 수 없었더라도 요건만 갖추면 판단할 수 있는 것이 神이다. 존재하
지 않아 神이 실증되지 않은 것이 아니었다. 분열만 완료하면 실증된
다. 그렇지 못했기 때문에 '神이 존재하는지를 우리로서는 알 길이 없
다(不可知論), 神의 증명은 인간 이성의 차원에서는 거론할 수 없다(파스
칼),436) 물자체에 대해서 하나님에 대해서 어떤 이론적인 지식을 가지
는 것은 불가능하다(칸트)'라고 주장되었다.437) 캘빈은 '하나님과 인간
사이에는 무한한 질적 차이가 있으므로 인간 스스로는 하나님을 인식
할 수가 없다'고 지적했다.438) 神이 不可解한 이유는 분명하다.

　理神論的으로 설명된 하나님도 하나님은 하나님이다. 단지 진리적
으로 투영시키지 못한 불완전한 모습일 따름이다. 기독교도 세계인이

---

436) 『파스칼 연구』, 이환 저, 민음사, 1975, p.92.

437) 『벌코프 조직신학(상)』, 루이스 벌코프 저, 권수경・이상원 역, 크리스천 다이제스트, 1998, p.219.

438) 「캘빈의 예정론 이해」, 앞의 논문, p.42.

요구한 합리적인 수준에서 神을 증명하지 못한 것은 같다. 오히려 앞 장서 不可解性을 선언해버린 것은 세계와 연관하여 神을 보지 못한 때문이다. 동양에서는 道를 통해 초월성을 논할 수 있었지만, 서양은 아무런 근거를 붙들지 못했다(본질의 초월성=존재의 초월성=神). 진리, 본질, 세계를 통해 현현될 神의 실체를 보지 못했다. 증명은 분열을 완료한 결과 주어지는 것인데 부분적으로 체험된 계시 역사를 통해서는 神을 파악할 수 없다. 계시는 수시로 주어지지만 증명은 조건을 완비해야 한다. 神을 증명하기 위해서는 본질로서의 형태, 위치, 공간, 작용 역정, 만물과의 유기체성을 종합적으로 판단해야 한다. 믿음을 지키는 것만으로는 해결할 수 없다. 전통적인 방식으로서는 神을 증명할 수 없다. 신학이 언젠가는 해결할 수 있으리라 기대하지만 정작 파고들어 가보면 안중에도 없다. 엄존하고 있는데 따로 증명할 필요가 있는가?

이것은 동양의 실체 개념인 道, 天, 佛을 통해 神을 증명하지 못한 이유와 동일하다. 神이 세계 본질의 뒷받침을 받지 못한 것과 道가 바탕 된 본질로부터 한계를 벗어나지 못한 것은 조건 면에서 같다. 神의 인간성화를 부르짖은 포이어바허나, 인간과 똑같은 속성을 神에게 부여해놓고 神에 대하여 두려움 없이 자유롭게 신앙생활을 한 그리스인들에게 있어서는 神의 증명 요건이 오히려 퇴보하여 버린다.[439] 마테오리치는 上帝가 곧 天主인 것을 선포하기 위해 太極이란 개념을 포용해야 했지만(중국), 실질적으로는 짓밟아버렸다. 太極은 전체인 神적 본질의 동양식 이해이다. 천지를 지은 하나님이 세계의 진리 본성을

---

439)『개관 동양사』, 동양사학회 편, 지식산업사, 1987, p.113.

다 포용하지 못하고 天主가 될 수는 없다. 하지만 그것은 마테오리치를 낳은 서양 문화가(기독교) 그렇다는 것이므로, 그들이 이해한 사고 방식에 이율배반이 도사렸다. 굳어버린 문화 양식 속에서 보혜사가 만유를 포괄한 하나님으로서 현현될 리 만무하다. 太極은 天主의 본성 안에 포함된다. 단계에 따른 한계성이 명백하다. 부분적인 본질조차 밝혀내지 못한 형편인데 인류의 대 과제인 神의 실재를 밝혀낼 수 있겠는가? 개개의 존재가 총화 되어야 증명이란 문제를 푼다. 神을 증명하기 위해서 세계를 온전하게 완성시켜야 한다. "세계와 神은 떼려야 뗄 수 없는 관계를 지닌다."440) 세계와 하나 된 합일점을 구해야 神도 증명된다. 물론 각 분야가 이룬 탐구 성과는 神을 간접적으로 증거한다. 그들도 神을 증명하는 데 기여하였지만 자체로서는 알지 못했다. 그래서 섭리를 밝혀야 했다. 神은 존재하지만 神만으로 증명될 수 없는 이유가 천파만파된다. 증명을 성립시키는 메커니즘도 자체로서는 독자적일 수 없는, 인식과 현현과 증명이 동일하게 규명되어야 했다. 세계가 완성되면 한꺼번에 해결될 통속성을 지녔다. 神을 알고 증명할 수 있는 길은 결국 창조라는 門을 통해서이므로 창조는 끝내 증거되어야 했고, 그러기 위해서는 세계가 분열되어야 한 것이 필연적이다.

그래서 만사는 세계가 요구하고 있는 수준인 창조 섭리가 완수되길 손꼽아 기다렸다. 그 말은 보혜사 하나님이 강림하길 기다렸다는 뜻이다. 중세시대(서양)에는 하나님이 절대적인 신앙 대상이었고 최대의 진리였지만 神은 증명하지 못했다. 인문주의 사상이 태동되고 근대적인 사고관이 정립된 이후에는 의심할 수 없는 명증적인 사실

---

440) 『세계유신론』, 앞의 책, p.15.

들이 그 역할을 대신하였다. 한 진리가 다른 진리를 대행해 독식한 형태는 또 다른 문제점만 파생시킨다. 해결할 수 있는 길은 오직 세계사적인 분열과 섭리를 완수하는 것이다. 남김없이 분열되어야 하나니, 그리해야 神이 증명된다. 동서양을 막론하고 神의 실재를 증거할 수 있는 기반을 마련하지 못했던 이유는 명백하다. 증명 요건은 神을 아는 것이고, 神을 알기 위해서는 세계를 알아야 한다. '자연의 질서가 자연적인 발생 과정의 결과라고 보는 것은'[441] 가능한 존립 조건인가? 자연은 神을 요구하고 있지 않은가? 마테오리치가 중국인에게 天主의 존재를 증명하기 위해서 동원한 것도 세상의 이치를 내세운 방법이었다. 그러나 결과는? 이치만으로는 天主를 확인시킬 수 없었다. 섭리를 이끌어내고 결국은 전체 세계까지 통달해야 한다. "바람이 불고 파도가 치는데도 배가 전복될 걱정이 없다면 그것은 노련한 조타수가 탄 때문이다. 짐승의 무리를 관찰해보면 그들은 이성을 지니지 않았는데도 배고프면 먹이를 찾을 줄 알고 화살이 무서워 아득한 창공으로 솟구치며 부리로 씹어서 새끼를 먹인다. 이것은 반드시 높으신 주님이 존재하셔서 가만히 그들을 가르쳐 비로소 이와 같은 행동을 할 수 있게 된 것이다."[442] 이것은 마테오리치가 '중국 선비를 위해 天主의 존재를 증명해 보이겠다'고 동원한 이치들이다.[443] 취약점이 많다. 본의가 드러나기까지는 믿음이 실재성을 대변했던 것이고,[444] 증명은 섭리가 완수되어야 했다. 사물을 인식하기 위해서는

---

441) 『세계사상 대계 3(인간의 발견)』, 박종홍·이종우·정석해 감수, 신태양사, 1965, p.133.
442) 『천주실의』, 앞의 책, p.48.
443) 위의 책, p.45.
444) 『세계창조론』, 제3편 조물론, 앞의 책, p.124.

분열되어야 하듯, 하나님도 제 분야에 걸쳐 섭리 역사를 완수해야 했다. 연후에 道도 불교도 과학도 포괄할 수 있다. 그들은 神을 증명하기 위해 역사된 요소들이다.

하나님은 본래 세계를 본체로 삼았다. 신학이 神의 실재성을 증명하지 못한 주된 이유이다. 성경은 하나님의 역사를 기록하였지만 증명하지 못한 취약점 때문에 온갖 無神 사상이 파고들었다. 범신론, 이신론 등과 대립되었다.[445] 칸트는 神의 존재 증명에 대해 '神의 현 존재는 이성으로부터 증명되지 않는다'고 말했다.[446] 차원적인 인식의 길을 열어야 했지만 바탕 된 본질을 몰라 실존성은 물론이고 창조도 증명하지 못했다. 총체적인 바탕성 위에서 실존성을 부각시키기 위해서는 섭리가 날개를 활짝 펴 떠받쳐야 한다. 그렇게 해야 비로소 神의 세계적인 특성을 인출할 수 있다. 계시를 통하여 뜻을 헤아리는 것도 중요하지만, 임한 말씀에 대한 작용 특성을 파악함으로써 하나님의 완전성과 구족 상태를 판단할 수 있는 안목도 지녀야 한다. 말씀이 선재하여 임한 것이 하나님이 존재한 것이고, 이 같은 특성이 바로 神을 증명하는 기준이다. 삼세간을 주관한 선재 역사를 통해 우리는 통합성으로 운위된 하나님의 존재성을 분별할 수 있다. 현존 이전에 존재한 실존 상태를 파악할 수만 있다면 그것이 바로 창조주 하나님인 것을 아는 것이다. 신앙을 통해 경륜을 살필 수도 있지만, 말씀을 통해 장래 일을 밝히고 조처한 것은 하나님이 역사해서이다. 하나님이 창조 이전에 있었다면 응당 결과 이전에도 있어야 한다. 이 같은 상황을 파악하기 위해서는 바탕 된 세계 구조를 함께 드러내어야 한다.

---

445) 『두산동아 CD 세계대백과사전』, 유신론편.
446) 『기독교의 본질』, 루드비히 포이어바허 저, 김쾌상 역, 까치, 1993, p.320.

하나님을 증명하기 위해서는 만사의 원인보다 앞선 선재 근거가 필
요하다. 그리해야 하나님이 우리가 호흡하고 있는 시공간 속에서 살
아 있는 존재자로서 드러날 수 있다.

6. 삼위일체 정립 본질

"기독교의 하나님은 세 개의 이름을 가지고 있다. 첫 번째 이름은
聖父이고, 두 번째 이름은 聖子이며, 세 번째 이름은 聖神이다."[447) 전
능하사 천지를 만드신 하나님 아버지와 그 외아들 主 예수 그리스도
와 성신을 믿는다고 한 것은 사도신경이 밝힌 신앙 요지이다. 하나님
은 한 분이지만 그동안 이루어진 역사 양태가 성부→성자→성신(성
령)으로 이어져 인류 구원 사업을 완성하려고 했다는 것이 소위 기독
교가 내세운 三位一體설이다. 중요한 기독교 교리 중 하나로, 하나인
존재가 갖는 여러 개의 기능에 대해 안목을 갖게 한다. 동양의 覺者는
만물이 일체라는 진리적 이상을 피력한 상태이라 삼위일체설을 이해
하지 못할 것도 없지만, 기독교 문화권에서는 수많은 논의 과정을 거
쳤다. 결과로 개념은 정착되었지만 문제는 내용이 지닌 본질이 무엇
인가 하는 것인데, 명백히 한 하나님을 三位로서 분쇄시킨 것이다. 통
합을 지향한 것도 아니고 작용 메커니즘도 미비하였다. 그렇다면 역
사된 궁극적 뜻은 무엇인가? 三位一體설도 세계의 본질이 성숙될 때
를 기다려야 했다. 三位를 통하면 하나님에 대한 또 다른 면모를 볼
수 있는데, 무엇을 통해서도 三位가 일체된 완전한 하나님은 보지 못

---

447) 『길은 길을 따라 끝이 없고』, 김흥균·윤구병 엮음, 한샘, 1993, p.93.

했다. 三位가 아직도 분열 중이다. 개념은 정착되었지만 본질에 해당한 본체가 세계의 분열과 함께 생성하다 보니 유태교로부터 개신교에 이르기까지 성부, 성자에 대한 실체는 밝혔지만 성령은 아직도 모호하다. 성령이 모습을 갖추지 못한 상태에 있어 三位로서 완성된 하나님은 볼 수 없었다. 완성된 하나님이 현현되기 위해서는 반드시 성령의 본체 강림 역사가 있어야 한다. 그리해야 명실상부하게 三位를 일체시킨 본체 통합 역사를 완성할 수 있다.[448] 이에 하나님이 진리의 성령으로서 강림한 역사적 의미는 실로 지대하다. 보혜사는 세상 진리를 통합한 것은 물론이고 三位를 일체시키는 데 있어서도 완성을 기도할 수 있게 되었다. 창조주인 성부도 세상 가운데서 임한 형태는 형체 없는 성령으로서였고, 성령이 역사하여 성자도 탄생되었다. 우리는 三位로서 역사한 하나님을 구분하되 본질을 보아야 본체를 완성할 수 있다. 三位一體는 세계가 완성되어야 진리로서 정착되는 것이지, 논리로서는 세계를 완성시킬 수 없다.

> "천국에서는 증거하는 이가 셋이니 성부와 말씀과 성령이시라. 그리고 이들 셋은 하나이니라."[449]

이것은 三位一體 교리를 전통적으로 변호하고 그리스도의 신성 교리를 변호하는 데 중요한 요소로서 사용되었지만, 그것은 말 그대로 변호일 따름이다. 세계가 원한 것은 실질적으로 三位가 완전하게 분열하는 것이다. 그리해야 神적 본체를 완성할 수 있다. 그러지 못하면

---

448) 三位 중 성령의 강림 역사는 필연적이다. 그리해야 하나님이 三位를 일체시킨 완성된 모습으로 이 땅에 강림할 수 있다.

449) 요한일서, 5장 7절.

온갖 도전 가운데 노출된다. '셋이 하나요, 하나가 셋이라는 모호한 용어를 남발'한 것으로 오해한다.[450] '분리할 수 없는 통일성과 주권을 강조해 성부와 성자와 성령을 개별적인 존재로 본 어떤 견해도 부인한 군주신론(君主神論)'도 나타났다.[451] 많은 神이 숭배된 다신적 상황에서 유일신에 대한 신앙을 견지하기 위해서는 합당한 근거가 있어야 한다. 마찬가지로 하나 된 하나님이 삼분된 데 대해서도 요청되는 조건은 같다. 다신 가운데서 일체를 제거한 유일신이 아니라 다신을 통합한 절대 신이 필요하다. 많은 수의 거짓 神들을 만들어놓고 무수하게 많은 가증스럽고 파렴치한 비의를 늘어뜨리는 이교도들[452]과 벌이는 싸움이 아니다. 중요한 것은 다신을 통합할 수 있는 원리성을 제시하는 작업이다. 분열된 섭리를 통찰하고 三位가 일체된 정립 본질을 밝혀야 한다.

『三位一體에 대하여』를 쓴 아우구스티누스는 말했다. "우리는 믿어야 할 것이다. …… 三位는 상호 간에 밀접한 관계를 맺고 있으며, 동일한 본질로 일체인 것을 믿어야 한다. 그리고 우리는 이것을 깨닫고자 애써야 한다."[453] 나아가 보혜사 하나님이 강림한 오늘날은 모든 면에서 증명을 요한다. 그래서 근거를 붙들고자 한 것이 유태교, 기독교가 담당한 신앙 역사이다. 하나님이 三位로 나뉘지 않은 유일신이었다면 역사상 유태교 외에 하나님을 모신 종교는 다시 없으리라. 하지만 성자가 등단된 이후 三位一體 교리가 세워진 것이고, 분화된 하

---

450) 『묵시록의 대 예언』, 강봉수 저, 민성사, 1999, p.26.
451) 『복음주의 입장에서 본 기독교 사상사』, 앞의 책, p.41.
452) 『신국론』, 앞의 책, p.393.
453) 『복음주의 입장에서 본 기독교 사상사』, 앞의 책, p.95.

나님에 대해 세상적인 이해가 필요하였다. 三位로서 존재하지만 본질
은 동일하다는 것인데, 공통된 분모는 어느 모로 보나 성령이다. "성
령은 성부의 영인 것과 같이 또한 성자의 영이고, 성부 및 성자와 같
은 본질이며, 그분들과 같이 영원하다. 전체는 위격들의 개성 때문에
三位一體일 뿐, 不可分의 神적 본질 때문에 한 하나님이고, 不可分의 전
능 때문에 한 전능자이다."454) 그러나 三位一體가 진정 정립되어야 하
는 이유는 따로 있다. 성부와 성자가 실체성을 분열시킨 역사를 지녔
다면 성령은? 성부와 성자의 존재성을 정립시키는 데 역할을 다하였
지만, 그럼에도 불구하고 인류는 성령이란 실체를 가늠할 직접적인
역사는 경험하지 못한 것이다. 성부는 창조주이고 역사를 주관한 권
능자로서 만유의 운행을 주도한 것이 분명하다. 그리고 성자는 인간
으로 태어났지만 神格을 인준 받은 절차를 혹독하게 치렀다. 인간 된
몸으로 사역을 수행했기 때문에 어려움이 컸다. 다른 피조물처럼 만
들어지지 않고 발출된 독생자, 동정녀로부터 난 순수성, 神性과 人性
을 통일한 분,455) 인류의 죄악을 대속하기 위해 십자가에 못 박히고
사흘 만에 부활하여 하늘로 올라 저리로서 산 자와 죽은 자를 심판하
기 위해 다시 올 것을 약속한 분……456) 아무래도 상식상으로는 이해
할 수 없지만, 그래도 제2位로서 지닌 神格이 기독교 역사를 통해 정
립되었다. 이런 역사 과정을 우리는 어떻게 이해할 수 있는가? 무궁
한 神적 본질을 유한한 人性 그릇으로 담아내려 함에 한계가 있다. 이
것은 반야심경이 무궁한 空의 실상을 표현하는 과정에서 세상 논리를

---

454) 『신국론』, 앞의 책, p.564.
455) 『복음주의 입장에서 본 기독교 사상사』, 앞의 책, p.103.
456) 위의 책, p.60.

거부할 수밖에 없었던 경우와 같다. 은혜와 영광에 대해서 信心을 바치고자 해도 창조 원리와 본의를 계시 받지 못한 상태에서는 한계가 역력했다.

하지만 동양에서는 이상적인 존재를 발출시킬 수 있는 진리적인 근거를 지니고 있는데, 그것은 다름 아닌 陰陽의 조화와 통일성에 입각한 탄생 원리이다. 陰과 陽으로 기름을 입은 본질체가 성령의 역사로 조화될 수 있다면 위격 논쟁처럼 이치 면에서는 곤혹을 치르지 않아도 된다. 이것도 결국은 성령의 존재성을 확립해야 가능하다. 삼위일체는 믿음으로 머물지 않고 언젠가는 일체됨을 통해 밝혀지리라. 거기에 보혜사 하나님이 진리의 성령으로서 확정되어야 하는 이유가 있다. 그리스도의 神性을 인정한 것이 기독교 신앙의 기초였다면[457] 하나님의 완성 본체로 규명된 보혜사는 기독교 전체를 완성시킬 기반이다. 왜 三位一體가 확립되어야 했는지 뜻을 몰랐지만 '三位가 공히 영원히 존재하며 상호 동등하여 모든 일에서 일체인 三位께 경배드려야 한다'고 믿었다.[458]

그렇다면 만인은 강림한 보혜사가 진리로서 본체를 완성한 하나님인 것을 정말 인정할 수 있는가? 구구한 파동이 예상된다. 성령은 성부도 아니고 성자도 아니다. 그런데도 불구하고 하나님이다.[459] 본질과 속성 면에서 다르지 않다. 그렇다고 이런 주장을 확정 짓기 위해 다시 논쟁할 수는 없다. 요지는 어떻게 보혜사가 성령을 본체로 한 하나님인가 하는 것을 증명하는 것이다. 이 과제를 해결하기 위해서

---

457) 위의 책, p.63.
458) 위의 책, p.157.
459) 『신국론』, 앞의 책, p.547.

이 연구가 체제를 갖추었다. 성령이 본체를 완성함으로써만 성부와 성자도 완성될 수 있고, 三位가 온전하게 일체된 하나님으로서 현현될 수 있다. 그리고 그렇게 하여 강림한 분이 보혜사 진리의 성령이다. 보혜사는 三位를 완성한 완전한 하나님이다. 성부와 성자는 인류사에서 완전한 하나님으로서 임하지 못하였기 때문에 보혜사가 창조 목적을 충족시킨 하나님으로 강림하여 인류를 하나 되게 할 의지를 강력하게 발휘하였다. 세계 통합 과제는 향후 하나님이 이룰 주재 역사의 주된 방향이다.

7. 통합적인 신 본질

서양에서는 크리스트교가 뿌리를 내리면서 '모든 것을 사람 중심으로 생각한 헬레니즘에서 모든 것을 하나님 중심으로 생각한 헤브라이즘으로 넘어간'[460] 대 전환기를 거쳤다. 이것은 세상을 이해하고 받아들이는 세계관 측면에서도 큰 변화라고 할 수 있으며, 이런 변화는 전격 인위적으로 추진된 것이 아니다. 神이 지닌 존재적 특성을 인출하는 데 있어서도 상황은 비슷하다. 누구나 일반적인 것과 구별된 특성을 구하고자 하지만 중요한 것은 사고의 전환이다. 노자는 "道可道 非常道……"[461] 즉, 말해질 수 있는 道는 영원한 道가 아니라고 했다. 만약 만물을 이룬 근원인 바탕체가 어떤 형태를 이룬 것이라면 그것은 더 이상 바탕체가 될 수 없는데, 여태껏 말미암아서 드러난 존재 특성을 가지고 神을 규정짓고자 하였다. 그렇다면 神은 정말 어

---

460) 『새 먼 나라 이웃 나라(네덜란드 편)』, 이원복 글·그림, 김영사, 2000, p.62.
461) 『노자도덕경』, 1장.

떻게 드러나야 하는가? 神 자체가 아니라 세계를 통괄한 전체성을 통해 추출해야 한다. 본의에 근거할진대, 하나님은 세계를 이룬 본질성 전체이다. 일체를 통틀은 세계의 본질이 한통속이고 하나인 것을 통해 하나님이 통합적인 본질 체제를 구축하고 있다는 사실을 알 수 있다.462) 시공과 뭇 존재가 통합적인 것은 神적인 본질이 반영된 것이다. 이 같은 시각으로 그동안 표출된 하나님의 존재 형태를 살펴보면 정말 그런 사실을 확인할 수 있다. 主는 삼세를 관장하므로 영원성을 보장한 분이다. 삼세간에 걸쳐 있기 때문에 全知·全能·全善하다. 따라서 우리가 알 수 있는 것은? 결코 권능에만 치중될 수 없다. 삼세를 관장한 것이 의미하는 것은 삼세간 자체, 즉 전체 시공간을 본체로 한 존재 형태이다. 有한 존재 특성이 세계를 관장한 형태로서 부각된 것이다. 하나가 만이고 만이 하나라고 한 것은 하나로부터 만 가지를 본체로서 본유한 상태이다. 성경에서는 "하루가 천 년 같고 천 년이 하루 같다(벧후, 3: 8)"고 하였는데, 그것은 主가 하루로부터 천 년에 걸쳐 시공간을 주재한다는 뜻이다. 하나님이 가진 뜻은 보다 통합적이다. 十이 세상이 지닌 전부라고 할 때, 一에서 보면 十은 항상 앞서 있고 이미 있고 다 파악할 수 없는 뜻으로 있다. 통합적인 특성을 神적 본질 형태로서 표면화시켰다.

"또 내게 말씀하시되 이루었도다 나는 알파와 오메가요 처음과 나중이라."463)

---

462) 『세계유신론』, 앞의 책, p.174.
463) 요한계시록, 21장 6절.

알파인 동시에 오메가로서 처음과 나중을 관장한 것은 전체 세계를 한 몸으로 한 존재 상태이다. 전체성은 수평과 수직으로 제한이 없고 무한 본질적이다. '전에도 계셨고 이제도 계시고 장차 오실 자(계, 4: 8)'란 삼세간을 본질로 한 통합체이다. 세계의 본질적인 특성인 동시에 세계의 神적인 특성이다. 하나님은 세계의 전체성을 반영한 실존자이다.

"태초에도 나요 나중 있을 자에게도 내가 곧 그니라(사, 41: 4)."
"만군의 여호와가 말하노라 나는 처음이요 나는 마지막이라(사, 44: 6)." "나는 그니 나는 처음이요 또 마지막이라(사, 48: 12)."

하나님은 세상과 시공간을 관장하며 전체 세계를 본체로 하였다. 전체를 관장한 것은 처음과 나중을 본체로 한 때문이다. 이런 특성을 지닌 하나님이 보혜사 진리의 성령으로 강림하였다.

8. 선재적인 신 본질

마테오리치는 『천주실의』에서 중국인들에게 마땅히 그러한 세상 이치를 들어 하나님이 살아 있는 사실을 증거하고자 했다. 존재론·우주론·목적론·도덕적 논증 등등 우주는 하나님이 아니고서는 도무지 조절·통제·유지할 수 없는 질서가 있지만, 단지 그와 같은 질서가 있다고 해서 神을 증거할 수 있는 것은 아니다. 그렇다면 하나님은 정말 시공간상에서 어떤 형태로 존재하며 역사의 전후를 관장하였는가? 이것을 풀기 위해서는 단계적으로 문제를 해결해야 한다. 그중 먼저 언급해야 할 것은 하나님의 존재 형태에 대한 문제이다. 통상 존재라고 하면 물리적으로 결정을 이루어 시공간을 점유하고 있는 실체이다. 하나님도 그러한 존재인가? 아닌데도 우리가 지닌 존재 형태를 기준으로 하나님을 판단하려 했다. 이치든 질서든 물질적인 요소든 법칙이든, 그것은 하나님을 구성한 존재적 속성이다. 그리고 하나님이 세상 가운데 임한 분명한 형태는 다름 아닌 세상 가운데서 드러난 말씀을 통해서이다. 성령이 하나님의 모습으로 임한 근거도 여기에 있다. 말씀이 어떤 형태로 임하였는가에 따라 시공이 하나님의 존재 특성을 드러낸 요소로서 동원된다. 그중 선재성은 천지가 창조될 때 이미 세계의 바탕 된 본질로서 결정된 바이다. 하나님이 우리와 동일한 형태라면 불가능하지만, 말씀으로 임하다 보니 시공의 분열 질서보다 앞설 수 있다. 초월로서 자유자재하다. 전체 세계를 배경에 둔 결과이다. 선재성을 통하면 하나님의 존재성을 확인할 수 있다.

하나님은 어떻게 시공의 원인과 결과, 과거와 미래를 모두 관장할 수 있는가? 시공간 전체가 하나님을 구축한 본질적 바탕이다. 현재보다 앞서 존재한 여건, 그러니까 선재됨을 있게 한 본질의 구조와 갖춘 특성 때문이다. 그래서 현 시공보다 앞서 길을 예비하고, 도래하기 이전에 결정된 뜻을 계시하였다. 인연의 고리는 확고한 것이다. 결정된 고리가 미래로부터 현재로 연결되었다. 결과가 원인보다 앞서 있기 때문에 유도된 고리를 현실 속에서 붙들 수 있다. 미래의 수많은 시공간을 점유하고 과거와 미래라는 시간대 전체를 관장하고 있어 하나님이 영원히 현 존재보다 앞설 수 있다. 부름이 있기 이전부터 모든 영혼을 관장하고, 형태적으로 존재하지 않지만 만유를 이루었다. 시공간 전체가 하나님의 존재 본질이기 때문에 가능한 작용 현상이다.

하나님은 알파가 생성되기 이전부터 존재하였으니, 그렇게 선재하였기 때문에 시공보다 앞서 만유를 있게 한 근원이 되었다. 그 뜻과 그렇게 이룬 역사 형태는 객관적으로도 주관적으로도 판단할 수 있다. 객관적이라고 하면 사전에 준비된 뜻과 의지가 기준이기 때문에 이것을 통하면 하나님이 지닌 실체성, 존재성, 창조성을 가늠할 수 있다. 주관적이라고 하면 은혜와 영광을 직접 체험하는 것이다. 오직 삼세간을 통괄한 하나님으로부터만 주어지는 특성 방식이다. 창조 이전부터 하나님은 그와 같은 방식으로 존재하였고, 창조 이후로 생성된 특성도 그러하며, 세상 가운데서 임한 형태도 그러하다. 하나님은 세계적인 특성 방식을 통해 존재한다. 하나님이 현재보다 앞서 있다는 사실은 곧 세계가 한통속인 특성을 통해 해명되는 것이니, 그렇게 하면 정말 하나님의 실존 위치와 존재 형태를 분별할 수 있다. 전지전능하다는 것만으로 무조건 모든 것을 알고 장래 일을 밝힐 수 있는 것은 아니다. 시공간 전체를 장악하고 있어야 한다. 하나님은 삼세간에 걸쳐 있고 통합적이기 때문에 그런 메커니즘 안에서 뜻을 밝히면 주재된 온갖 특성을 물어낼 수 있다. '하나님의 예지(叡智)성과 전지성을 부인한 과정 신학이 있기는 하지만, 성경에서 묘사한 바로는 하나님이 미래를 분명히 아는 분'인데,[464] 궁금한 것은 어떻게 알 수 있는가 하는 것이다. 미래를 알고 있다는 것이 그대로 하나님이 지닌 존재 특성일 수는 없다. 점쟁이도 미래는 말할 수 있다. 더해야 할 것은 작용된 메커니즘을 밝히는 것이다. 여기서 비로소 하나님이 생성하는 세계 전체를 본체로 했다는 사실을 안다. 그리하면 세계의 神적

---

464) 과정 신학이 하나님의 예지를 부인함은 아직 미래가 존재하지 않는다는 데 근거한 것이고, 全知함은 현재 존재하고 또한 알려진 모든 것을 안다는 뜻이지 아직 존재하지도 않은 사실을 안다는 뜻이 아님 - 『복음주의 입장에서 본 기독교 사상사』, 앞의 책, p.454.

인 특성을 보고 일체 권능을 수용할 수 있다. "사물은 생성할 뿐이지
만 하나님은 먼저 생각하고 의지 행위로 세상의 모든 존재를 이끌어
낸다."[465]

그런데도 신학은 성자가 '모든 만물에 앞서 난 자(롬, 1: 15)로서 창
조 이전에 있었던 三位一體인 하나님의 영원한 존재 안에 있었다는
사실'을 증거하지 못했다.[466] '그리스도가 모든 것이 있기 전에 계셨
다'는 것은[467] 피조물과 구분된 神性이기 이전에 선재된 존재 특성이
다. 그 같은 세계적 특성이 곧 神이다. 그런 하나님을 "영광을 위해서
만세 전에 미리 정하신 지혜로서 통찰하였고 과거, 현재를 통해 계시
고 장차 오실 자로서 찬송하였다."[468] 이런 메커니즘을 밝히기 위해
서는 하나님의 본체 강림 역사가 긴요하였다. 진리를 본체로 한 하나
님만 세계적인 특성을 포괄할 수 있다. 세계를 본체로 한 존재 윤곽
을 가닥 잡음으로써 하나님이 세계 가운데서 존재한 특성을 확고히
하였고, 三位를 일체시킨 하나님으로서 강림할 수 있었다.

9. 초월적인 신 본질

통합적이고 선재된 神적 본질을 밝힌 것은 하나님이 초월될 수 있
는 바탕을 마련한 것이다. 초월성에 대한 초점을 좀 더 명확하게 잡
게 되었다. 이런 현상을 설명하기 위해서는 내재하고 있는 원리도 함

---

465) 『개혁주의 신론』, 헤르만 바빙크 저, 이승구 역, 기독교문서선교회, 1992, p.78.
466) 「캘빈의 예정론 이해」, 앞의 논문, p.61.
467) 『성경의 파노라마』, 헨리에타 미어즈 저, 생명의 말씀사, 1991, p.365.
468) 『요한계시록(상)』, 앞의 책, pp.198~199.

께 밝혀야 한다. 神은 초월적인가 내재적인가? 독일의 철학자 F. 크라우제는 만유내재신론(萬有內在神論)을 주장했다. "神은 세계에 내재하지만 세계보다도 크고 위대하다. 즉, 만유는 神의 안에 있다."469) 그렇다면 그렇게 존재할 수 있게 된 세계적 원리는? 합당한 메커니즘을 밝히지 못하면 예나 지금이나 관념성을 벗어날 수 없다. 神이 만유보다크다, 혹은 위대하다, 혹은 안에 포함된다고만 해서는 존재성을 인출할 수 없다. 神도 알고 세계도 알아야 초월성 문제를 풀 수 있다. 하나님이 어떻게 무소부재할 수 있는지, 초월적인 동시에 내재될 수 있는지 밝힐 수 있다. 어느 한편에만 치중하면 동시 작용 상태를 밝힐 수 없다. 神의 총체성을 파악하고 전체를 본체로 한 존재 상황을 알아야한다. 하나님은 때와 장소를 가리지 않고 현현되지만(내재), 그렇다고 초월적인 실존 상황까지 설명할 수 있는 것은 아니다. 이것은 전체 세계를 본체로 한 구성체일 때만 적용되는 실존 방식 메커니즘이다. 존재가 편재되어 있어야 그런 바탕 위에서 초월되고 내재된 동시 존재 방식을 실현할 수 있다.470)

성 아우구스티누스는 '神은 무소부재하고, 神이 바로 전체 우주이고, 어디나 다 그분의 중심지이고, 아무데도 그이에게서 먼 곳이 없다'고 하였다.471) 이것은 분명 神이 세계를 본체로 한 존재로서의 실존 상황을 말한 것이다. 세계의 궁극성은 시공과 사물과 개체를 초월해 있어 현상계 안에서는 도무지 가늠할 수 없다. 그러나 전체를 본체로 한 세계 안에서는 당연한 현상이다. 본질의 궁극성과 神의 실존

---

469) 『두산동아 CD 세계대백과사전』, 세계내재신론편.

470) 『세계유신론』, 앞의 책, p.239.

471) 『창조와 진화』, N. D. Newell 저, 장기홍·박순옥 역, 경북대학교 출판부, 1990, 머리말.

은 바탕 된 본질이 통합된 형태로 있다. 세계를 본체로 한 神은 부분에 대해서 초월적인 것이다. 통체인 전체와 분열된 개체와의 상호작용에 따라 부각된다. "神은 전체자로서 충만한 존재이며 현시점에서 볼 때 시공간을 뛰어넘은 無이다."[472] 우리는 초월될 수 없지만 하나님은 가능하다. 이것이 세계가 지닌 초월적인 본질 상황이다. 우리가 보면 뛰어넘는 것으로 보이지만 하나님은 당연한 자재 방식이다. 하나님은 영원히 존재하면서 초월적인 말씀으로 임한다. 全知하고 무궁하며 샘솟는 지혜가 끝이 없다.

神은 결코 세계와 별개일 수 없다. 세계성으로 운위된다. 우리는 현세에 존재하지만 하나님은 시간대 전체를 본체로 했다. 천지를 주관한 메커니즘 체제가 일관된다. 시공간, 본질, 역사, 운명……. 모두가 하나인 본질체로부터 化한 통체·통합체이기 때문에 부활함과 강림함과 현현함을 초월적으로 운용할 수 있다. 태초에 존재한 하나님이 오늘날 강림한 것은 그 자체가 초월적인 임재 역사를 입증한다.

10. 영성적인 신 본질

하나님은 물질로서 형상을 이룬 어떤 우상도 지상에 두지 말 것을 命하심으로 하나님을 규정짓는 것이 참으로 어렵게 되었다. 산은 산이고 물은 물이지만, 정작 산과 물을 확정 짓기 위해서는 근거가 필요하다. 성경에서 '하나님은 영이시라(요, 4: 24)'고 밝혔다고 해서 세계를 관장한 하나님을 영으로 단정 지을 수는 없다. 근거를 확보해야

---

472) 『세계유신론』, 앞의 책, p.77.

본질인 것을 확인할 수 있다. 그렇다면 우리는 어떻게 해야 제대로 판단할 수 있는가? 생성 본질을 대관하고 섭리 역사를 완수해야 하는데, 그분이 곧 보혜사 하나님이다. 산은 산이요 물은 물이지만, 일체 사실을 최종 확정 지을 분이다. 이 연구는 세계의 神적 본질 상황을 여러 가지 각도에서 펼쳤는데, 세계가 하나님의 본체라면 스피노자가 주장한 범신 사상과 다른 것이 무엇인가? 범신론처럼 세계를 본체로 하였지만 그런 형태가 최종적인 모습은 아니다. 발가락은 자신을 대표할 수 없다. 얼굴도 대표할 수 없다. '하나님이 생기를 그 코에 불어 넣으시매(창, 2: 7)', 그런 생기를 대표한 것이 가치관이고 믿음이고 생명력을 수호한 혼이다. 우리는 육신을 지녔지만 세계의 혼과 함께한 것은 존재한 '자아'이다. 성령으로 강림한 하나님도 마찬가지이다. 하나님은 세계를 본체로 하지만 존재한 본질 형태는 영이다. 이것은 하나님이 이룬 무수한 임재 역사에 근거한 결정 형태이다. "하나님의 본체는 성령이다. 성령이 곧 하나님이다."473) 성령이어야 역사 가운데서 인지된 본체성을 매듭지을 수 있다. 임함에 대한 존재성을 확고하게 한다. 나와 함께한 분도 하나님의 영이고, 시공 가운데서 뜻을 밝힌 분도 동일한 영이다. 하나님이 말씀을 통해 의지를 표명한 것과 주어진 말씀을 보고 하나님의 실체성을 판별한 것은 그 형태가 별반이다. 영은 성령이며 성령은 진리를 통해 섭리를 완수한 보혜사 하나님이다. 성령도 본체를 드러내기까지는 완전하게 임할 수 없는 한계를 지녔다. 하지만 때가 되어 세계적인 완성을 통해 형태를 파악하고 보니, 하나님은 결국 세계 안에서 호흡한 영성적인 성령이었다는 사

473) 위의 책, p.238.

실을 알게 되었다.474) 영으로 존재하였고 영으로서 활동하였다. 覺人
이 "우주 생명의 活을 말한 것은 세계의 근원된 생명성을 실인한 것
이다."475) 우리가 의식을 통해 하나님과 교통하고, 친히 임한 것을 알
수 있는 것은 영적인 실체성을 통해서이다(고전, 3: 16. 고후, 6: 16).
 "야곱은 꿈속에서 하나님을 영접한 위대한 경험을 했다."476) 꿈은
각성된 의식으로 하나님의 의지인 성령의 역사와 함께한다. "天主의
도리는 사람의 마음 안에 있다."477) 영적 실체와 함께했다. "하나님의
본질은 영이요, 知·情·意를 가진 인격적 실체이기도 하다."478) 유형
무형의 세계 안에서 활동하는 영이라 존재된 위치 좌표는 설정할 수
없지만 道, 空, 天과 같은 인식 형태로 표출되었고, '절대정신, 이성,
로고스로도 불렀다. 헤겔이 절대정신의 외적인 자기 전개가 自然'이
라고 한 것은479) 영성적인 하나님의 존재 형태에 대한 어렴풋한 접근
이다. 그것이 영성화된 진리의 영이고, 의지를 실은 약속의 영이며,
부르심과 구원을 이룬 은혜의 영이다. 하나님은 성결의 영이요, 생명
의 영이요, 영원한 영이다.480) "사랑하는 자들아 主께는 하루가 천 년
같고 천 년이 하루 같은 이 한 가지를 잊지 말라(벤후, 3: 8)." 영을 본
체로 하였기 때문에 형체 없는 실체로서 자유자재했다.481)
 하나님의 본체가 영이란 판단은 "신·구약 역사를 하나로 꿰뚫는

---

474) 하나님이란 과연 어떤 존재인가에 대한 본체 규정은 성령이 역사함에 따른 최종 결과임.

475) 위의 책, p.67.

476) 『성서의 지혜와 철학』, 마빈 토케이어 저, 정을병 역, 1981, p.92.

477) 『천주실의』, 앞의 책, p.33.

478) 『인류의 멸망을 막기 위하여』, 박한묵 저, 다미선교회출판부, 1990, p.12.

479) 『주체사상의 철학원리』, 장길성 저, 서린당, 1991, p.97.

480) 『요한 계시록(상)』, 앞의 책, p.53.

481) "보이는 것은 잠깐이요 보이지 않는 것은 영원함이니라." - 고린도후서, 4장 16절~18절.

주재 관점이고, 세계를 하나 되게 할 통합 관점이다. 일체의 무신론을 일소시킬 수 있는 대 결론이다. 인류가 품은 온갖 의문에 대하여 보일 수 있는 가장 확실한 모습이다. 본체가 확정된 것은 성령이 수억의 성상 세월 동안 창조 섭리를 완수한 결과이다. 이 같은 결과를 얻기 위해 인류가 연면하게 진리를 탐구하였고, 오늘날 완수하게 된 것은 더할 나위 없는 은혜이다. 만세 전부터 역사한 하나님이 본체를 완성하여 세상 위에 드러난 실체, 그분이 보혜사 하나님이다.[482] 그분이 진리 세계를 통합하고, 세계의 섭리 역사를 완수하고, 문명 역사의 본말을 밝혀 이 땅에 거할 기반을 확고히 다졌다. 인류를 구원하기 위하여 한 단계 더 높이 올라선 완수의 산이다.

---

482) 하나님이 천만 년을 주관한 대 섭리의 과정을 완수하므로 모습을 완성하고 이 땅에 강림을 이룸.

제3편 결론

성경에 의하면 "그날과 그때는 아무도 모르나니 하늘의 천사들도 아들도 모르고 오직 아버지만 아시느니라(마, 24: 36)." 어느 날에 너희 主가 임할지 모르기 때문에 '깨어 있으라'고 했다(마, 24: 42). 그러면서도 한편으로는 무화과나무의 비유를 배우라고 했다. '그 가지가 연하여지고 잎사귀를 내면 여름이 가까운 줄 아나니 이와 같이 너희도 이 모든 일을 보거든 人子가 가까이 곧 문 앞에 이른 줄 알라'고 일깨웠다(마, 24: 32~33). 열매를 보면 그 나무를 알 수 있다고 한 것처럼(마, 7: 16), 오늘날 신적 본질을 밝혔다는 것은 그 진위 여부를 떠나 내 '운명의 날'과 직결된 '우주의 때'를 판단할 때가 이르렀다는 뜻이다. "때를 알아라." 과연 지금은 무궁한 우주의 생성 역사 가운데서 어느 때에 속하는가? 결실의 계절이 되면 오곡백과가 무르익듯, 神적 본질을 밝힌 지금은 누천년 인류 역사가 종말을 맞이한 때이다. 서둘러 마무리 짓고 역사, 문명, 죄악에 대해 심판할 것이기 때문에 상상을 초월한 우주적 변국 상황(대 환란)이 예측되고 있는데도 선지자가 예고했던 그날, 그때에 대해 무지해서는 안 된다. 알아야 새 진리, 새 문명, 새 구원의 하늘을 맞이하리라.

"역사적으로 신관은 다양하게 나타났다. 자연신들과 신화의 神들 곧 다신론, 神을 자연으로부터 초월시킨 이신론, 초자연적·신비적·인격적 神을 부정한 무신론, 神에 관한 것은 알 수 없다고 한 회의론, 이에 대해 적극적으로 인격적 유일 절대의 창조신을 주장한 기독교의 유신론(Theismus) 등이 전승되었다."[1] 이 중 가장 조직적이고 체계적인 신관은 기독교의 유신론인데, 유신론이 제 신관을 수용했던 것인가 하면 그렇지는 않다. 신학은 원래 하나님에 대한 진술이고 기독교 신학의 핵심이며 전부라 할 수 있지만,[2] '하나님은 모든 것의 창조자이고, 모든 것을 섭리한 분이며, 모든 것을 다스리고, 모든 것과 관계한 분'이라고 해놓고도[3] 설명, 증거, 담아둘 수 있는 그릇을 준비하지 못했다. 사실 기독교 교회의 정체성은 신관을 어떻게 정립하느냐에 달려 있다. 현대 교회가 흔들리는 것도 신관이 문제이다. 그들은 성경에 기초한 창조 신관을 확립했다고 했지만 탐탁찮은 점이 더 많다. '유일한 인격적 하나님에 대한 신앙이 하나님의 말씀 안에서 확립되어야 그릇된 신관을 물리치고 대두된 종교 다원주의를 극복할 수 있

---

1) 「헤겔의 신관에 관한 연구」, 박영지 저, 충남대학교 대학원 철학과 서양철학전공, 박사학위논문, 1992, p.1.
2) 「기독교 신관」, 본질과 현상, 창간호, p.76.
3) 위의 논문, p.76.

다'고 했지만,[4] 끝내 포용하지 못했을 뿐 아니라 오히려 배타적이었
는데 어떻게 극복할 수 있었겠는가? 하나님의 존재 속성은 다양한 세
계적 근거들을 통해 증거되어야 하는데, 그 정당한 길을 거부하고 어
떻게 창조로서 드러난 하나님을 증거할 수 있겠는가? '기독교 신관은
정확히 삼위일체(三位一體) 신관이라고 하지만, 이것이 도대체 무엇이
기에 다른 신관과 차별을 제시'하였는가?[5] '삼위일체로 존재하는 하
나님만 현대인에게 바른 신관과 구원과 권위를 보여준다'고 하지만,[6]
살펴보면 '하나님은 신성에 있어 유일한 본질이고, 인격에 있어 성부,
성자, 성령의 삼인격이며, 삼인격의 관계에 있어서는 종속 관계가 아
니라 질서 관계이다. 성부, 성자, 성령은 오직 일체이며, 유일한 하나
님이다'고 한 정의가 전부이다.[7] 하나님에 대한 정보와 세계와의 관계
에 대해서는 일체 언급이 없다. 그리고 삼위 중 성부와 성자는 신격이
정립된 바이지만, 성령은 역사 위에서 완전하게 드러나지 못했다.[8] 그
래서 神적 본질을 밝히면 정작 드러날 것은 진리의 성령으로서 강림된
하나님의 진리적 본체이다. 삼위일체 신관은 성령이 신격을 완전히 드
러내어야 정립된다. 대두된 신관을 일체 수용해야 하는 것이 성령이
강림하여 완수해야 한 사명이다.

"하나님에 대한 존재 체제를 재편해야 할 정도로 하나님의 존재를
자명하게 믿었던 순진성은 이제 상실되었다. 1870년에 소집된 제1차

---

4) 「범신론적 신관에 대한 성경적 비판」, 신춘기 저, 웨스트민스트신학대학대학원대학교 신학과 조직신학전공,
   박사학위논문, 2004, p.3.
5) 「기독교 신관」, 앞의 논문, p.378.
6) 「범신론적 신관에 대한 성경적 비판」, 앞의 논문, p.98.
7) 위의 논문, p.115.
8) 성부, 성자가 역사 위에서 변할 것은 하나도 없다. 그분의 신격, 본질은 불변이다. 따라서 오늘날은 성령의
   본질과 위격이 밝혀져야 할 때이다.

바티칸 공의회는 무신론적 성격을 띤 사회운동과 대결하고 있다고 보았다. 그런데도 오늘날은 특정한 서방 세계의 전승을 종결지은 공의회의 神 개념이 왕왕 거부되고 있는 실정이다."9) 기독교가 정통으로 정립한 삼위일체 신관이 시대적인 요구에 부응하지 못했다. 토마스 쿤은 '현존하는 사회의 구성원들이 공유하고 있는 과학적인 인식·신념·가치관 등이 결합된 총체적인 틀'을 패러다임이라고 했지만,10) 신관에 대해서도 그대로 적용되는 개념이다. 세계의 변화에 따라 신관도 새로운 대두 가능성이 높아졌는데도, 이런 상황을 무시한 채 전통적인 신관만 고수한다면 그런 여건 자체가 새로운 신관을 필요로 한다는 뜻이다. '하나님은 지존하고 섭리하는 분으로서 창조, 보존, 자연 만물을 운행하는 초월적인 창조자라고 말해놓고 근대의 신학자들이 주장한 범신론적 신관과는 구별된 입장에서 범신론을 훼파할 때 창조 신관이 확립되며, 범신론에 토대를 둔 종교 다원론도 훼파하여 유일신관에 근거한 기독교의 절대성을 지킬 수 있다'고 굳게 믿었다.11) 안타깝게도 새 신관의 필요성에 부응한 것이 아니라 뒷걸음질 친 격이다. 그렇다고 특별한 방도가 있는 것은 아니다. "현대 철학의 다수가 神이라는 개념을 부정하였는데도 불구하고 20세기의 많은 철학자가 전통적 종교관 가까이에 몸을 둔 실정이다."12) 거부, 부정한 단계에 머물고 있어 미처 새 신관을 수립할 수 없었다. 神은 통일체, 단일체, 하나라고 하지만 어디서도 그렇게 갖춘 모습은 볼 수 없다.

---

9) 『하느님』, 루이 에블리 저, 김수창 역, 가톨릭출판사, 1981, p.18.

10) 「한스 큉의 신관 연구」, 조군호 저, 수원가톨릭대학교 대학원 신학과 조직신학전공, 박사학위논문, 2006, p.49.

11) 「범신론적 신관에 대한 성경적 비판」, 앞의 논문, p.Ⅲ.

12) 『위대한 철학자들의 10가지 질문』, S. E. 프로스트 저, 노윤성 역, 1999, p.368.

유일신관이 다신관을 혁파한 것은, 다신은 부분적인데 유일신은 전 우주의 근원이고 우주의 모든 현상의 배후에 있는 힘[13]이었기 때문이다. 그런데 그런 모습을 아무도 드러내지는 못했다.

'근대에는 코페르니쿠스(1473~1543), 갈릴레이(1564~1642), 뉴턴(1642~1727)에 이르는 자연 과학적 혁명과(천문학), 찰스 다윈(1808~1882)과 그 제자들이 일으킨 세계상의 변화에 대해 기독교회는 어떤 반응을 보였는가?'[14] 물리적 세계를 탐색한 결과 인간과 사회에 커다란 변화가 일어났는데도, 이런 변화에 대해 적절하게 대응하여 신관을 다시 정립하고자 한 노력을 하였던가? 범신론의 경우, 이런 신관 모색이란 측면에서 본다면 섭리적으로 부응한 것인데도 기독교는 이단으로 몰아세웠다. 역사적으로 보아도 구약시대의 신관과 신약시대 신관은 달랐고, 고대의 신관이 근대에 와서 크게 흔들렸는데, 하나님이 강림한 오늘날은 더욱 그러하다. 성령의 시대에 합당하게 신관을 다시 수립해야 하는 것은 당연한 지상 과제이다. 세계는 지금 어느 모로 보나 새로운 신관을 정립해야 하는 요구에 봉착했다. 기존 신관이 쇠퇴한 것은 자체적으로 진리력이 부족해서가 아니다. 새 신관 요구를 충족시킬 여력이 없어서이다. 지동설을 지지한 갈릴레이를 재판한 로마 가톨릭처럼……. 전통적인 신관을 수호한 것이라고 여겼지만 결과는 새로운 시대 요구에 부응하지 못한 대가를 톡톡히 치렀다.

"우리는 갈릴레이에게서 있었던 영원히 고전적인 사건을 기억한다. 이 사건은 중세적인 세계관의 단일성이 궁극적으로 붕괴되고 우주 속에서 神이 더 이상 확고한 자리를 차지할 수 없게 된 전환 기점

___

13) 위의 책, p.150.
14) 「한스 큉의 신관 연구」, 앞의 논문, p.48.

이다. 이전 세계관으로부터는 神이 설 자리가 없어졌다."[15] 세계관과 기독교 신관이 새롭게 대두된 시대 요구를 절감하지 못해서이다. 그 결과 세계가 神으로부터 급격하게 멀어졌다. '17세기에 들어와서는 인간이 神으로부터 독립'하기 시작했다.[16] 당연히 신관에도 큰 변화가 일어났다. "유신론에서는 하나님이 무한하고도 인격적인 존재로서 우주의 창조주이고 유지자였지만 이신론이 대두되면서 삭감되었다. 하나님이 창조주로서 암시적으로는 우주의 유지자로 남았지만 인격성은 배제되기 시작했다. 자연주의에 이르면 하나님은 훨씬 더 삭감된다. 존재 자체를 소멸시켜 버렸다. 특히 1600년에서 1750년 사이에는 유신론에서 자연주의로 넘어간 사람들이 매우 많았는데, 특히 르네 데카르트(1596~1650)는 유신론자라고 의식적인 고백은 했지만 우주는 물질로 구성된 거대한 기계이며, 인간의 정신에 의해서 파악될 수 있다고 주장해 새 시대의 장을 열었다."[17] 세상적인 추세가 하나님의 인격성과 존재를 삭감한 것은, 삭감한 만큼 부응할 새 신관수립이 동시에 요청되었다는 뜻이다. 신관에 변화가 있는 것이 새 시대를 연 신호탄이 된 것은 의외이다. 세상은 엄청난 변화를 겪었고 요구가 빈발한 것인데도 기존 신관을 고수한 것은 힘겨운 일이었다.

역사적으로 유태교로부터 기독교의 분리가 기정사실화된 것은 여호와 하나님은 유태인의 神이었지 인류의 神이 아니었기 때문이다.[18] 이스라엘 민족이 하나님을 아전인수 격으로 고착화시켜 버린 결과이

---

15) 『하느님』, 앞의 책, p.25.

16) 『우주와 인간 그 무한대와 오류』, 서광조 저, 과학과 철학, 2008, p.80.

17) 『기독교 세계관과 현대사상』, 제임스 사이어 저, 김헌수 역, 한국가톨릭학생회출판부, 1996, p.76.

18) 「헤겔의 신관에 관한 연구」, 앞의 논문, p.114.

듯, 오늘날은 같은 이유로 기독교 신관도 더 이상 명맥을 유지할 수 없다. 오늘날 세계가 종말을 맞이한 것은 무엇보다도 선천의 신관이 운이 다한 것이 주된 이유이다. 수운은 儒도 佛도 누천년에 걸친 운이 다했다고 결론짓고, 동양 철학사 속에서 전개되었던 유교와 불교의 철학적 체계에 대해 종언을 선언했다. 서양도 마찬가지이다.[19] 아무도 '神은 죽었다'고 한 니체의 절규를 귀담아 듣지 않았지만, 그렇게 선언된 후 중세 스콜라 신학이 만들어놓은 신관, 곧 초월적이기만 한 인격신관은 사망 선고를 받고 말았다. 신관이 변화하니까 세상도 변했다. 신관이 혁신되므로 세계관도 혁신되었다. 새 시대를 맞이하기 위해서는 새 신관을 수립해야 하는 것이 필수 조건이다. 물론 신관을 혁신시키는 과정에서는 희생도 감수되었다. '소크라테스는 神에 대하여 가장 모순이 없는 순수한 개념을 발전시키려고 한 사상가의 한 사람이지만, 선구자로서 앞선 만큼 대가도 톡톡히 치렀다. 대중은 神에 대한 신앙을 파괴하는 자로 오해하고, 신앙이라는 이유로 사형 판결을 내려 독배'를 마시게 했다.[20] 신관에 대해 혁신적인 변화를 기도했기 때문에 박해를 당해 순교한 사람들, 그중에는 예수 그리스도도 예외일 수 없다. 예수는 하나님을 아버지라 하였고, 그 뒤를 이은 바울은 "말씀이 육신이 되어 우리 가운데 거하신다"(요, 1: 14)라고 했는데, 이것은 인간=예수=하나님이란 등식을 성립시키는 근거 메시지이다. 그런데 이것은 인간과 하나님의 횡적인 연대성을 좋아하지 않는 유대이즘의 유일신론적인 사유 틀과 크게 대치되었다. 유대이즘이 지닌 인간과 하나님의 관계 설정은 궁극적으로 종적인 일방성이다.[21]

---

19) 「동학과 과정철학의 신관 비교」, 김상일 저, p.33.
20) 『위대한 철학자들의 10가지 질문』, 앞의 책, p.151.

그래서 이단으로 몰렸지만, 닭의 목을 잡고 있어도 새벽은 오는 것처럼, 새로운 약속의 시대(신약)는 끝내 펼쳐지고야 말았다. 할례를 이방인에게 필수 통과 의례로서 강요한다면 기독교의 선교가 불가능하기 때문에 바울에게 있어 신관의 혁신은 불가피했다.

17세기 초에는 새로운 과학의 발견들로 인해 하나의 보편 교회, 하나의 질서를 추구한 중세적 세계관은 흔들렸고, 근대라는 새로운 세계에 그 자리를 내어주고 말았다.[22] 즉, "갈릴레이, 뉴턴, 다윈, 아인슈타인 등으로 대표된 근대 과학의 출현은 전통의 우위를 강조하였던 역사 위에 새로운 세계관을 구축하게 했다. 파생된 충격적 변화들은 기독교 신학의 핵심 전제를 뒤흔든 큰 도전이 아닐 수 없다."[23] 기독교는 교리·신앙·제도적으로 혁신된 것이 있었는가? 무수한 외침과 요구를 외면한 채 고착화, 화석화되어 버린 지 오래이다. 이에 제기된 일체 신관 요구를 수용해서 보혜사가 새로운 하나님으로 강림하였다. 근대의 신학자들이 새로운 神 개념을 정립하려고 했던 것은 오늘날 이 땅에 강림한 보혜사 하나님을 진리의 성령으로서 맞이하기 위한 지적 개안 작업이다. 기존 신관과는 모습과 이름이 다르므로, 전통 신관을 혁신시킬 역사이다. 선천 섭리를 완수하고 새 시대를 열 새 신관이다.

---

21) 『기독교 성서의 이해』, 김용옥 저, 통나무, 2007, p.107.

22) 「데카르트와 스피노자의 신 개념」, 앞의 논문, p.9.

23) 「화이트헤드 철학과 과정신학의 신 이해」, 김대규 저, 연세대학교 연합신학대학원 이론신학과 조직신학전공, 석사학위논문, 2006, p.6.

"하나님의 존재와 현존 양식에 대한 물음은 신학에서 가장 핵심적인 물음에 속한다. 사실상 학문으로서의 신학 자체가 하나님이라는 실재를 구명하는 학문이다."[24] 하나님은 초월적인가, 내재적인가? 기독교의 하나님은 초월적이라고 하지만 초월성은 우주의 시공간적 바탕과 구조가 뒷받침되어야 하는 어려운 문제이다. 기독교인은 통상 하늘에 계신 아버지라고 부르는데, 이것을 세계 밖에 있는 절대 초월적 개념으로 이해해서는 안 된다. 추가해야 할 것은 공간적으로만 초월해 있는 것이 아니라 시간적으로도 초월해 있는 분이란 뜻이다. 하나님은 어제도 오늘도 영원하고 장차 오실 분이다.[25] 그런데도 우리가 이런 존재 양식을 곧바로 이해하지 못한 것은 세계적인 본질, 곧 神적 본질의 현존 양식을 알지 못해서이다. 믿음이 필요하였고 관념화에 그쳐 神의 세계적인 특성인 초월성과 내재성에 대한 이해가 오히려 神의 현존 사실을 애매모호하게 만들어버렸다. "서양에서 전개된 神의 초월과 내재 논쟁이 그것이다. 초월성과 내재성 문제와 연관한 유일신론과 범신론 주장은 신관의 역사 속에서 끊임없이 있어 온 논쟁이다."[26] "하나님은 세상 속에 내재해 있는가 아니면 초월해 있

---

24) 『하느님』, G. 하센휫틀 저, 심상태 역, 성바오로출판사, 1987, p.5.
25) 「기독교 신관」, 본질과 현상, 창간호, p.68.

는가에 대한 강조점 여하에 따라 20세기 신학이 분류되었다. 20세기 신학은 하나님의 내재성과 초월성에 대해 양극단 사이를 오고 간 신학 사상들로 다채롭게 장식되었다.”[27]

일반적으로 ‘이신론은 하나님의 초월성은 인정하되 임재성은 인정하지 않는 데 비해, 범신론은 하나님의 내재성은 인정하지만 초월성은 인정하지 않는다. 그리고 만유내재신론은 초월성과 내재성을 동시에 인정하면서도 모든 피조물과 神을 동일시하였고,’[28][29] 성경의 하나님은 동시에 인정하되 피조물과 창조신의 관계를 엄격히 구분하여 피조물과 神을 서로 다른 것으로, 피조물에 대해 창조신을 절대적인 초월자로 인정한 차이가 있다. 점유된 관점은 다 피력한 것인데, 문제는 어떤 관점도 하나님이 초월됨과 동시에 내재된 메커니즘을 제시하지 못한 데 있다. 하나님은 어떻게 절대적으로 초월될 수 있는지, 그러면서도 내재된 근거는? 설명할 수 있는 배경을 찾아야 논쟁을 끝낼 수 있다. 하나님은 임재한 동시에 초월한다는 관점에 대해 범신론은 하나님의 내재성을 강조하였고, 만유내재신론도 하나님의 초월성보다는 내재성에 더 큰 강조점을 두었지만, 이것을 배제하고 초월성을 극단적으로 주장하면 이신론적인 하나님으로 전락되어 버린다.[30]

---

26) 「동학과 과정철학의 신관 비교」, 김상일 저, p.35.

27) 칸트는 도덕적 경험 속에 내재하는 하나님, 헤겔은 사변 이성 속에, 슐라이에르마허는 종교적 감정 안에 내재하는 하나님을, 그리고 칼 바르트는 하나님의 자유로서의 초월성, 에밀 브루너는 하나님과 인간의 만남에서의 초월성, 루돌프 불트만은 케리그마를 중심으로 한 초월성 등을 각각 주장하였다. —「범신론적 신관에 대한 성경적 비판」, 신춘기 저, 웨스트민스트신학대학대학원대학교 신학과 조직신학전공, 박사학위논문, 2004, p.60.

28) 위의 논문, p.169.

29) 萬有內在神論: 만물은 神 속에 있고 神에 의해 포함되어 있다고 하는 사상 —『동아세계대백과사전』, 동아출판사, 1995, p.394.

30) 위의 논문, p.16.

양단간에 결말을 볼 수 있는 기준이 필요하다. 어떤 신관도 진리성은 지니고 있지만 문제는 한결같이 초점을 잡지 못한 형편인데, 예를 들어 스피노자는 神은 모든 것의 내재적 원인이지 초월적 원인이 아니라고 하면서, 여기에 대한 근거로서 존재하는 것은 모두 神 안에 있고, 또한 神에 의해서 생각되지 않으면 안 된다고 하였다. 초월성에 대해 내재성 자체를 기준으로 삼은 것이라 실질적인 메커니즘은 어디서도 언급된 바 없다. 그러면서도 神과 세계와의 관계에 있어 세계는 神의 무한한 속성을 통해 표현된 양태라고 한 것은 세계가 창조로서 化된 카피성을 간접적으로 엿본 것이다.[31] 천지가 창조되었다면 창조는 모든 현상 작용을 설명할 수 있는 세계관적 근거가 되어야 하는데도 불구하고 선천에서는 도리어 창조 역사와 작용 결과를 배제해버려 진리적으로 한계성을 지녔다. 하나님의 초월성과 내재성 문제도 상황은 마찬가지이다. 세상에 있는 무엇을 갖다 대더라도 결과는 같다. 인식은 하였지만 본의를 몰라 제 작용 현상에 대해 본체성을 뒷받침하지 못했다. '11세기에 캔터베리 대사교였던 안셀름(Anselmus)은 실재론자답게 이데아·형상은 실재하고 어떠한 개물(個物)과도 관계없이 존재한다'고 주장했다.[32] 이것이 도대체 무슨 말인가? 창조를 기준으로 창조 이전에 존재한 하나님의 절대성, 곧 순수 선재 상태를 지적한 말이다. 하나님이 초월적이고 세계 안에 임재한다고 한 것은 하나님과 피조된 세상과의 관계를 밝힌 것이 아니다. 그것은 창조로 인해 생긴 현존 양식이다. 그렇게 되어야 하나님과 우주와의 관계에 있어 정확한 위치를 가늠할 수 있다. 즉, 이데아가 어떤 개물과도 상

---

31) 『세계교회사(Ⅰ)』, 김성태 저, 성바오로출판사, 1990, p.72.

32) 「위대한 철학자들의 10가지 질문」, S. E. 프로스트 저, 노윤성 역, 1999, p.44.

관없이 실재한다고 한 것은 아직 본체가 드러나지 않은 상태에서 창조된 역사를 인정한 것이다. 천지가 창조됨으로써만 창조와 무관한 절대성이 구분될 수 있고, 창조된 만물로 인해 초월성이 성립된다.[33) 주자도 形而上의 절대 理인 太極은 形而下인 현상계의 개물을 통해 각각 드러나지만, 현상계 이전에 이미 존재하였다고 보고 理를 중시하였다.[34) 창조가 초월성과 내재성을 갈라놓았다. "천지가 있기 전에 모든 理는 이미 절대적으로 존재했던 것이다."[35) 천지와 절대적으로 존재한 理 사이에 창조가 있다. 초월=선재=절대란 등식은 창조 역사를 인정한 각성이고, 그 초월 절대적인 자리에 곧 하나님이 안좌해 있다. 창조 본체가 드러나지 않았던 선천에서는 어떤 경우에도 이해할 수 없었지만, 非有非無가 둘이 아니라고(不二) 함에, 그런 실상이 곧 창조 이전에 존재한 본체적 존재이다. 존재하지 않는데 無하지도 않다는 것은 창조되지 않았기 때문에 유형화되지 않았으면서도 없다고도 할 수 없는 하나님을 일컬은 것이다. 분열되고 비교될 극이 없으므로 절대적이다.

하지만 절대 理와 초월적인 순수 이데아는 인식할 수 없기 때문에 거부하고 사물 가운데서 직접 찾으려고 한 관점도 세워졌다. 아리스토텔레스는 '이데아 혹은 형상은 사물의 밖이나 위에, 즉 초월한 존재가 아니라 사물 속에 존재하는 것으로 형상과 질료는 영원히 일체'라고

---

33) 플라톤의 이데아: "누군가에 의해 만들어진 것이 아니라 처음부터 존재하고 있다. 그리고 현재까지 완전한 상태로 있다. 다른 모든 것과 전혀 관계가 없고 또한 우리들이 감각을 통하여 체험하는 이 세계의 변화에는 조금도 영향을 받지 않는다. 우리들이 체험하는 것은 이 영원한 모습의 반영에 불과하다." - 위의 책, p.29.

34) 「주자의 본체관에 대한 연구」, 박종하 저, 성균관대학교 유학대학원 동아시아사상·문화학과, 석사학위논문, 2009, p.61.

35) "未有天地之先 畢竟是先有此理." - 『주자어류』, 권 1.

했다.[36] 그렇다면 당연히 神의 초월성도 인정할 수 없게 된다. 세계 안에서 형상과 질료가 결합된 상태로 보므로 창조가 들어설 여지가 없다. 창조 역사를 인정하지 않은 것이다. 그 결과 유명론자(Nominalists)들은 입장을 달리하여 이데아·형상은 질료가 없더라도 존재한다고 한 실재론을 거부하고, 이른바 보편은 단순한 명칭에 불과하고 우주에 실재하는 것은 개개의 사물뿐이라고 주장하였다.[37] 왜 이런 논쟁이 그치지 않았는지, 그리고 결말을 볼 수 없었는지 당시에는(중세시대) 알 수 없었지만 지금은 이유를 밝힐 수 있다. 실재론자는 창조를 몰랐기 때문에 진리성을 입증하지 못했고 명목론자도 초월적인 보편성을 보지 못했기 때문이다. 하지만 형상·이데아는(하나님의 창조 본체) 초월적인 상태로만 존재하는 것이 아니고, 만물을 창조한 바탕체이기 때문에 세계와 밀접한 관계를 가진다. 神이 세계 안에서 내재한 이유도 여기에 있다. '범신은 神은 곧 만유이고 만유는 곧 神이어서 우주 밖에 神이 따로 존재하지 않다'고 했는데,[38] 그 이유는 창조 때문이다. 하나님을 본체로 하여 化되다 보니 神적 본질은 차원이 달랐다. 그래서 하나님이 만유 안에서 직접 내재할 수 있게 되었다. 우주는 곧바로 神이 아니며 우주를 본질로 한(본체) 내재성이다. 그리해야 본질이 전체로서 존재 속에 내재할 수 있고, 주관된 의지가 바탕된 본질 안에서 초월될 수 있다. 이 놀라운 사실을 창조를 통해 밝혀야 했는데, 이전에는 달리 방도가 없었다.

틸리히는 '절대자는 모든 것을 가능케 하는 존재의 기반'이라 했고,[39]

---

36) 『위대한 철학자들의 10가지 질문』, 앞의 책, p.32.

37) 위의 책, p.43.

38) 「범신론적 신관에 대한 성경적 비판」, 앞의 논문, p.25.

하이데거는[40] 세계-내-존재라고 했듯, 초월성이 내재성을 포괄할 수 있는 메커니즘은 세계를 존재자로 했을 때 뿐이다. 존재는 세계에 내재된 본질의 테두리이다. 유신론에서 하나님이 창조 세계를 초월하여 다스린다고 말한 것은, 세계에 대한 절대적 초월이 아니라 세계를 존재 본질로 한 바탕성 안에서의 초월이다. 본질이 있기 때문에 존재가 있고 존재 안이므로 내재될 수 있다. 즉, 본질은 존재 안에서 자연스럽게 내재되고, 의지는 존재 안에서 자연스럽게 초월된다.[41] 세계의 神적 본질은 세계의 존재적인 본질이 神적이란 뜻이다. 전체가 밖이 아니고 안이라면 그것은 본질이다. 그래서 "하나님은 모든 것을 포괄함과 동시에 모든 것 안에 내재한다. 하나님은 피조물이 자기 자신에 대해서 그런 것이라기보다는, 모든 피조물 안에서 보다 깊고 보다 내적이며 보다 현재적으로 존재한다."[42] 창조주가 창조를 통해 세계 안에 깊이 잠입할 것은 당연하다. 초월과 내재의 동시 존재성을 뒷받침하는 것은 하나님이 자체 본체를 창조를 위한 바탕체로 전환시키고(無極↔太極), 화생된 이후로는 직접 만상을 이룬 바탕 본체로 거하는 방식뿐이다. 그래서 세계가 神적 본질을 본유할 수 있었다.[43]

세계를 초월하면서도 임재할 수 있기 때문에 하나님은 홀로 독존하면서도 만물과 함께한다. 주자가 太極을 우주 만물의 본체로 보고(얼굴 없는 하나님), 太極과 만물과의 관계를 萬物統體一太極과 一物各

---

39) 위의 논문, p.Ⅳ.

40) M. Heidegger: 1889~1976.

41) 하나님은 세계를 본질로 한 존재자임.

42) 「틸리히의 실존론적 만유재신론에 관한 연구」, 유승현 저, 장로회신학대학교 대학원 신학과 조직신학전공, 석사학위논문, 2009, p.50.

43) 『문명 역사의 본말』, 졸저, 한국학술정보(주), 2012, p.91.

具一太極으로 갈파한 것이 그것이다.[44) 太極은 천지만물의 근원인데 (통체 태극=하나님, 초월), 이런 太極성을 삼라만상이 빠짐없이 갖추었다(내재). 초월되면서 내재된 세계 현상적인 근거가 창조에 있다. 하나님이 세계 안에서 편재, 내재, 초월한 것과 統體 太極이 各具 太極을 포괄, 주재, 감찰한 것은 같은 작용이다. 이런 현존 양식 때문에 하나님이 진리의 성령으로서 무소부재하고 시공을 초월하여 역사하며 어제와 오늘이 영원토록 동일할 수 있다. 하나님이 세계 안에서 세계와 함께하고 임재하고 강림할 수 있는 존재 방식은 바로 영이다. 영이기 때문에 초월할 수 있다. 영은 하나님이 세계 안에 거한 본질적 형태요, 현존 양식이요, 강림된 실질적 모습이다. 하나님은 진리의 성령으로서 만 역사를 주재하고, 제 진리를 밝혔으며, 보혜사란 새로운 하나님으로서 지상 강림 역사를 실현시켰다.

---

44) 『주자어류』, 권 94, 권 1.

　　창조 이래의 선천 문명이 이 시대에 이르러 마감되어야 하는 이유
는 그 무엇도 아닌 새로운 신관의 등장과 새로운 神의 이름이 불리려
하기 때문이다. 선천의 신관은 근대 이후로 대두된 신관들을 포섭하
지 못하고 神의 권능과 진리력을 약화시켜 세상의 혼란을 가중시켰
다. 그래서 새롭게 정립된 신관과 새롭게 모습을 갖춘 神이 등단함으
로써 기존 신관을 통합하고 새 하늘을 열어 인류 구원의 대 주축을
이루리라. 오늘날 세상이 종말을 맞이한 것은 선천 신관이 지닌 세계
관적 틀이 한계점에 도달하였으며, 그 무엇 하나라도 더 담아낼 수
없을 만큼 포화 상태에 도달한 때문이다. 일체 진리는 타당한 근거가
있는 법인데 수용하지 않고 거부해버린 때문이다. '무교, 불교, 힌두
교, 불교 같은 종교 사상은 동양 문명의 발전에 결정적인 영향을 끼
쳤는데, 성경적 신관이 범신론적 특성을 강하게 가지고 있다(성경적
신관)'고 보고[45] 매도한 것은 정당한 것인가? 무엇이 어떻게 잘못된
것인지도 모르면서 "교회는 동양의 天을 자연신쯤으로 알고 폐기하
여 버렸다."[46] 진리성이 넘치는데도 담아둘 그릇이 없다. 범신론은

---

45) 「범신론적 신관에 대한 성경적 비판」, 신춘기 저, 웨스트민스트신학대학대학원대학교 신학과 조직신학전
　　공. 박사학위논문, 2004, 결론.

46) 「명심보감의 천에 관한 신학적 이해」, 신흥식 저, 한신대학교 신학대학원 조직신학전공, 석사학위논문,
　　1996, p.2.

'神은 무엇이 되었든 모든 것을 함축하는 전체'로 보았다.[47] 神은 마땅히 통합적 본질자로 존재해야 하는데, 그렇게 여긴 신관이 어떻게 진리로서 인정받지 못했는가? 창조 섭리가 완수되지 못하고 본체가 드러나지 못하다 보니 전체성을 관망할 안목을 확보하지 못해서이다. 하나님은 창조주로서 모든 것을 함축한 전체여야 하는 것이 마땅한데, 제 눈의 안경 격이 되어버렸다. 헤겔이 내세운 만유내재신론은 미비점은 있지만 그나마 하나님이 거하기에는 큰 불편이 없을 정도로 틀 잡힌 세계관적 집이었다. 그런데도 거부한 것은 신관으로서 지닌 인식 틀이 협소해서이다. 세계가 필요한 신관은 적어도 종교철학자 힉(John Hick)이 제창한 명제 정도는 되어야 한다.

> "종교는 초월자에 대한 인간의 응답이고, 모든 종교가 하나의 동일한 초월 근거(절대자 혹은 神)와 관계하며, 모든 종교가 숭상하는 神들은(기독교의 하나님이든 이슬람의 알라이든 불교나 힌두교나 도교의 절대자이든) '누미노제(신비자)'의 다른 이름이거나 얼굴일 뿐이다."[48]

그는 주창하길, '천동설(프톨레마이오스)에서 지동설로 옮겨간 세계관의 변혁처럼 신학에서도 코페르니쿠스적 혁명이 필요하다고 전제하고, 행성들이 지구를 중심으로 운동하는 것이 아니라 태양을 중심으로 운동하듯이, 종교들 역시 지구에 해당하는 그리스도교가 아니라 태양에 해당하는 神을 중심으로 하여 배열해야 한다'고 했다.[49] 통합적 신관을 강력하게 요청한 것인데, 진의도 모르고 지탄한 것은 무

---

47) 「헤겔의 신관에 관한 연구」, 박영지 저, 충남대학교 대학원 철학과 서양철학전공, 박사학위논문, 1992, p.174.
48) 「기독교 신관」, 본질과 현상, 창간호, p.74.
49) 「한스 큉의 신관 연구」, 조군호 저, 수원가톨릭대학교 대학원 신학과 조직신학전공, 박사학위논문, 2006, p.77.

슨 이유 때문인가? 작은 그릇에는 조금만 담아도 흘러넘치지만 큰 그릇은 그렇지 않다. 선천에서는 세계가 神적 본질인 사실을 몰랐기 때문에 제 신관을 포괄할 수 없었다. 종교다원주의 논리를 수용하기 위해서는 세계가 神적 본질을 지닌 사실을 알아야 했다.

"세계가 당면한 신학적 문제는 현대 사상은 물론 기독교 사상의 바탕에 침투해 들어온 범신론 및 종교다원주의, 만유내재신론을 어떻게 분별하여 제거하는가 하는 것이 주제가 아니다."[50][51] 오히려 이해, 수용, 포괄, 통합해야 하는 것이 지상 과제이다. 그러기 위해서는 선천 문명이 지닌 부분적인 한계성과 분열됨으로 인한 분파성을 자각해야 하는데 오히려 완전, 완성, 절대성을 고수하여 본질을 볼 수 없었다. 불자들은 부처(=覺者)만 전체를 알고 있다고 믿고 있듯, 우리는 정말 자신도 모르고 미래를 알지 못하는 눈뜬장님이다. 서양 문명은 현상의 세계를 개척한 대표 문명으로서, 탐구한 학문 추구가 세계를 다 볼 수 있는 방법이었다고 한다면 문제가 없지만, 이면에 초월적인 바탕 본체가 있다면 어떻게 되는가? 분열을 본질로 한 현상계에서는 하나님도 부분적으로 드러날 수밖에 없어, 서양은 부분적인 하나님과 부분적인 진리와 부분적인 세계만 보고 말았다. 유교의 모습으로 드러난 天, 불교의 모습으로 드러난 法, 기독교의 모습으로 드러난 그리스도가 전체라고 여긴 하나님의 모습이다. 그것이 완성된 모습일 수 없다는 것은 이들 모습을 통합했을 때 나타나며, 그것이 오늘날 강림한 하나님이 갖춘 새로운 모습이다. "분열된 세계상은 빠짐없이 하나

---

50) 「범신론적 신관에 대한 성경적 비판」, 앞의 논문, p.14.

51) '교묘하게 궤변적 논리를 전개해서 성경의 진정한 부분을 은폐, 삭제하고 아전인수 격으로 부분만을 강조, 확대, 왜곡시켜 성경과는 정반대의 사실을 주장하는 것이 현대 신학자들의 범신론적 신관(?)'이라고 비판함 ― 위의 논문, p.9.

님으로부터 창출된 각각의 진리적 모습이다."[52] 선천 하늘에서 과학
은 자연 세계를, 유교는 인간의 사회적 관계성을, 불교는 인간의 내면
세계를, 그리고 기독교는 神의 세계에 대한 정보를 독자적으로 제공
했던 것이다.

하지만 오늘날은 선천 섭리가 완수됨과 함께 세계의 제 분파성을
규합할 수 있는 세계관적 틀을 마련했다. 세계를 하나로 볼 수 있는
보다 포괄적인 근거를 제시하게 된 것이 세계의 神적 본질 논거들이
다. 신학자 틸리히는, '모든 것이 하나님께로부터 나오고 그를 통하여
이루어지고 그에게 돌아간다'라고 한[53] 성경 구절을 믿었듯, 하나님
은 세계를 구성한 유일한 본체자이므로 만상이 아무리 생멸을 거듭
해도 다른 곳으로는 갈 곳이 없다. 이것이 만상이 끝내 하나님에게로
귀일, 통합될 수밖에 없는 이유이다. 하나님은 표방하길, "이스라엘
백성의 조상 때로부터 기회 있을 때마다 언약을 반복하였지만, 이런
이스라엘 백성과의 특별 관계에도 불구하고 이방인을 배제한다는 근
거로는 적용될 수 없다. 성경은 하나님이 이방인의 하나님도 된다 하
였고, 천국은 이스라엘 자손들에게 아무런 프리미엄이 없이 주어질
것을 선포하였다. 하나님이 이스라엘 민족을 선택한 뜻은 전 인류를
대표하는 모델로 사용한 것뿐이다. 성서도 유태인만의 것이라고 할
수 없는, 전 인류에게 주어진 공동의 말씀일 뿐이다."[54] 따라서 세계
적 분열이 극대화된 오늘날은 더더욱 기존 신관을 내쳐서라도 만 진
리와 만 세계와 만 인류를 구원하기 위해 일체의 프리미엄을 제거하

---

52) 『문명 역사의 본말』, 졸저, 한국학술정보(주), 2012, p.194.

53) 로마서, 11장 36절.

54) 「명심보감의 천에 관한 신학적 이해」, 앞의 논문, p.70.

리라. 천국으로 가는 문을 활짝 개방하리라.

하나님은 전능한 권능과 사랑으로 천지를 창조한 것처럼, 오늘날은 동일한 권능으로 피조된 세계를 통합할 수 있다. 태초에 하나님이 천지창조를 실현했던 것처럼, 통합은 이 시대에 하나님이 뜻한 창조 권능의 또 다른 역사적 표명이다. 세계 통합은 하나님이 때가 되므로 반드시 완수해야 한 창조주 입장에서의 목적 과제이다. "나는 전능한 하나님이라 너는 내 앞에서 행하여 완전하라(창, 17: 1)." 神적 본질을 근거로 통합적인 신관을 수립할 것을 간절히 원하였다. 그래서 인류가 지난날 걸은 길도 세계의 神적 본질을 수용하고 자각함을 통해 일체 가치를 극대화, 궁극화한 방향으로 추진되었다. 제 진리와 가치 세계를 부활시키는 것은 하나님이 진리의 성령으로서 이룬 역사였던 것이니, 이런 결과가 있어 오늘날 제 신관을 통합하고 제 신론을 완성할 수 있게 되었다. 세계의 神적 본질을 밝히면 제 신관을 통합할 수 있고 이 땅, 이 하늘 어디서도 하나님이 거할 수 있다. 이슬람의 나라, 유교의 나라, 불교의 나라, 어떤 사상, 제도, 문화, 민족, 역사 위에서도 하나님의 나라가 건설될 수 있다. 온 세계를 천국화하리라.

염기식(廉基植)

1957년 경남 진주 출생. 진주고등학교 졸업(47회). 경상대학교 사범대학 체육교육과 졸업. ROTC(19기) 임관. 서남대학교 교육대학원 졸업. 1984년 교직에 첫발을 내디딤(현 교사). 자아와 세계에 대해 눈떴을 때부터 세상의 분파된 진리에 대해 의문을 품고 '길은 어디에 있는가'란 명제 하나로 탐구의 길에 나서 현재까지(57세) 다수의 책을 저술함.

『길을 위하여Ⅰ』(1985)
『길을 위하여Ⅱ』(1986)
『벗』(1987)
『길을 위하여Ⅲ』(1990)
『세계통합론』(1995)
『세계본질론』(1997)
『세계창조론 서설』(1998)
『세계유신론』(2000)
『작은 날개를 펴고』(2000)
『환경은 언제나 목마르다』(2002)
『자연이 살아가는 동안』(2003)
『세계섭리론』(2004)
『세계수행론』(2006)
『가르침』(2008)
『세계도덕론』(2008)
『통합가치론』(2008)
『인간의 본성 탐구』(2009)
『선재우주론』(2009)
『수행의 완성도론』(2009)
『세계의 종말 선언』(2010)
『미륵탄강론』(2010)
『용화설법론』(2010)
『성령의 시대 개막』(2011)
『역사의 본질 탐구』(2012)
『세계의 섭리 역사』(2012)
『문명 역사의 본말』(2012)
「진로의사 결정유형과 발달수준과의 관계」(2006)

세계의 신적 본질

초판인쇄 ㅣ 2013년 2월 28일
초판발행 ㅣ 2013년 2월 28일

지 은 이 ㅣ 염기식
펴 낸 이 ㅣ 채종준
펴 낸 곳 ㅣ 한국학술정보㈜
주   소 ㅣ 경기도 파주시 문발동 파주출판문화정보산업단지 513-5
전   화 ㅣ 031) 908-3181(대표)
팩   스 ㅣ 031) 908-3189
홈페이지 ㅣ http://ebook.kstudy.com
E-mail ㅣ 출판사업부 publish@kstudy.com
등   록 ㅣ 제일산-115호(2000. 6. 19)

ISBN   978-89-268-4128-0 93230 (Paper Book)
        978-89-268-4129-7 95230 (e-Book)